Billar 3 Bandas: Viaje alrededor del mundo

Desde torneos profesionales de campeonato

Ponte a prueba contra jugadores profesionales

Allan P. Sand
PBIA Instructor Certificado de Billar

ISBN 978-1-62505-339-8
PRINT 7x10

ISBN 978-1-62505-503-3
PRINT 8.5x11

First edition

Copyright © 2019 Allan P. Sand

All rights reserved under International and Pan-American Copyright Conventions.

Published by Billiard Gods Productions.
Santa Clara, CA 95051
U.S.A.

For the latest information about books and videos, go to: http://www.billiardgods.com

Acknowledgements

Wei Chao created the software that was used to create these graphics.

Tabla de contenido

Introducción **1**
Acerca de los diseños de tablas 1
Instrucciones de configuración de la mesa 2
Propósito de los diseños 2
A: Pierna corta (bando largo) **3**
A: Grupo 1 3
A: Grupo 2 8
A: Grupo 3 13
A: Grupo 4 18
A: Grupo 5 23
A: Grupo 6 28
A: Grupo 7 33
B: Reverso interior **38**
B: Grupo 1 38
B: Grupo 2 43
B: Grupo 3 48
B: Grupo 4 53
C: Pierna extendida **58**
C: Grupo 1 58
C: Grupo 2 63
C: Grupo 3 68
D: Gran bola en la esquina de casa **73**
D: Grupo 1 73
D: Grupo 2 78
D: Grupo 3 83
D: Grupo 4 88
D: Grupo 5 93
D: Grupo 6 98
D: Grupo 7 103
D: Grupo 8 108
D: Grupo 9 113
E: Sigue en la esquina **118**
E: Grupo 1 118
E: Grupo 2 123
E: Grupo 3 128
F: Pierna corta (modificada) **133**
F: Grupo 1 133
F: Grupo 2 138

Other books by the author …

- 3 Cushion Billiards Championship Shots (a series)
- Carom Billiards: Some Riddles & Puzzles
- Carom Billiards: MORE Riddles & Puzzles
- Why Pool Hustlers Win
- Table Map Library
- Safety Toolbox
- Cue Ball Control Cheat Sheets
- Advanced Cue Ball Control Self-Testing Program
- Drills & Exercises for Pool & Pocket Billiards
- The Art of War versus The Art of Pool
- The Psychology of Losing – Tricks, Traps & Sharks
- The Art of Team Coaching
- The Art of Personal Competition
- The Art of Politics & Campaigning
- The Art of Marketing & Promotion
- Kitchen God's Guide for Single Guys

Introducción

Este es uno de una serie de libros de Carom Billiards que muestran cómo los jugadores profesionales toman decisiones, según el diseño de la mesa. Todos estos diseños son de competiciones internacionales.

Estos diseños te colocan dentro de la cabeza del jugador, comenzando con las posiciones de las bolas (que se muestran en la primera tabla). El segundo diseño de la mesa muestra lo que el jugador decidió hacer.

Acerca de los diseños de tablas

Estas son las tres bolas sobre la mesa:

Ⓐ (CB) (tu bola de billar)

⊙ (OB) (bola de billar oponente)

● (OB) (bola de billar roja)

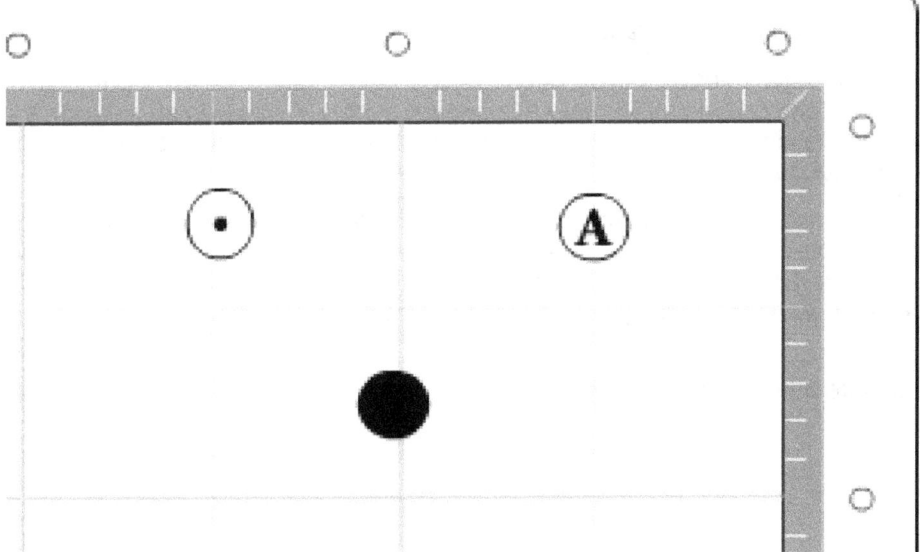

Cada configuración tiene dos diseños de tabla. La primera tabla es la posición de las bolas. La segunda tabla es cómo se mueven las bolas sobre la mesa.

Instrucciones de configuración de la mesa

Use anillos de papel para marcar las posiciones de las bolas (compre en cualquier tienda de suministros de oficina).

Coloque una moneda en cada bando de la mesa que tocará (CB).

Compare su ruta (CB) con la configuración de la segunda tabla. Para aprender, es posible que necesite varios intentos. Después de cada falla, realice el ajuste y vuelva a intentarlo hasta que tenga éxito.

Propósito de los diseños

Estos diseños se proporcionan para dos propósitos.

- Su análisis: en casa, puede considerar cómo jugar la configuración en la primera tabla. Compara tus ideas con el patrón real en la segunda tabla. Piense en su solución y considere las opciones. Desde la segunda tabla, también puedes analizar cómo seguir el patrón. Mentalmente juega el tiro y decide cómo puedes tener éxito.

- Practique la configuración de la mesa: coloque las bolas en posición, de acuerdo con la primera configuración de la mesa. Intenta disparar de la misma manera que el segundo patrón de mesa. Es posible que necesites muchos intentos antes de encontrar la forma correcta de jugar. Así es como puedes aprender y jugar estas tomas durante competiciones y torneos.

La combinación de análisis mental y práctica práctica te hará un jugador más inteligente.

A: Pierna corta (bando largo)

En esta serie de configuraciones de bolas, el (CB) contacta primero (OB), que está muy cerca del bando largo. El (CB) luego entra en el patrón estándar alrededor del mundo.

Ⓐ (CB) (su bola de billar) - ⊙ (OB) (bola de billar oponente) - ● (OB) (bola de billar roja)

A: Grupo 1

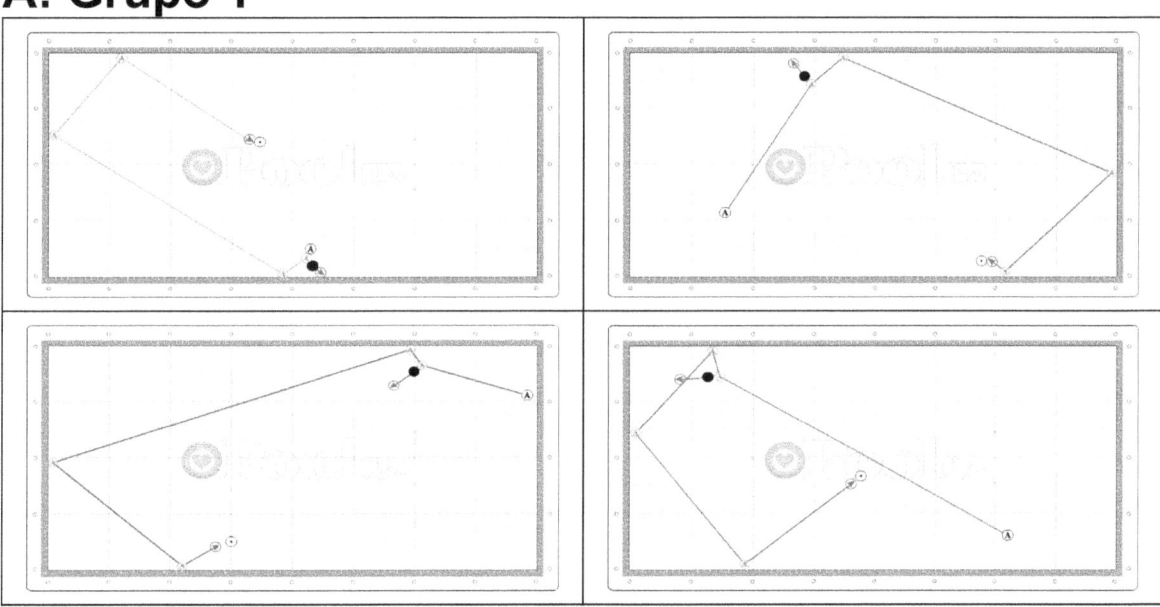

Análisis:

A:1a. _____

A:1b. _____

A:1c. _____

A:1d. _____

A:1a – Preparar

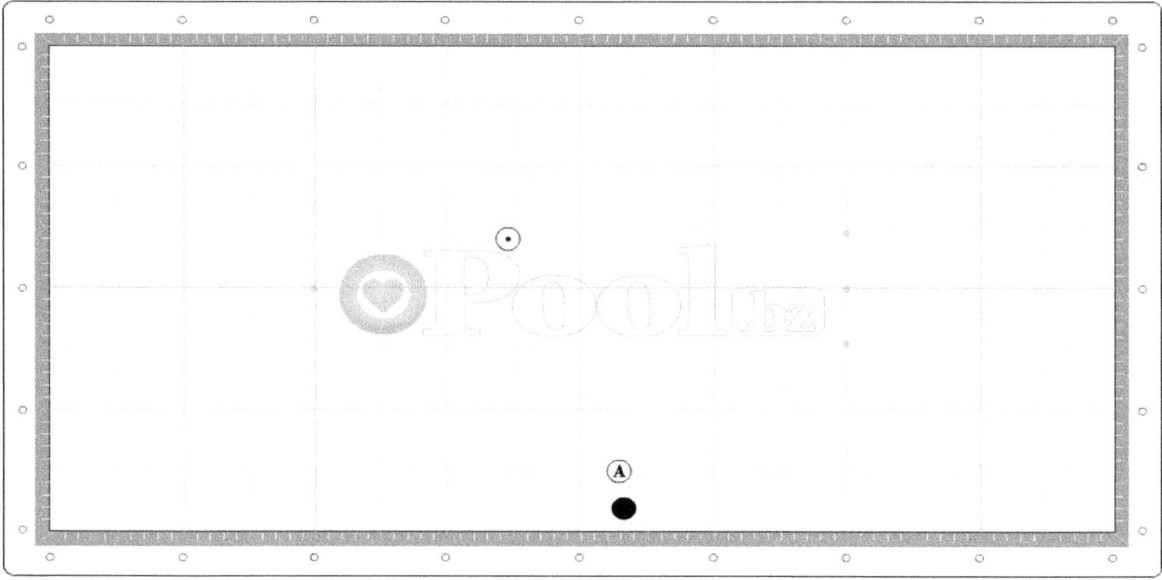

Notas e ideas:

Patrón de disparo

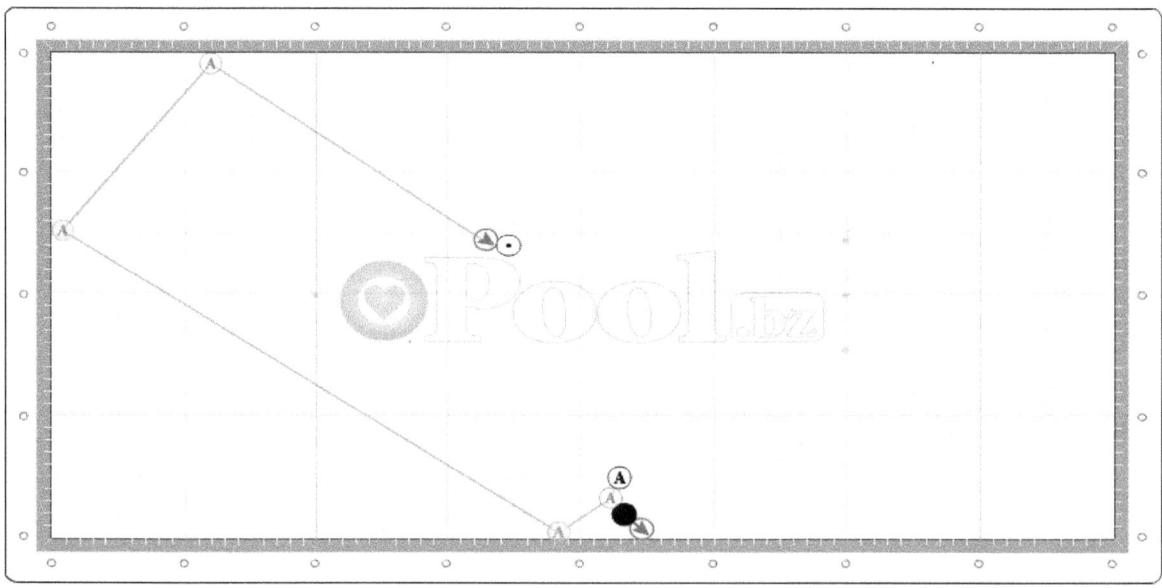

A:1b – Preparar

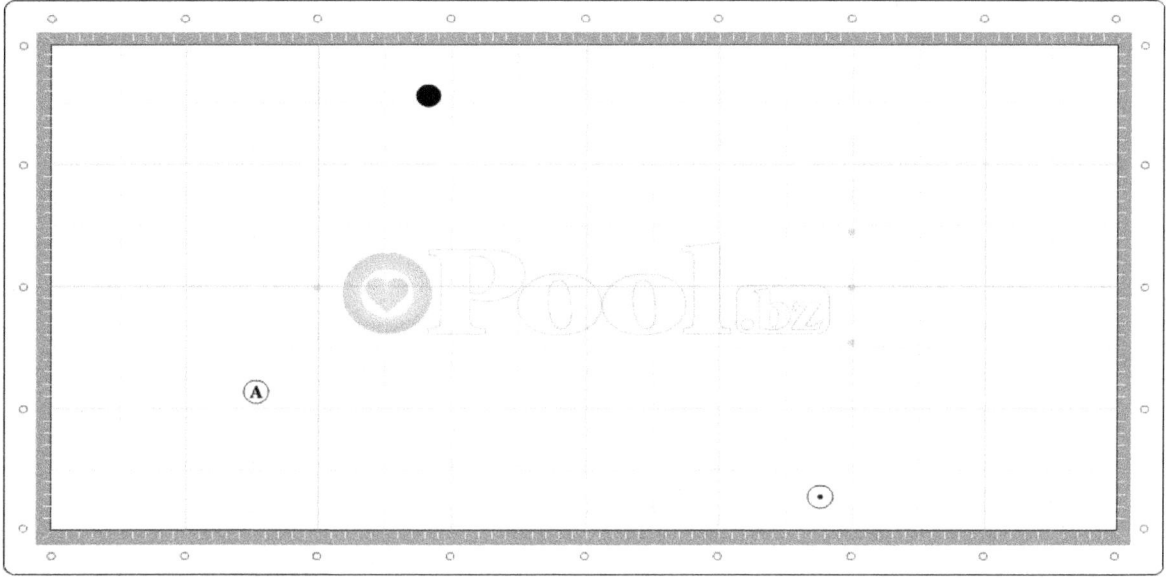

Notas e ideas:

Patrón de disparo

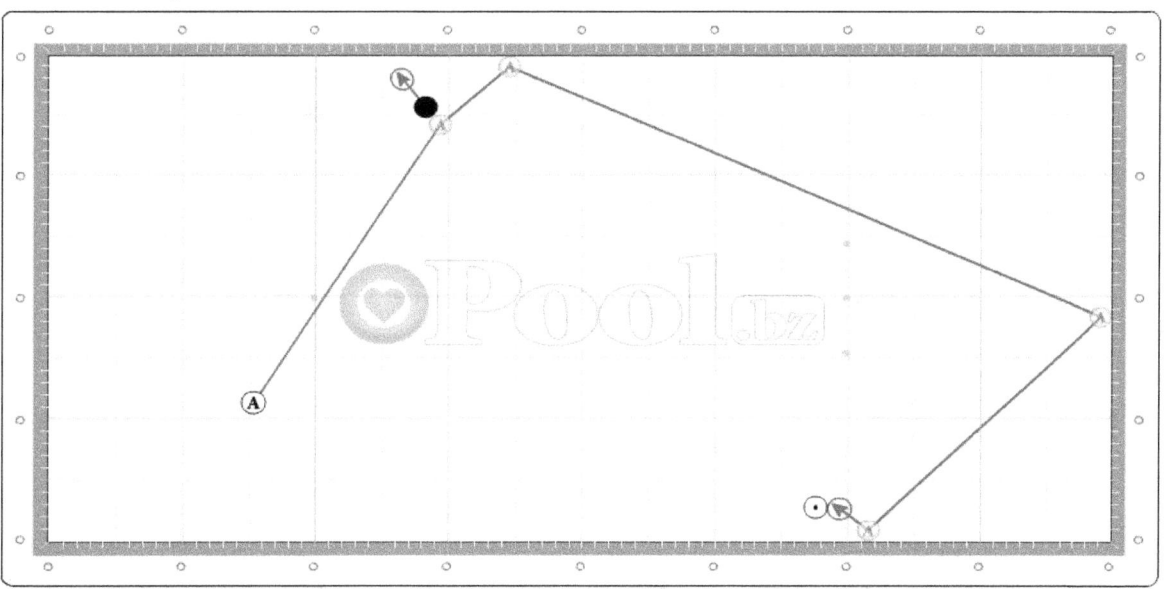

A:1c – Preparar

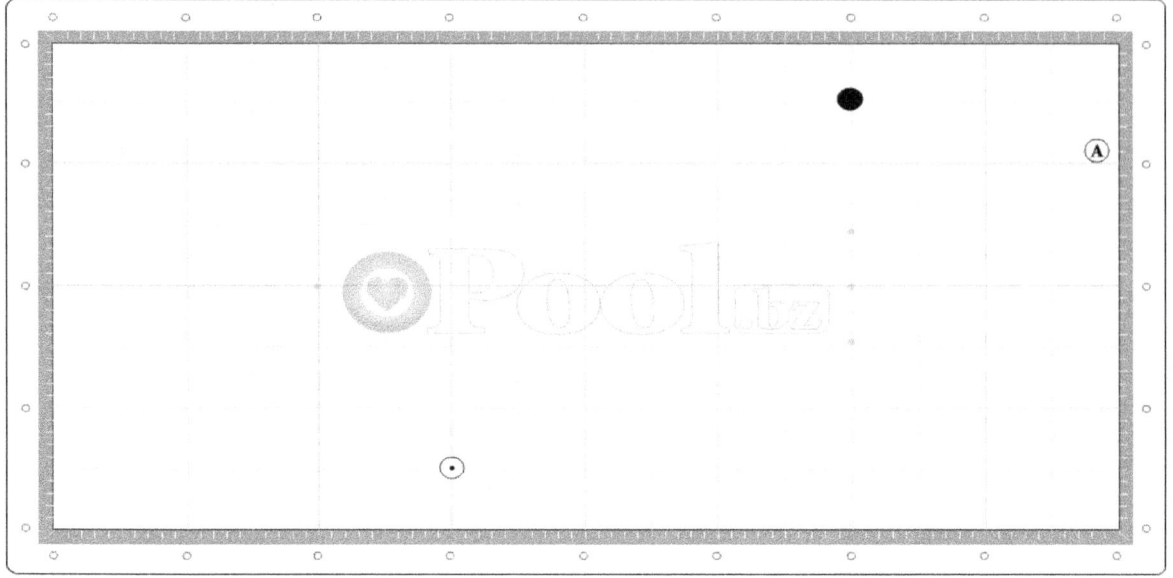

Notas e ideas:

Patrón de disparo

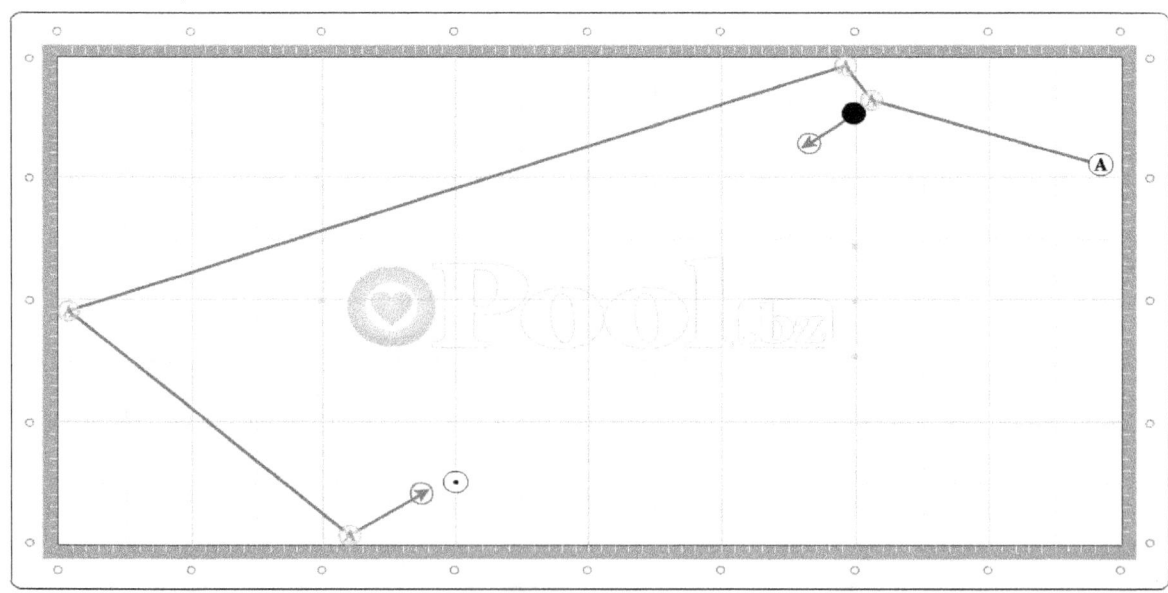

A:1d – Preparar

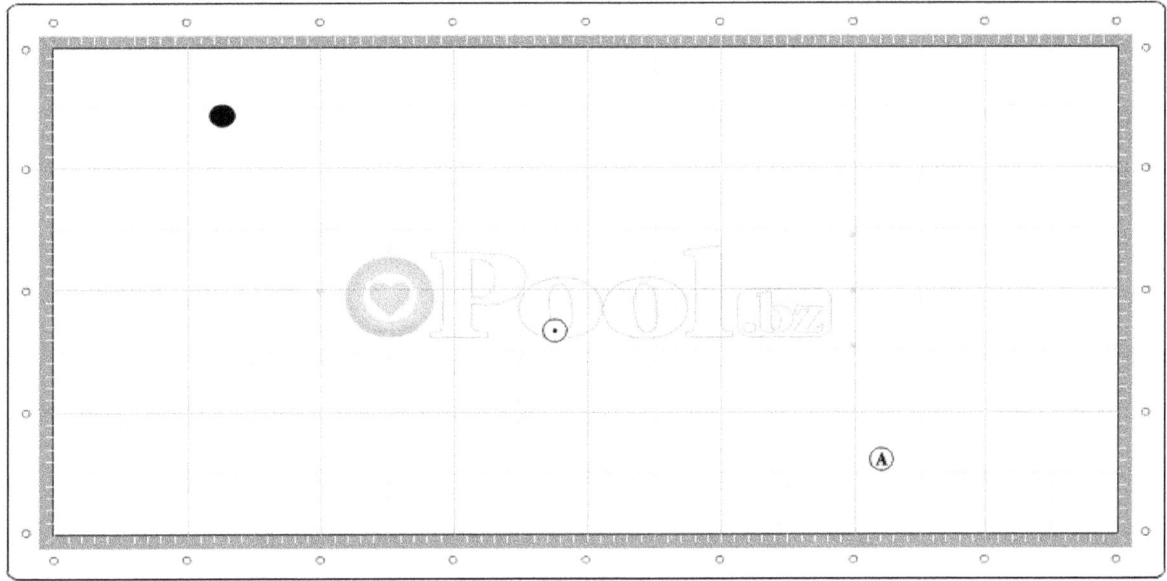

Notas e ideas:

Patrón de disparo

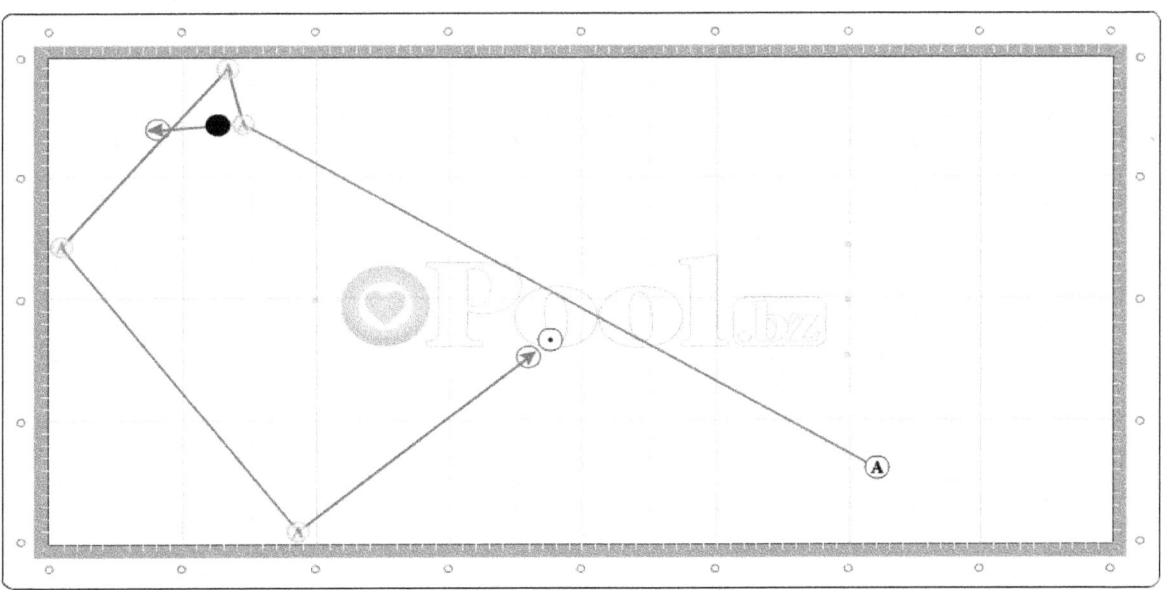

A: Grupo 2

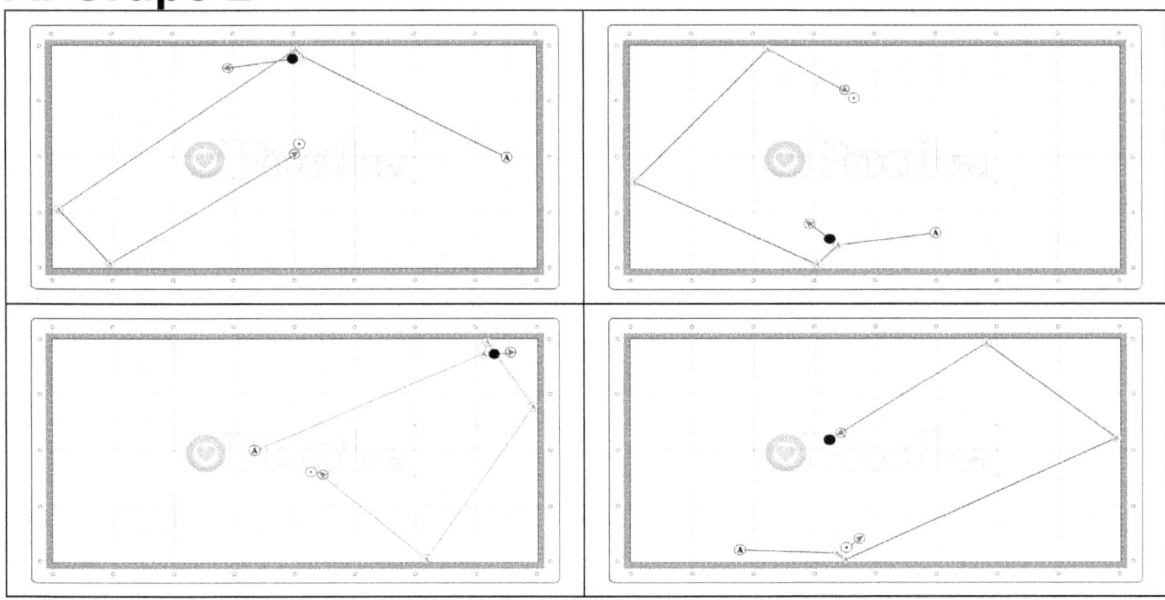

Análisis:

A:2a. _____

A:2b. _____

A:2c. _____

A:2d. _____

A:2a – Preparar

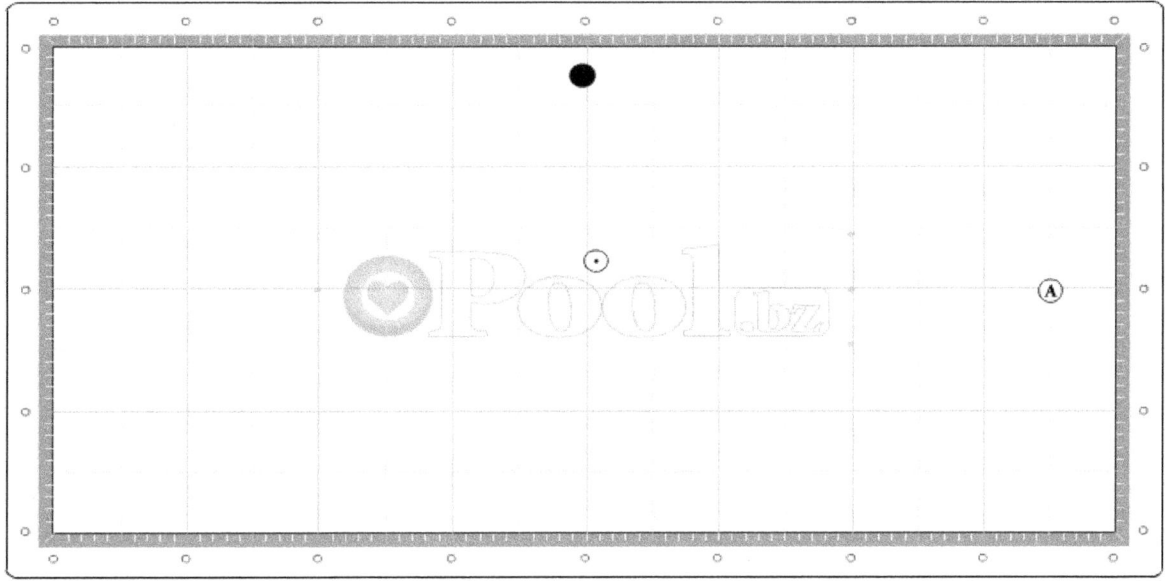

Notas e ideas:

Patrón de disparo

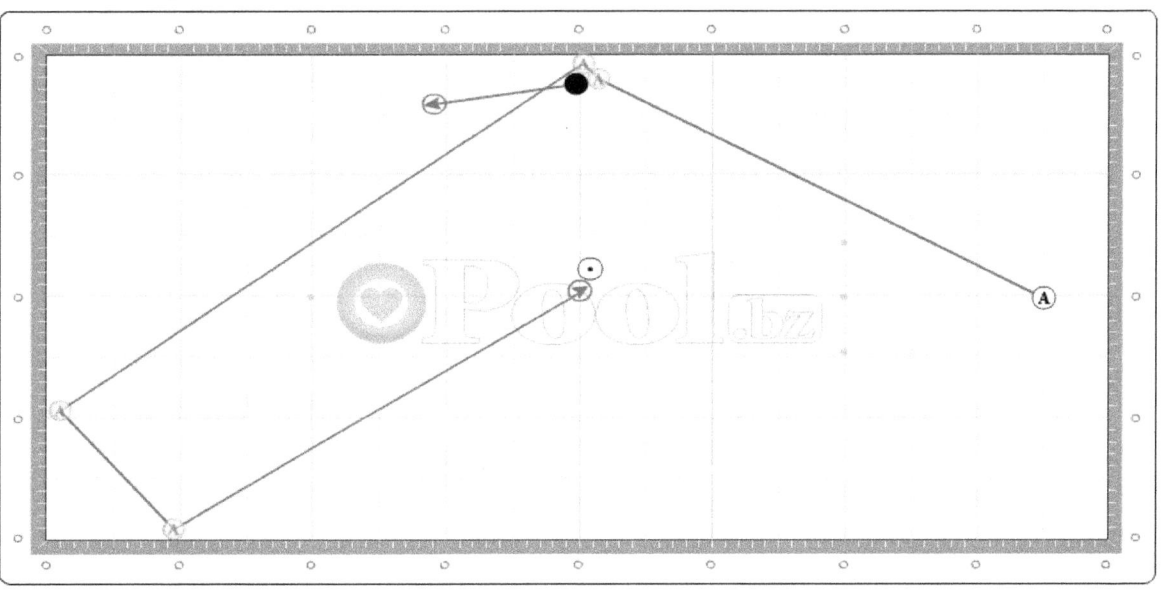

A:2b – Preparar

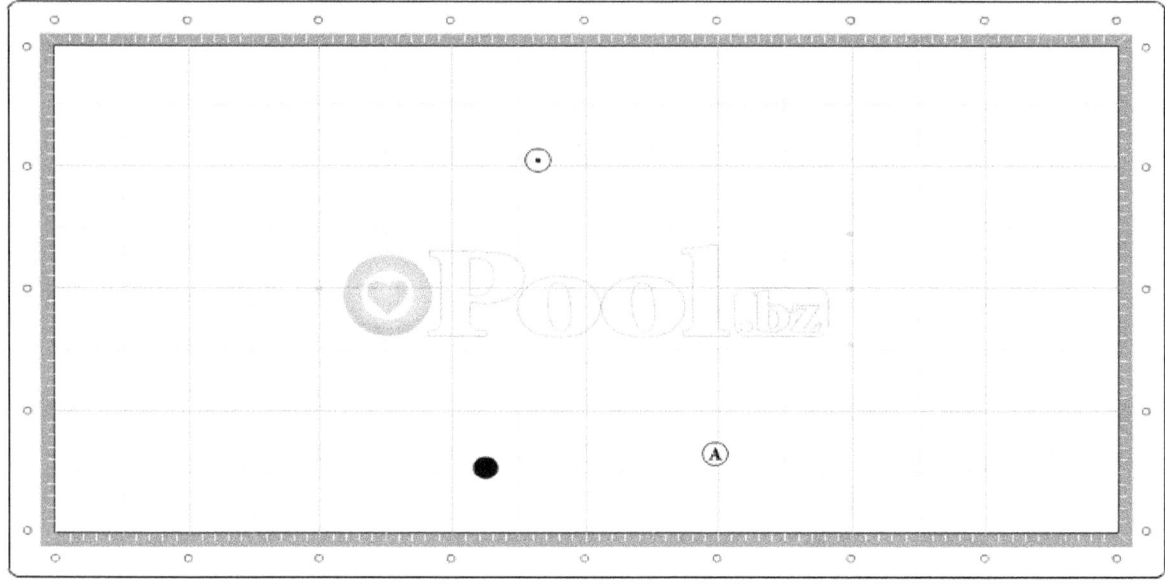

Notas e ideas:

Patrón de disparo

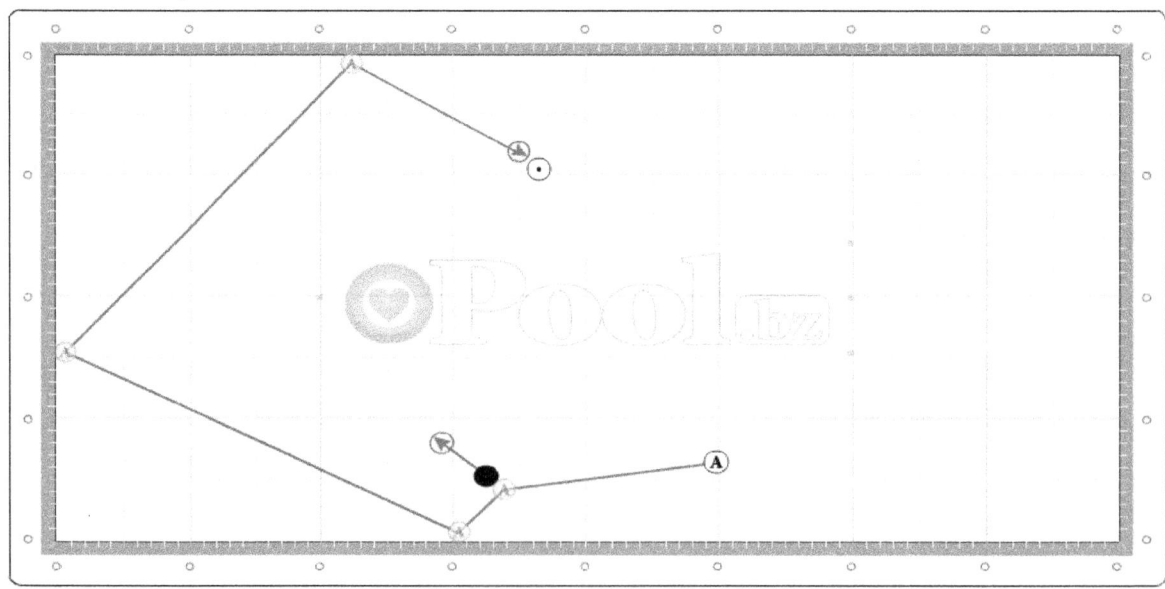

A:2c – Preparar

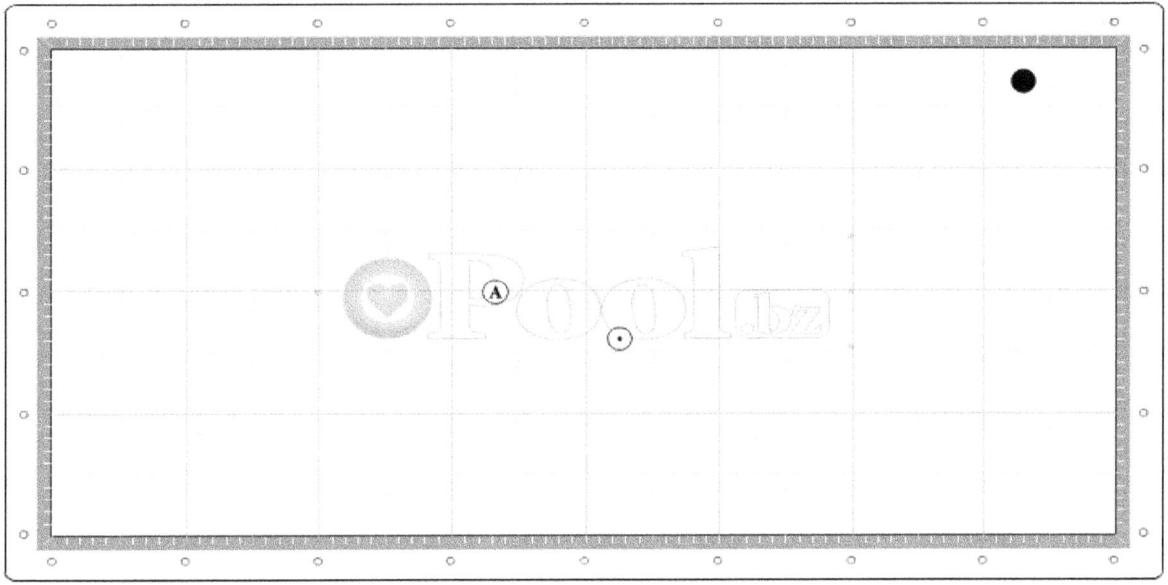

Notas e ideas:

Patrón de disparo

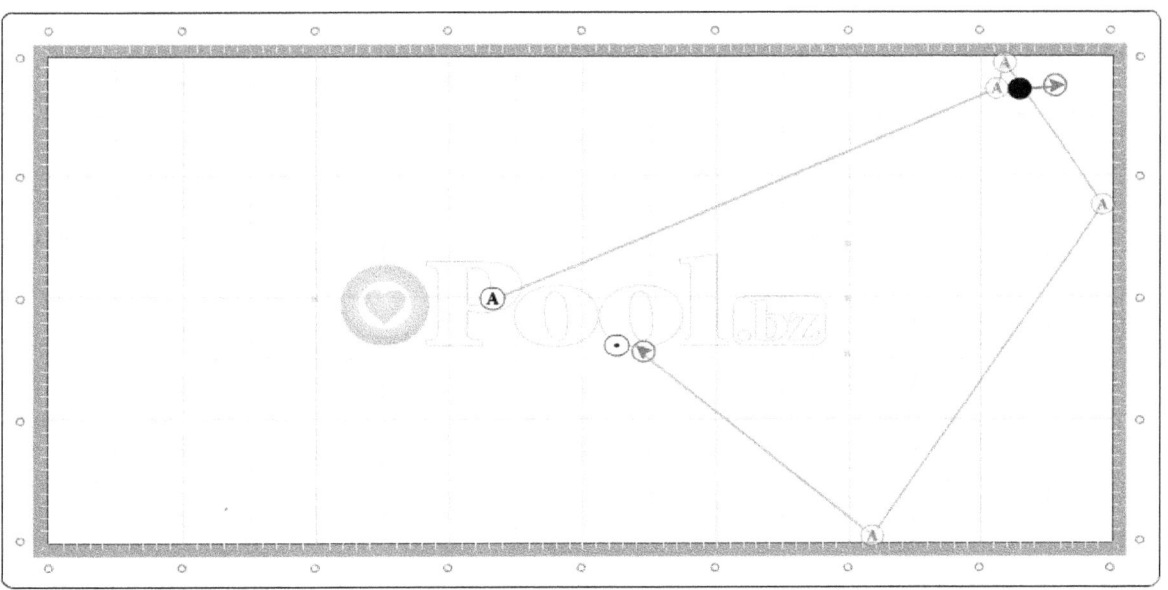

A:2d – Preparar

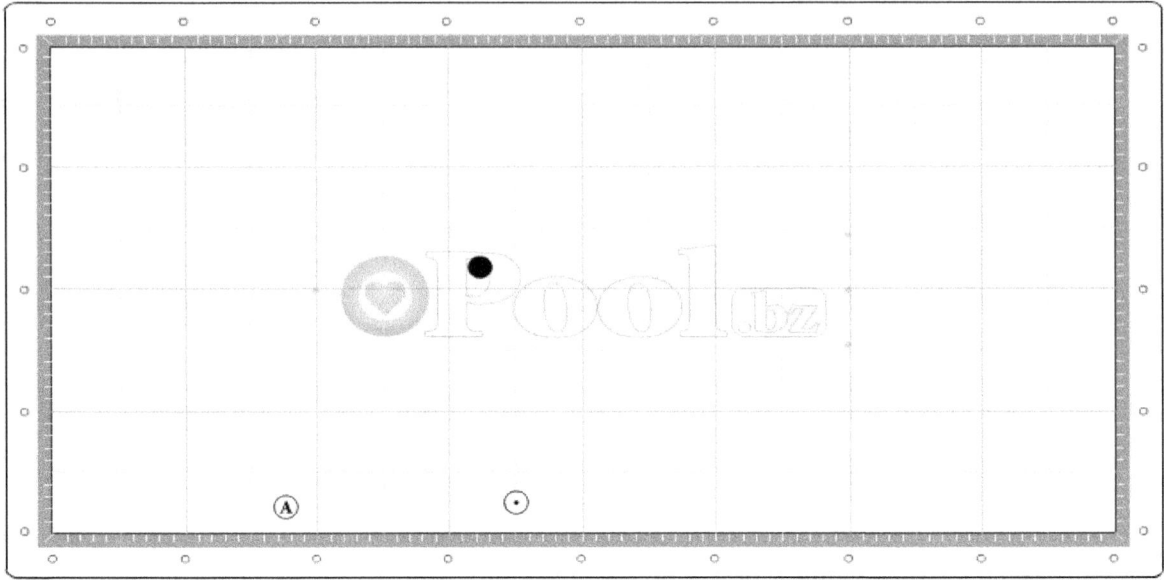

Notas e ideas:

Patrón de disparo

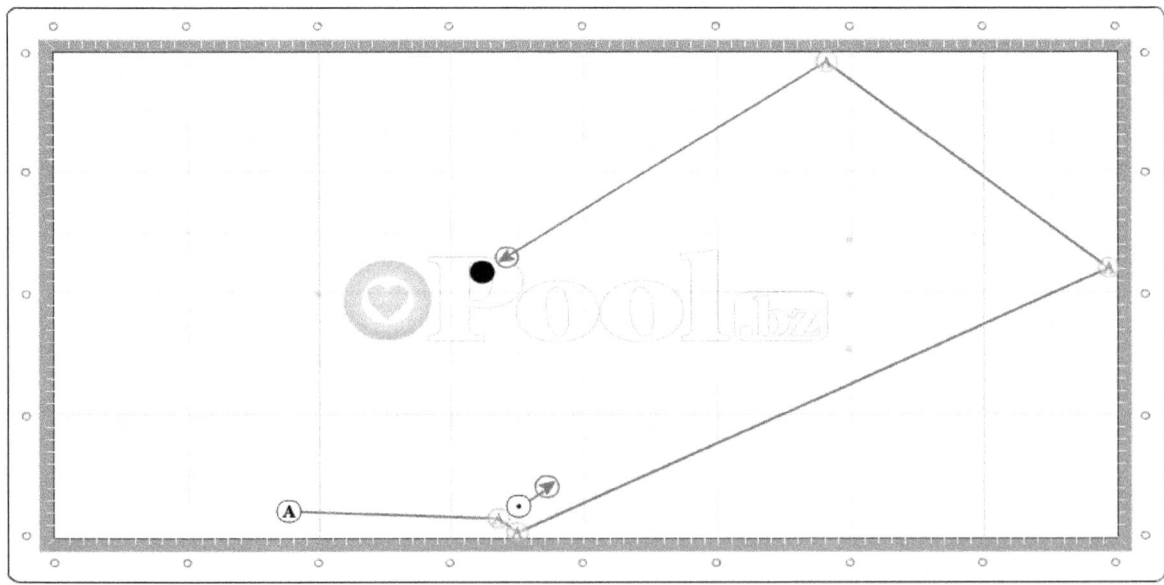

A: Grupo 3

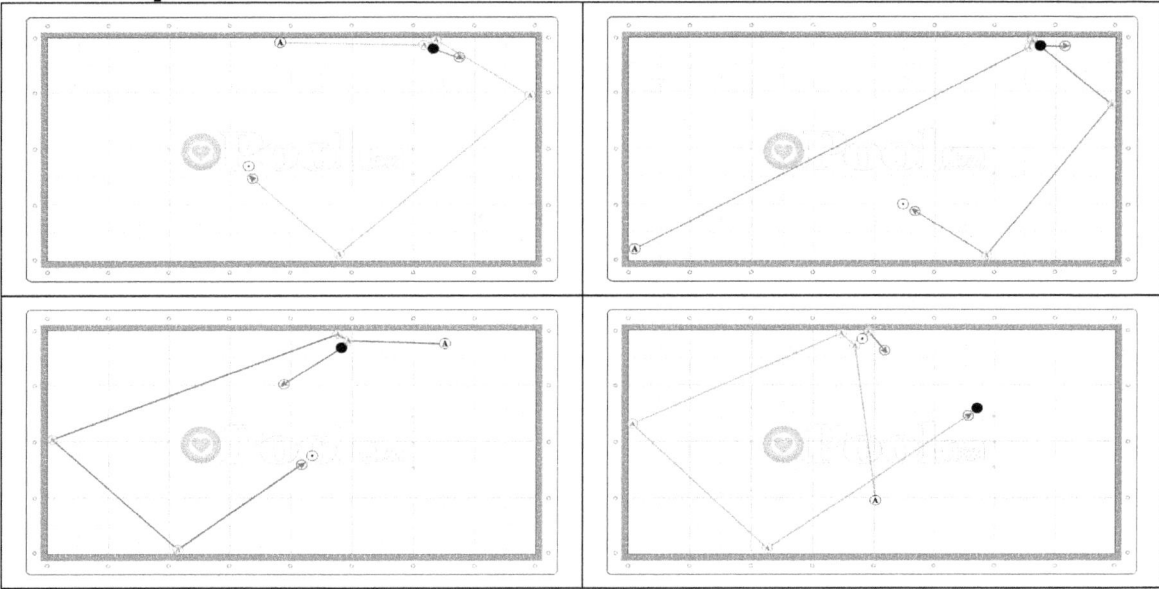

Análisis:

A:3a. _____

A:3b. _____

A:3c. _____

A:3d. _____

A:3a – Preparar

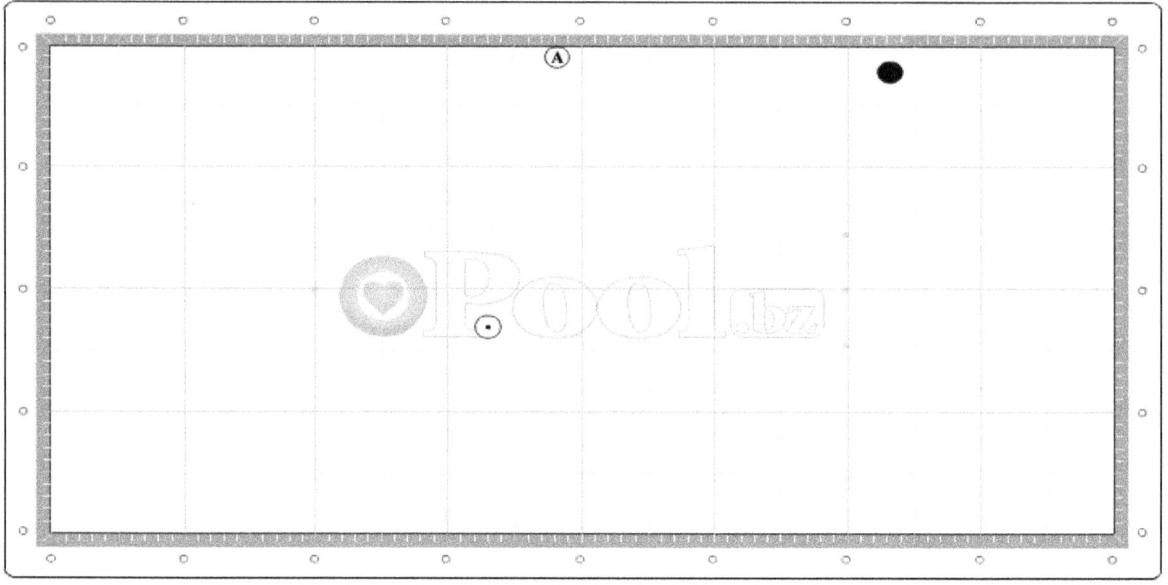

Notas e ideas:

Patrón de disparo

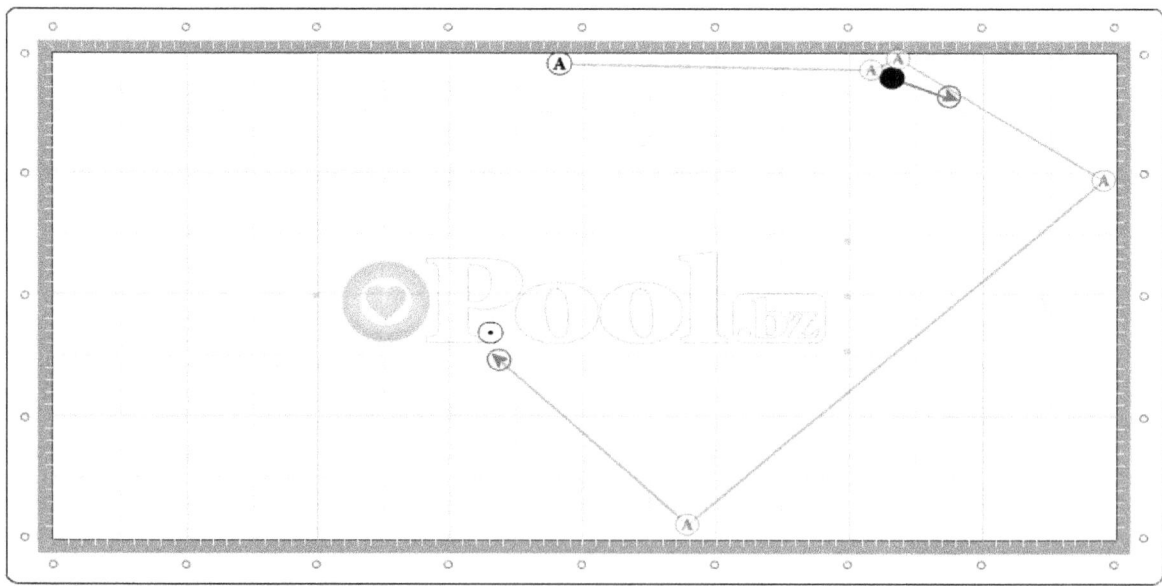

A:3b – Preparar

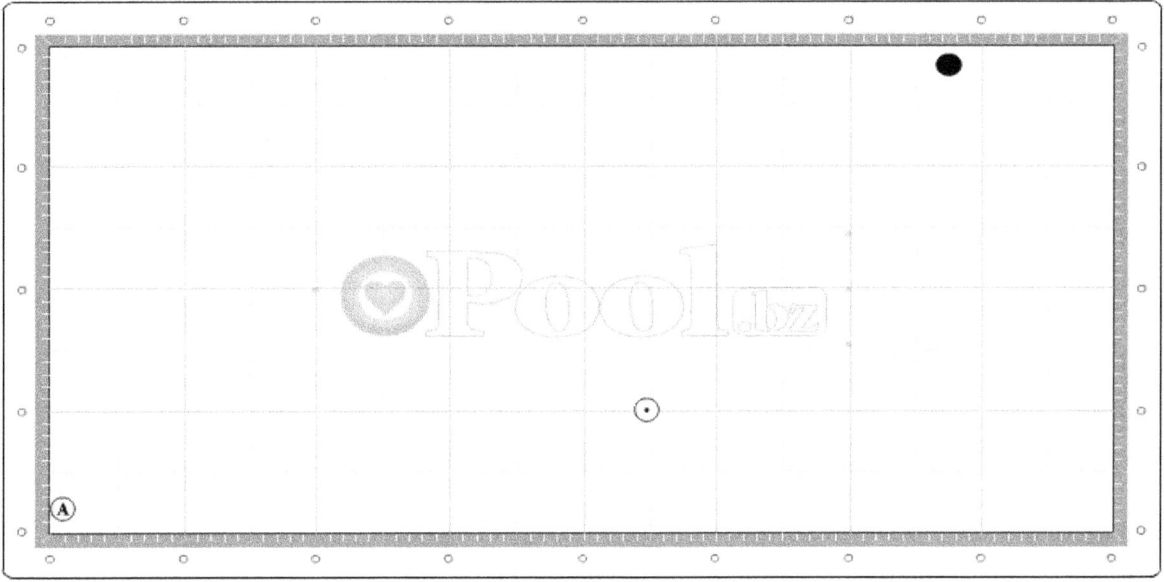

Notas e ideas:

Patrón de disparo

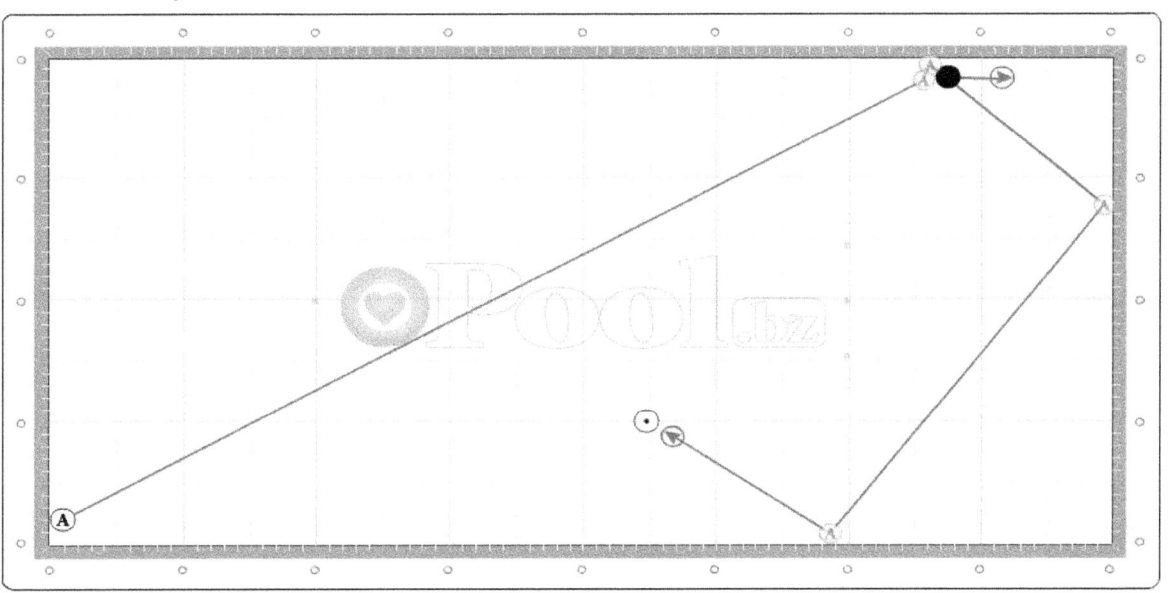

A:3c – Preparar

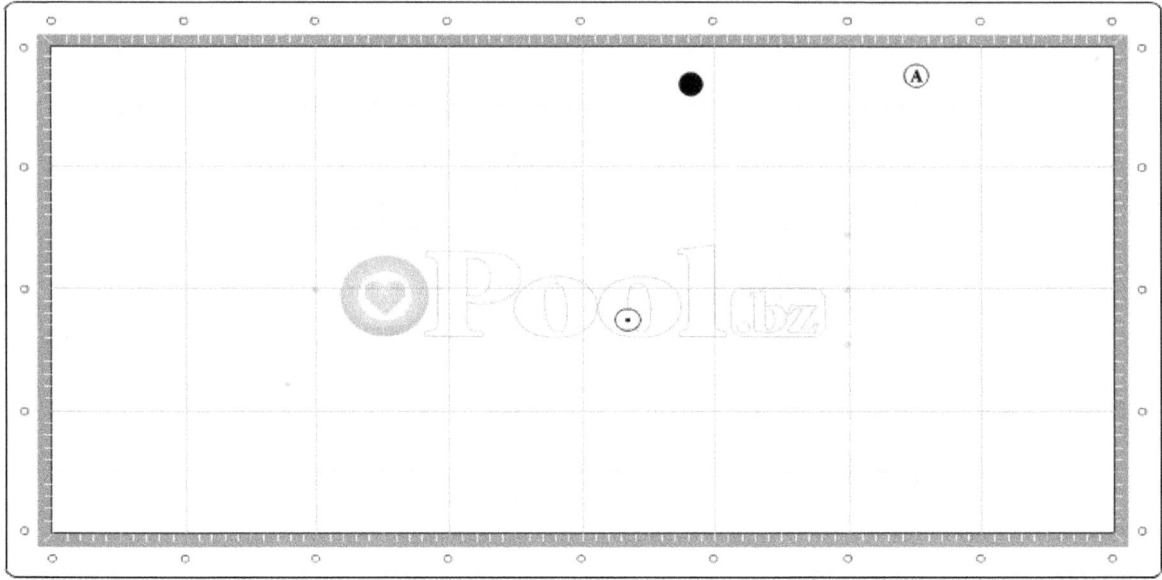

Notas e ideas:

Patrón de disparo

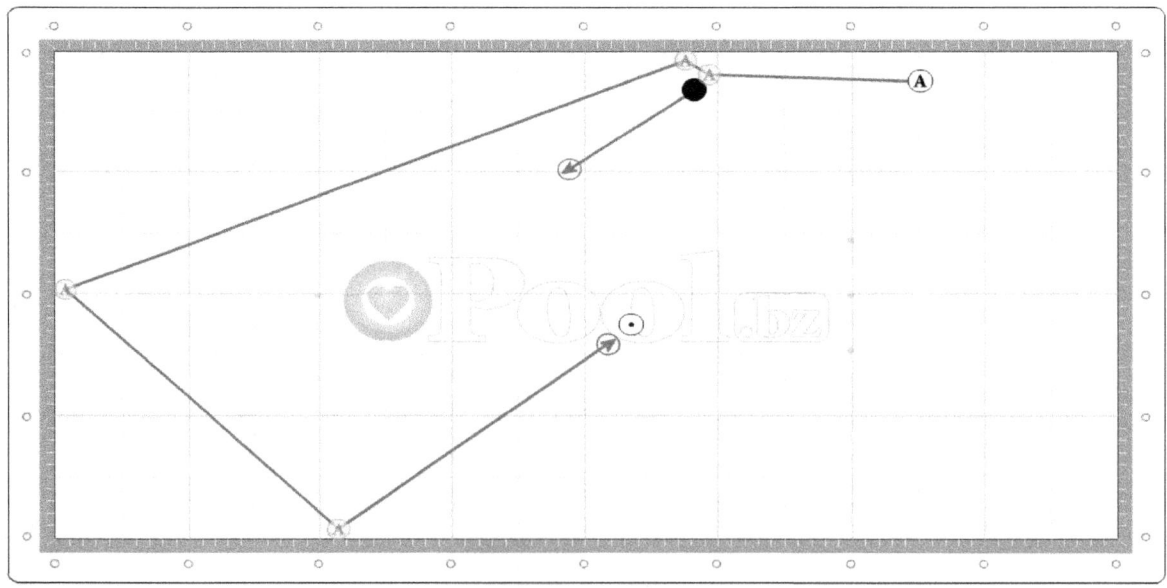

A:3d – Preparar

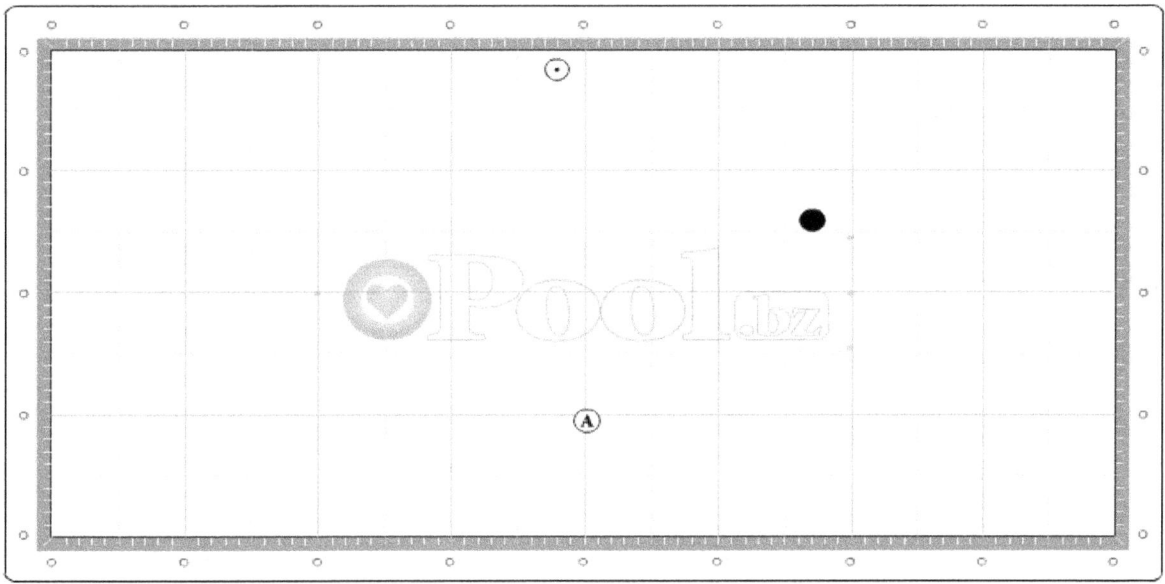

Notas e ideas:

Patrón de disparo

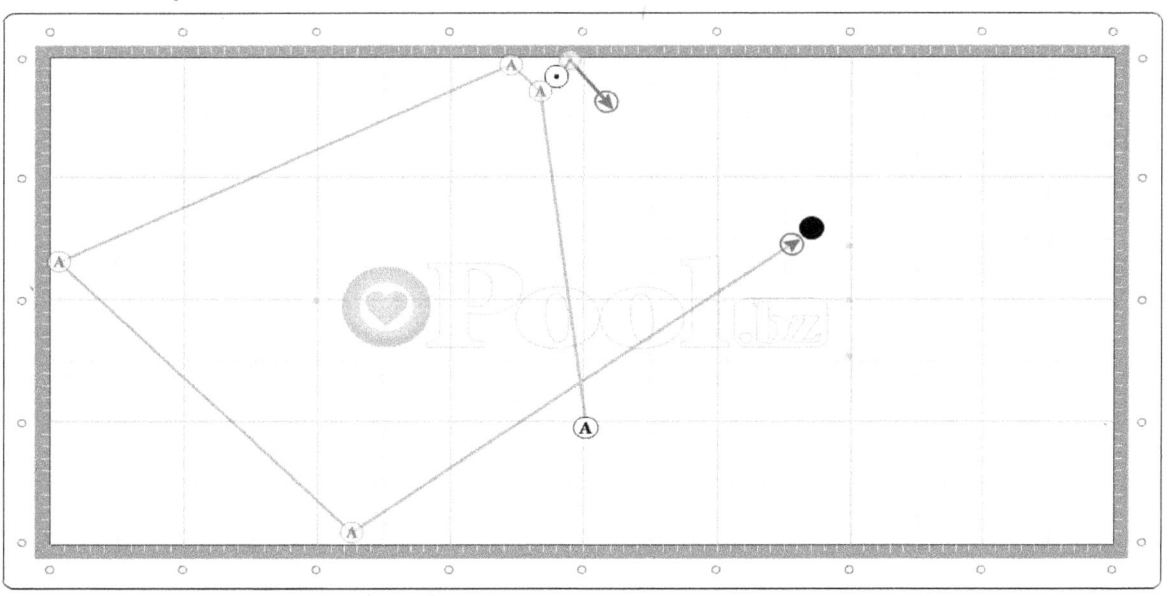

A: Grupo 4

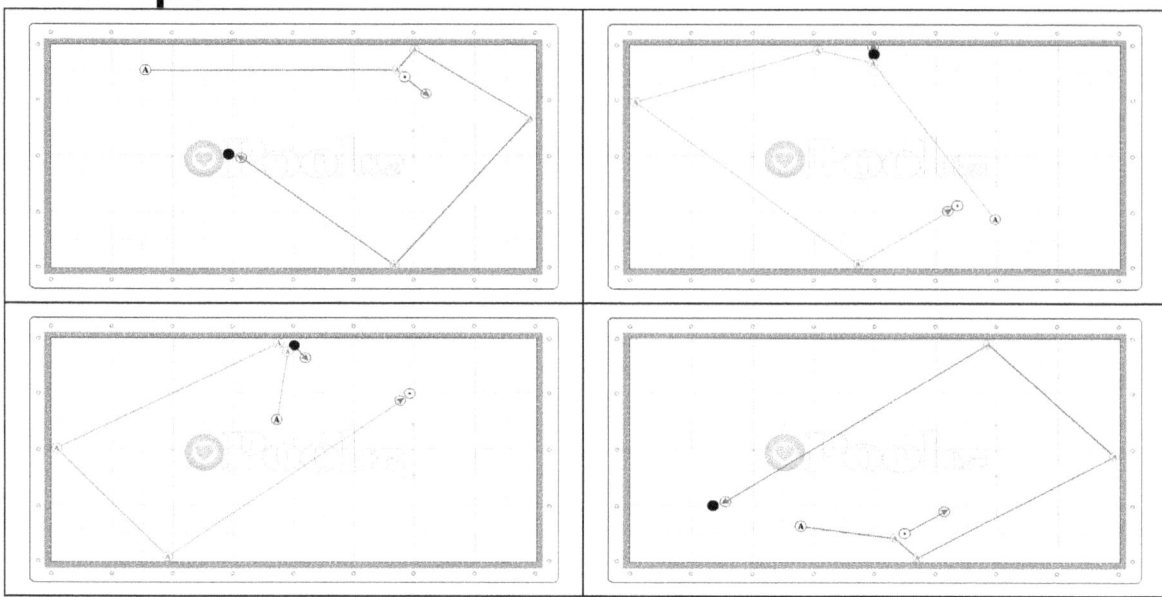

Análisis:

A:4a. _____

A:4b. _____

A:4c. _____

A:4d. _____

A:4a – Preparar

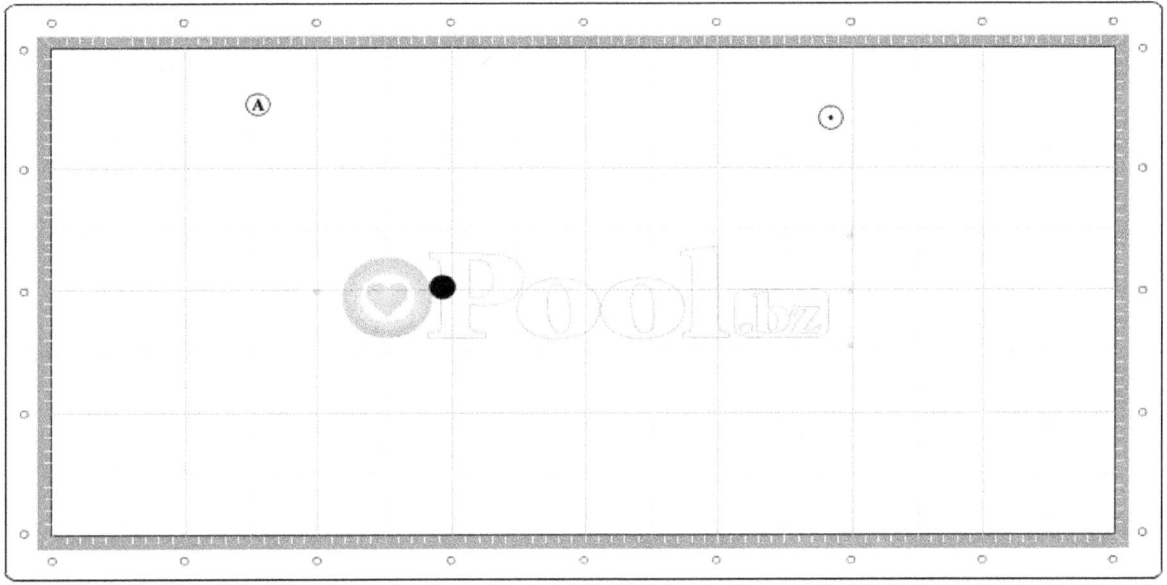

Notas e ideas:

Patrón de disparo

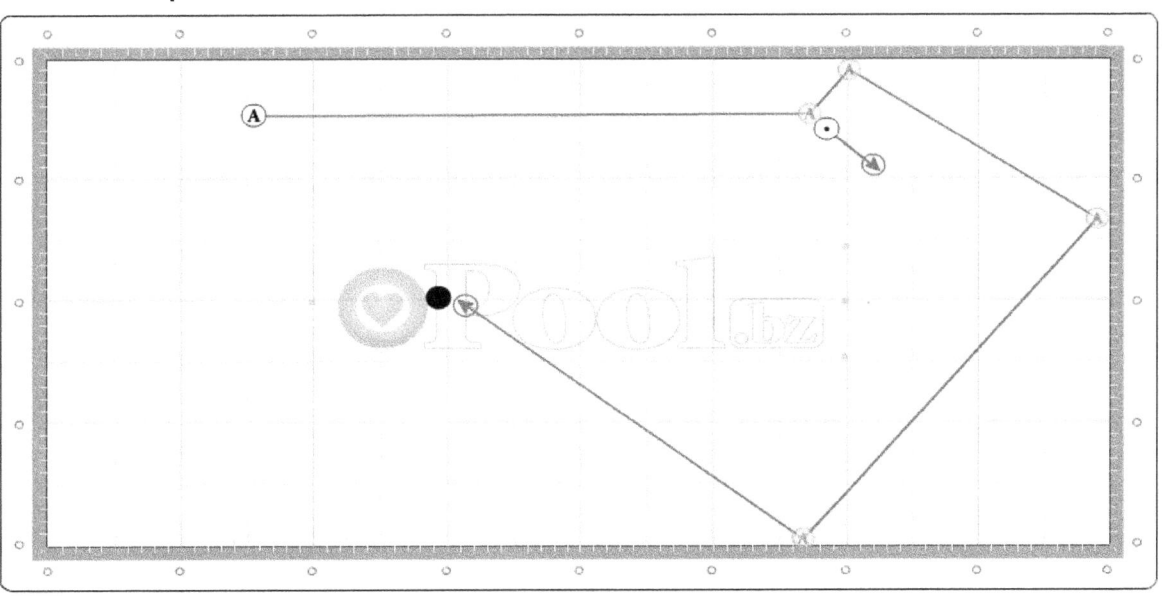

A:4b – Preparar

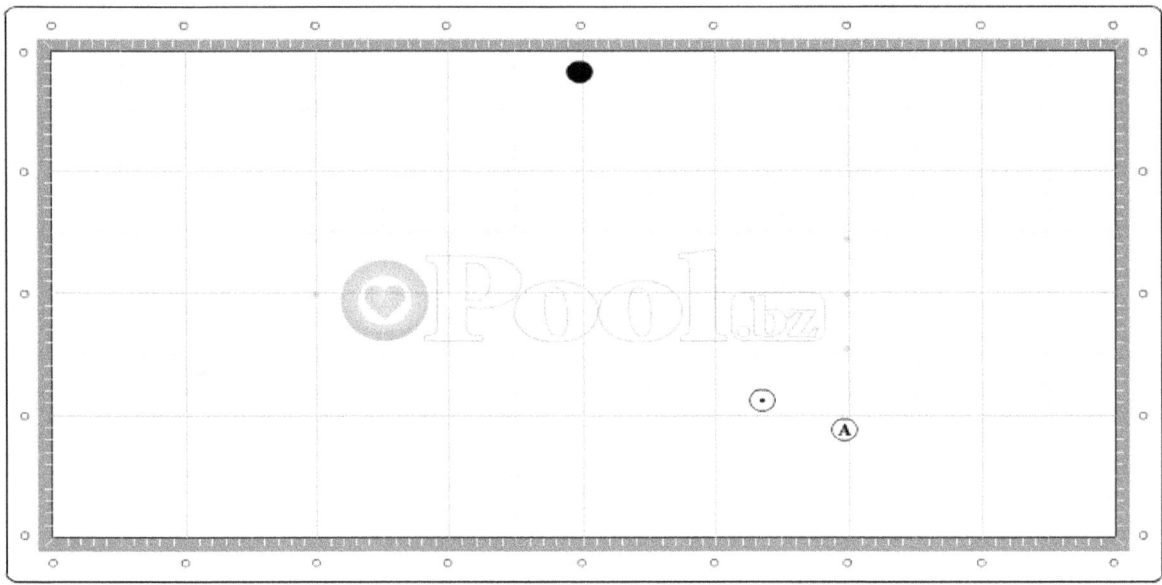

Notas e ideas:

Patrón de disparo

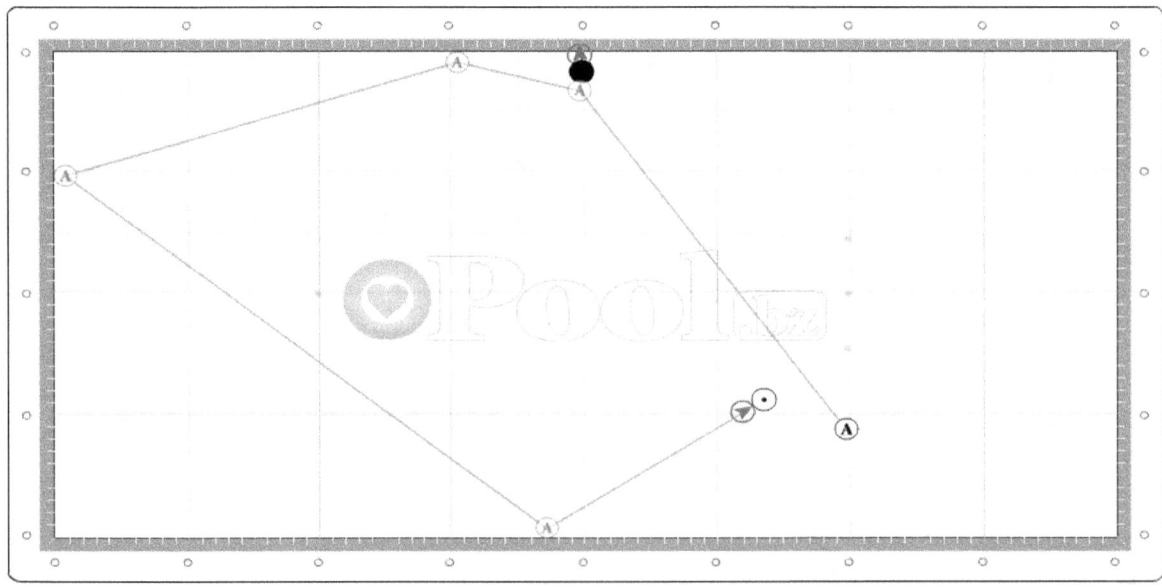

A:4c – Preparar

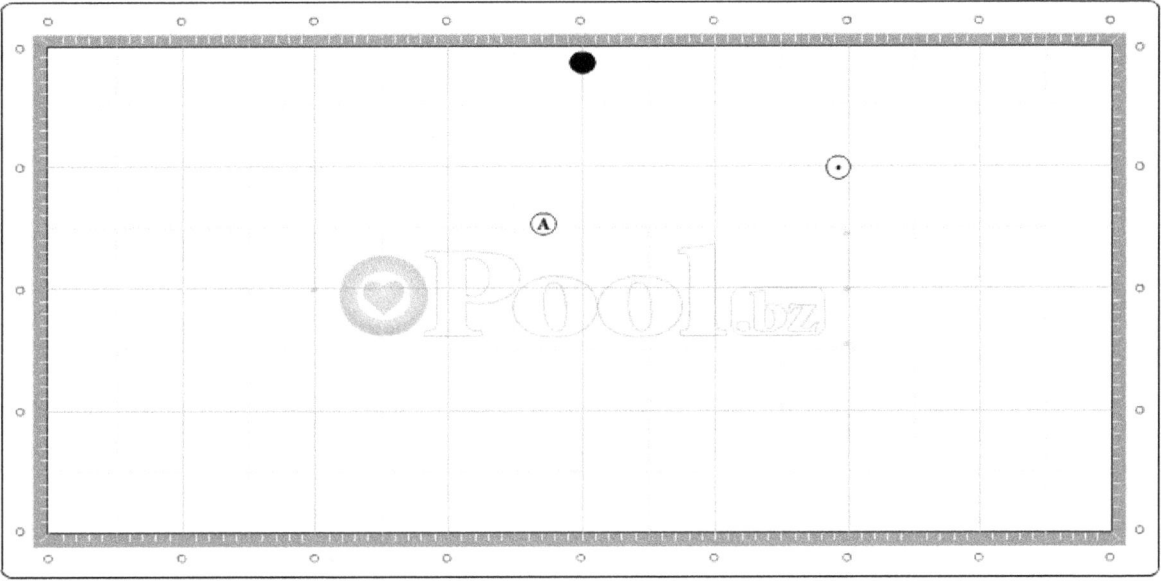

Notas e ideas:

Patrón de disparo

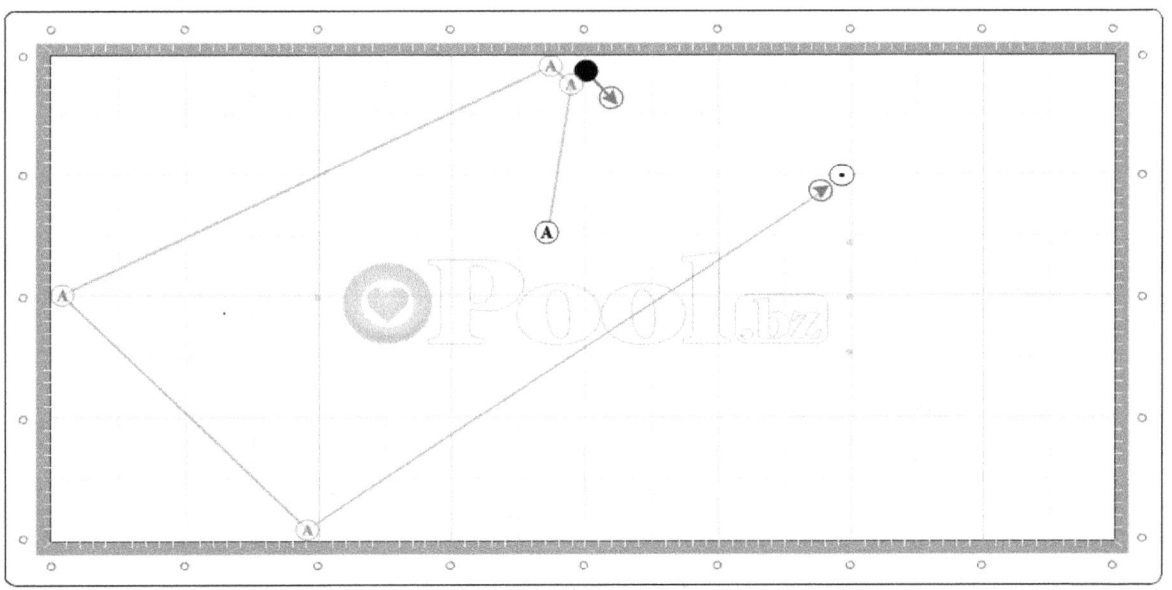

A:4d – Preparar

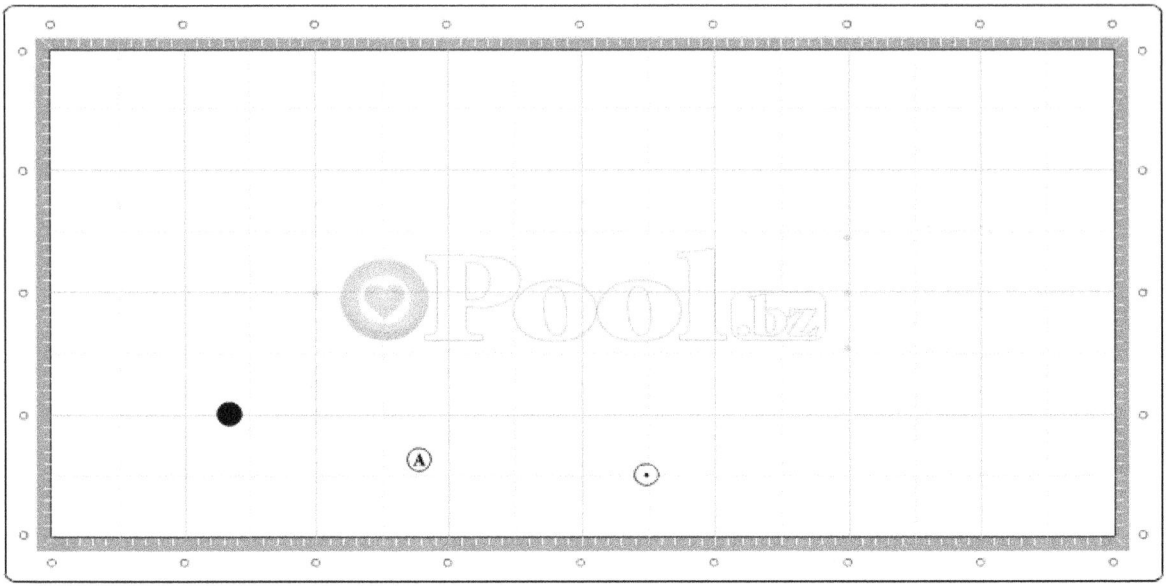

Notas e ideas:

Patrón de disparo

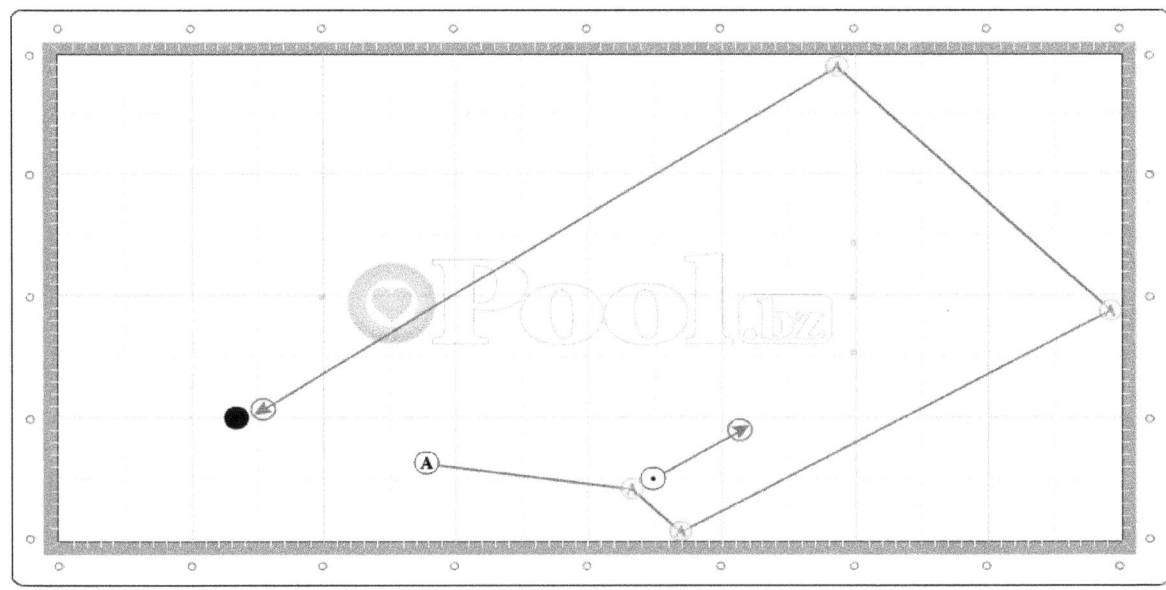

A: Grupo 5

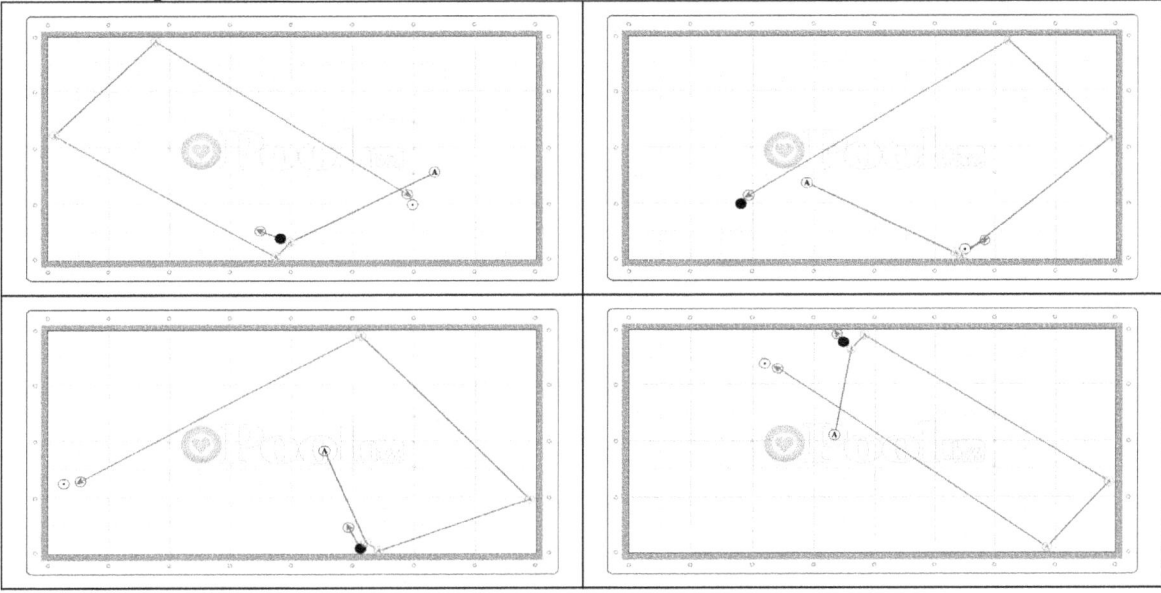

Análisis:

A:5a. _____

A:5b. _____

A:5c. _____

A:5d. _____

A:5a – Preparar

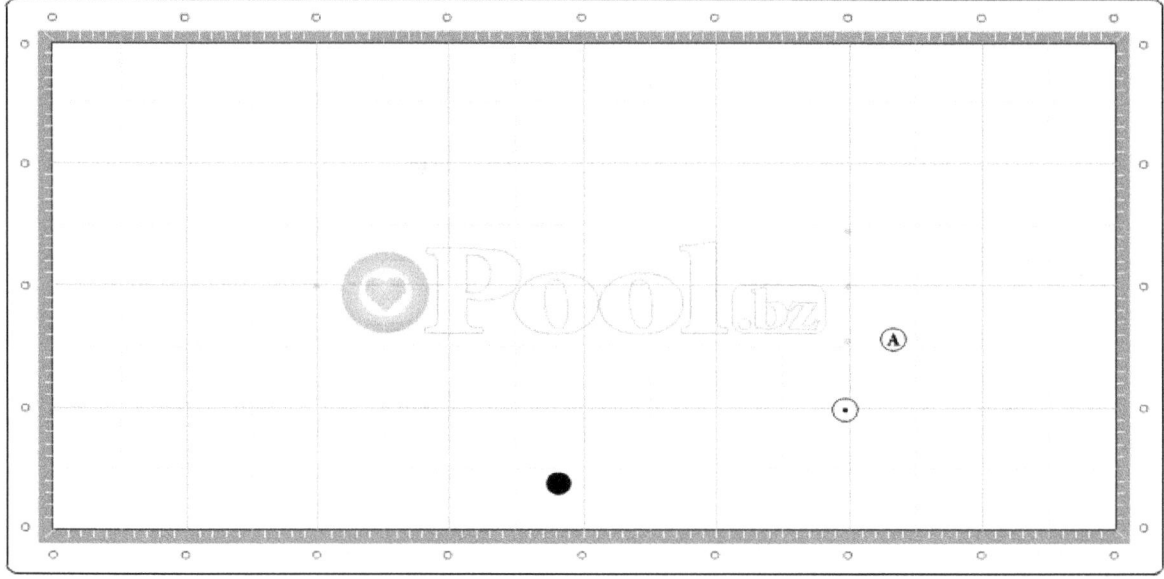

Notas e ideas:

Patrón de disparo

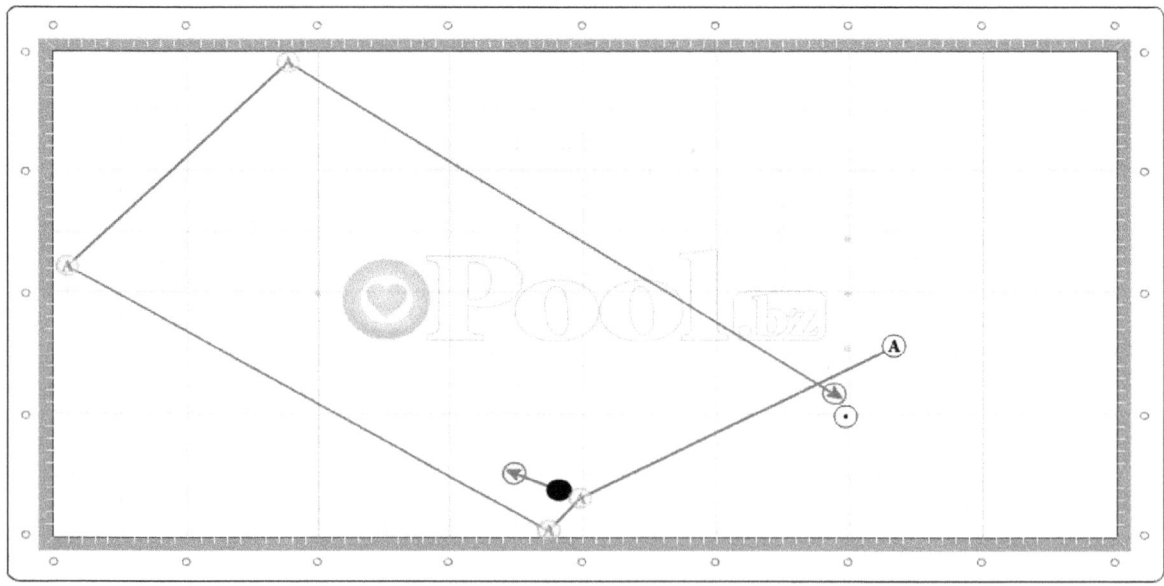

A:5b – Preparar

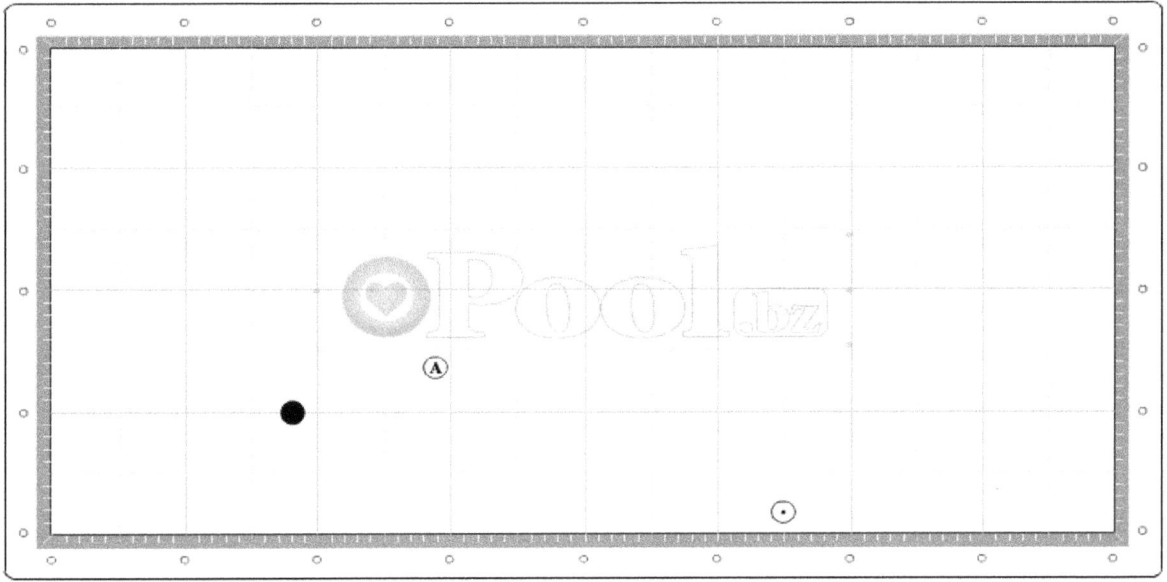

Notas e ideas:

Patrón de disparo

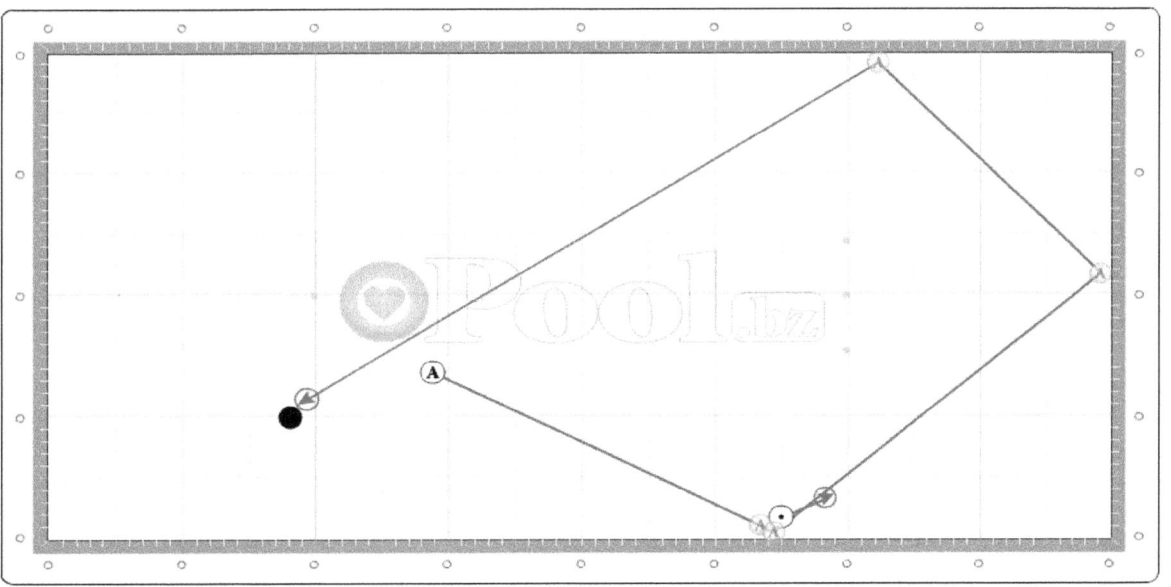

A:5c – Preparar

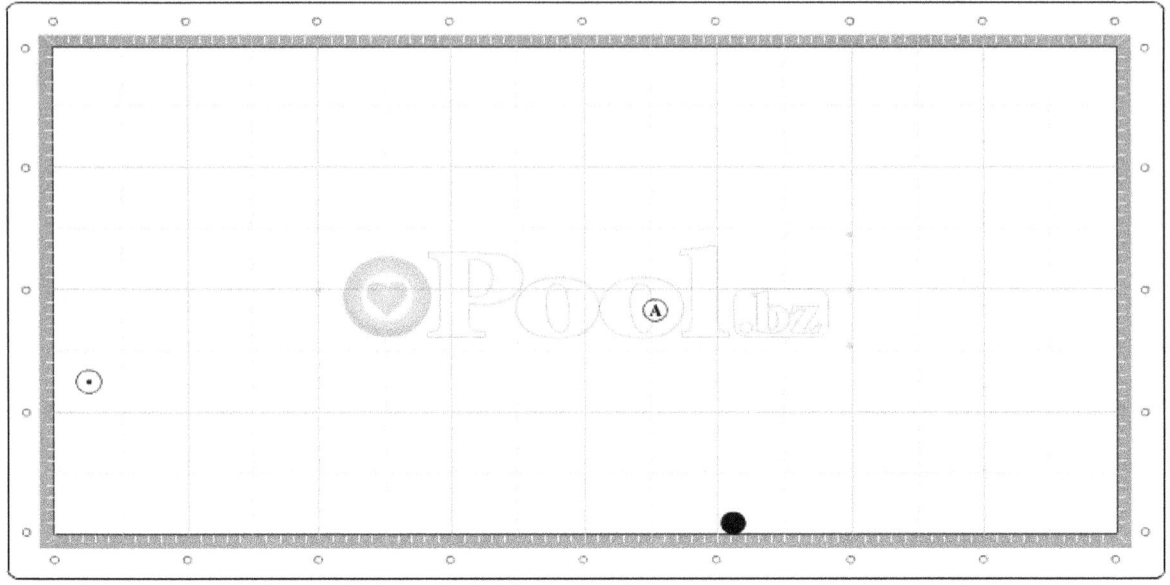

Notas e ideas:

Patrón de disparo

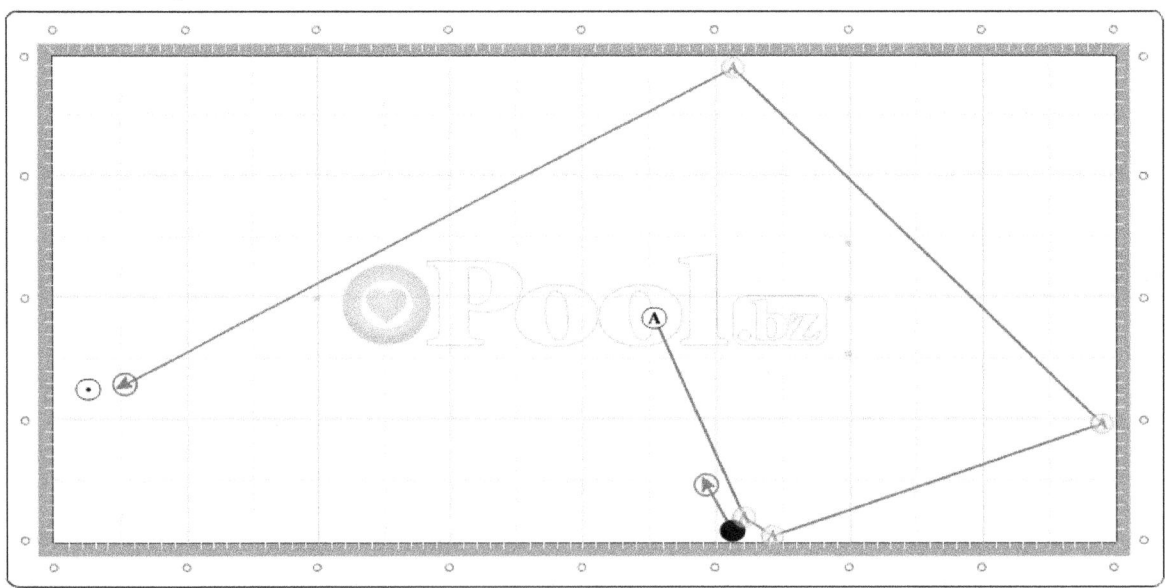

A:5d – Preparar

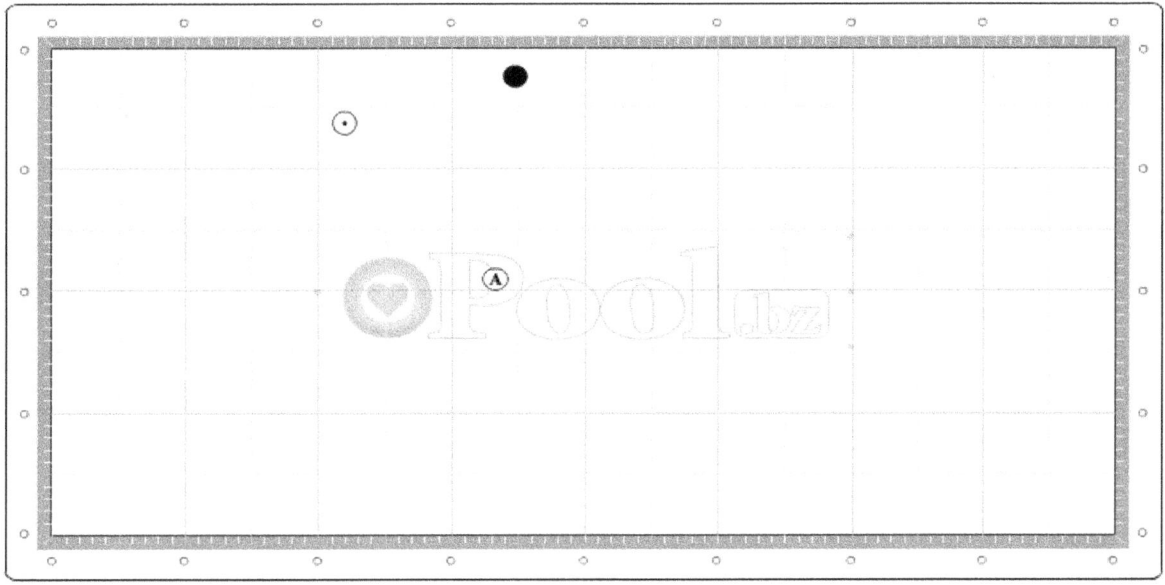

Notas e ideas:

Patrón de disparo

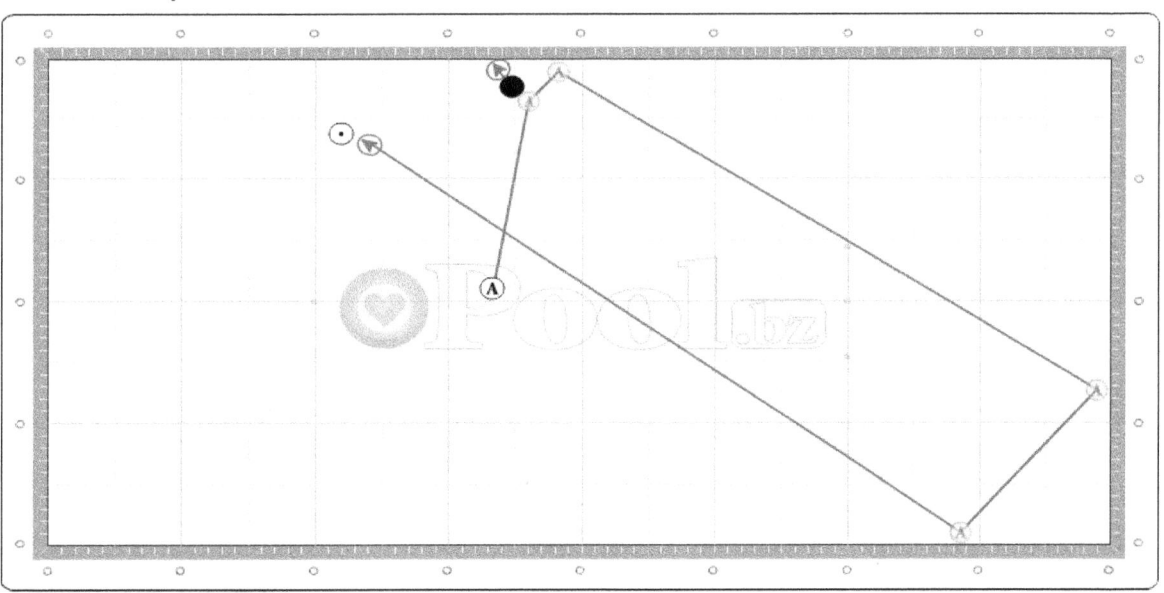

A: Grupo 6

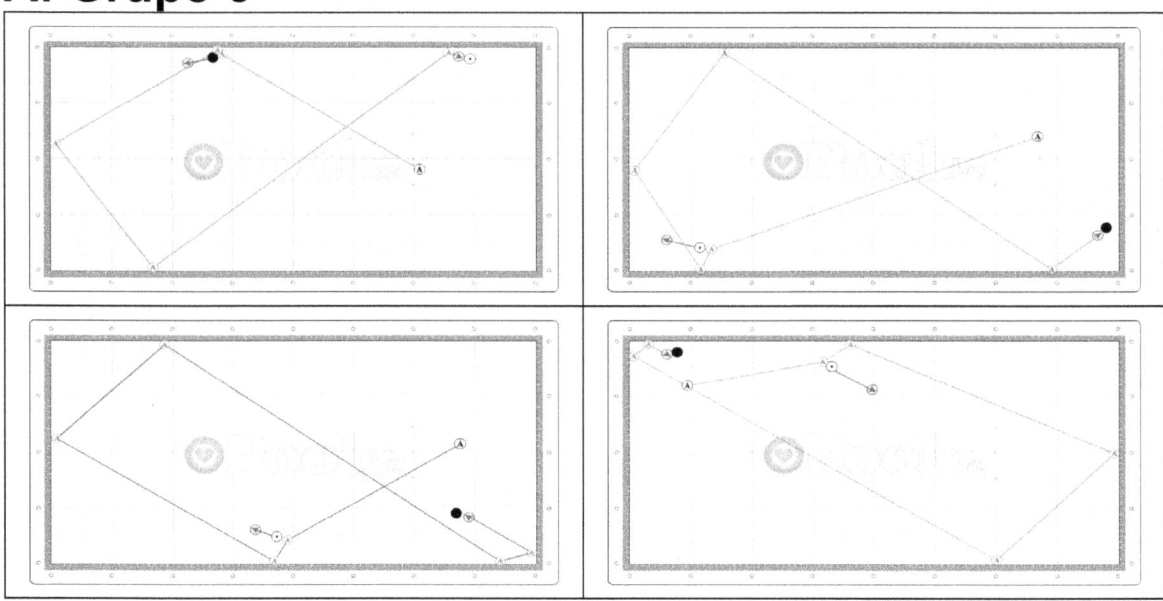

Análisis:

A:6a. _____

A:6b. _____

A:6c. _____

A:6d. _____

A:6a – Preparar

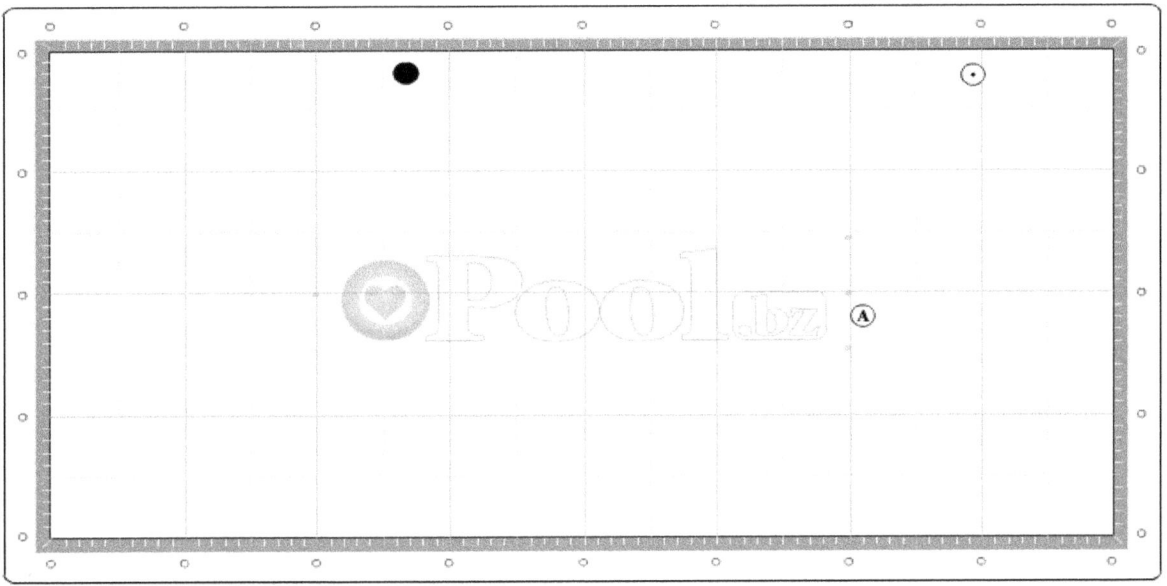

Notas e ideas:

Patrón de disparo

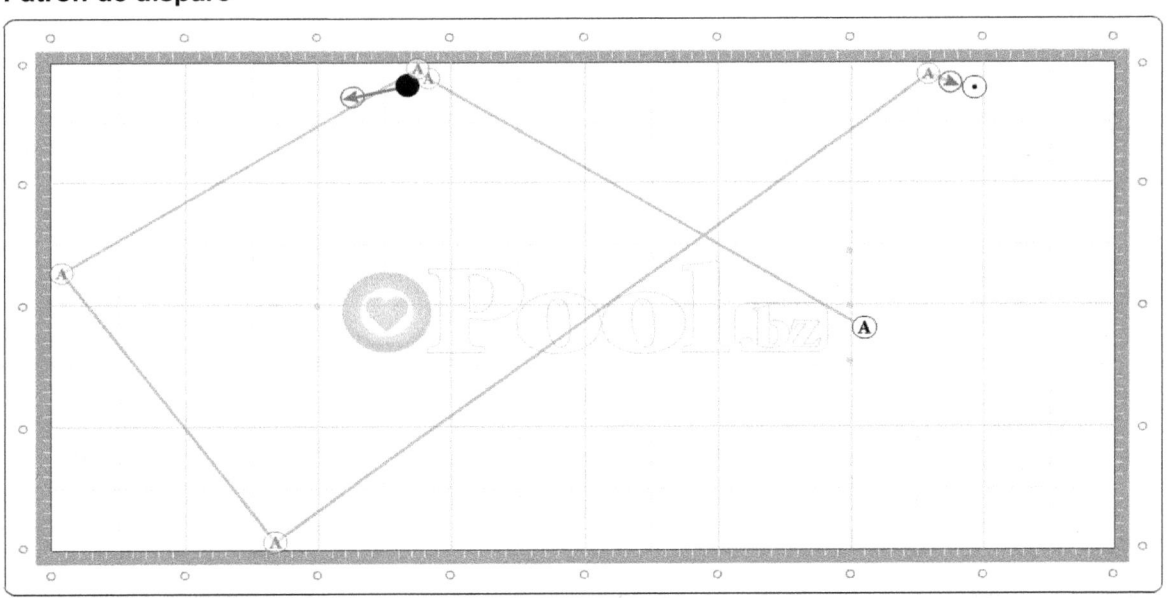

A:6b – Preparar

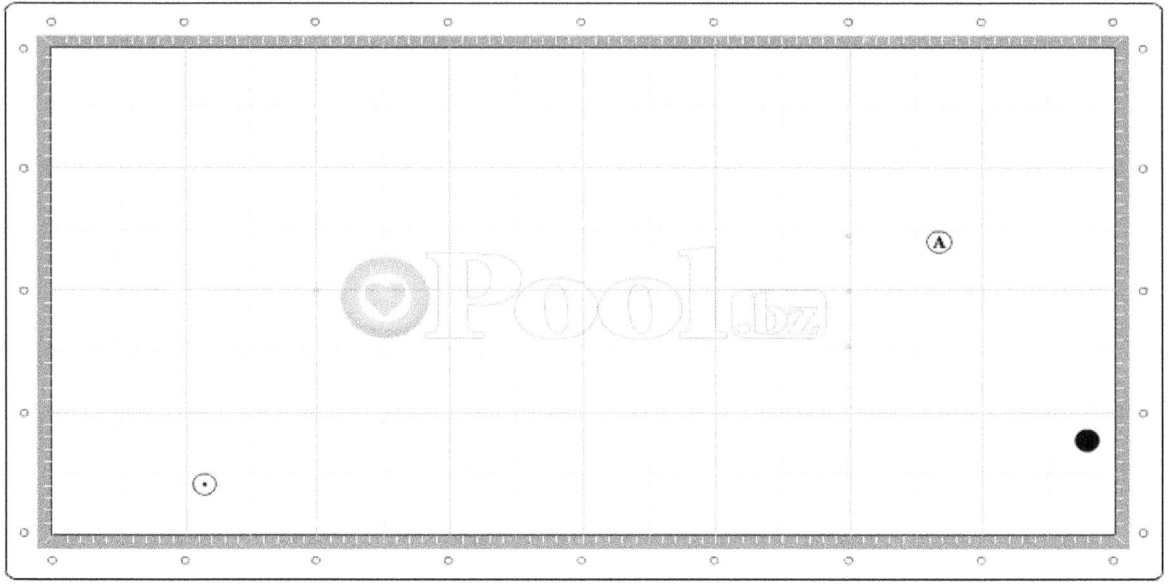

Notas e ideas:

Patrón de disparo

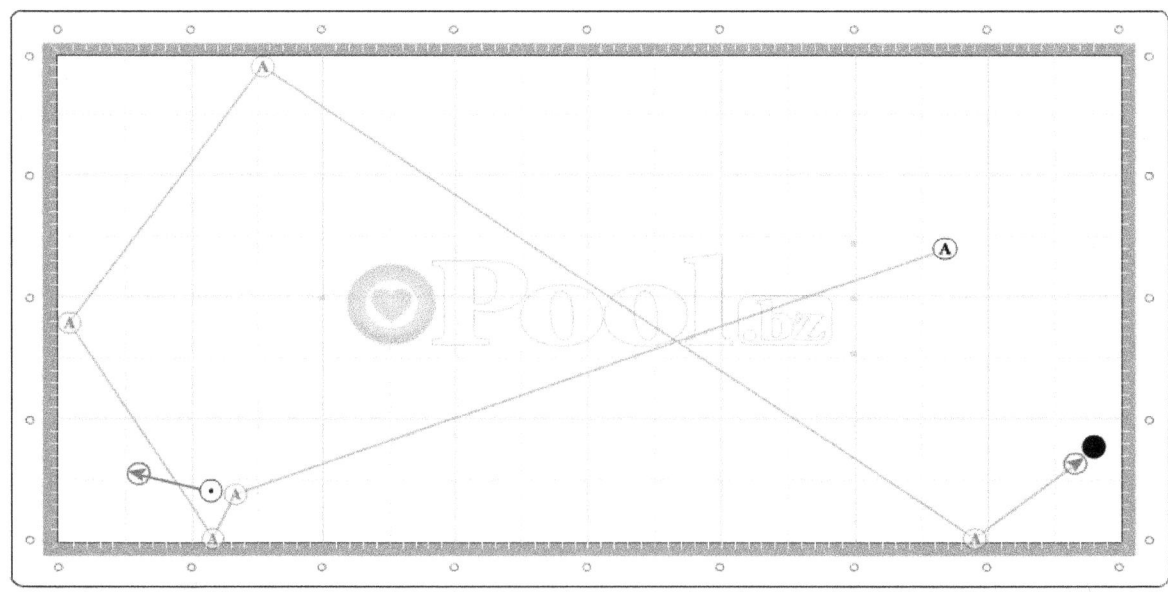

A:6c – Preparar

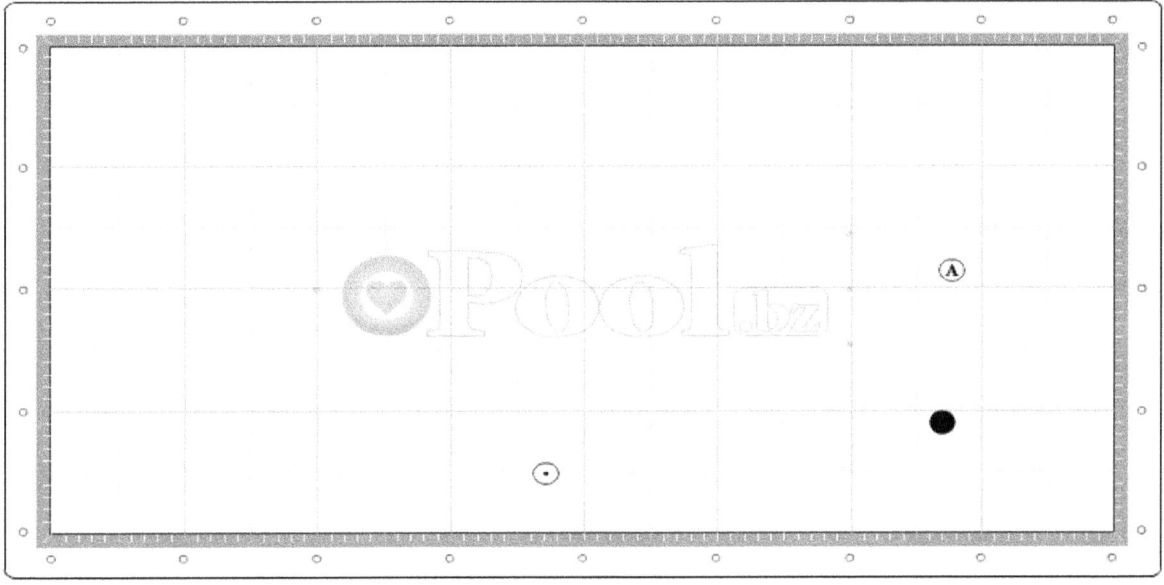

Notas e ideas:

Patrón de disparo

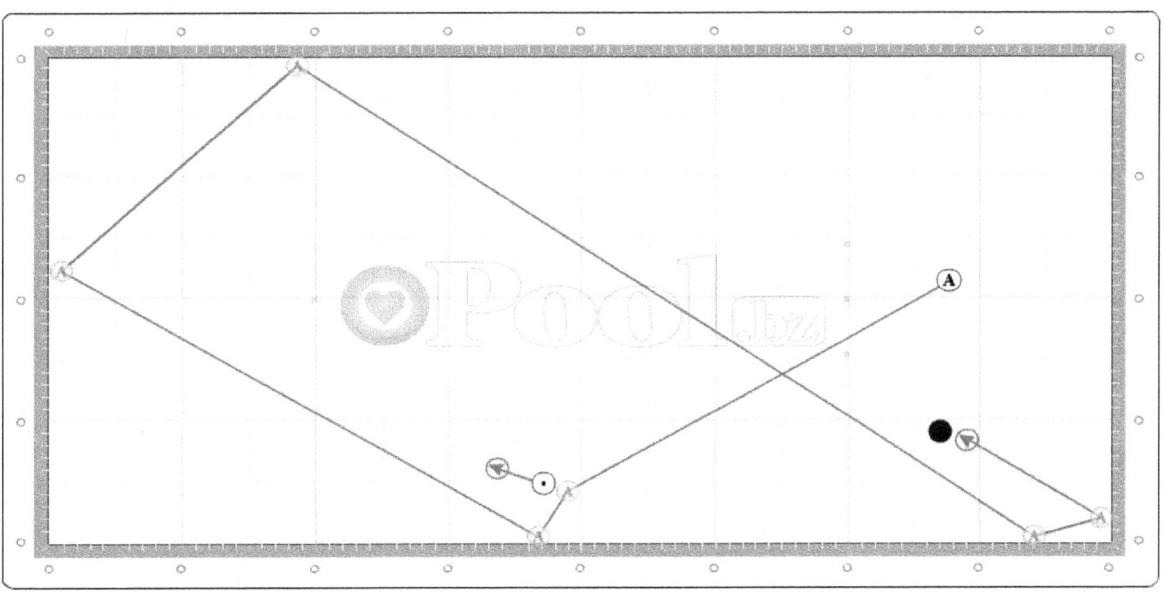

A:6d – Preparar

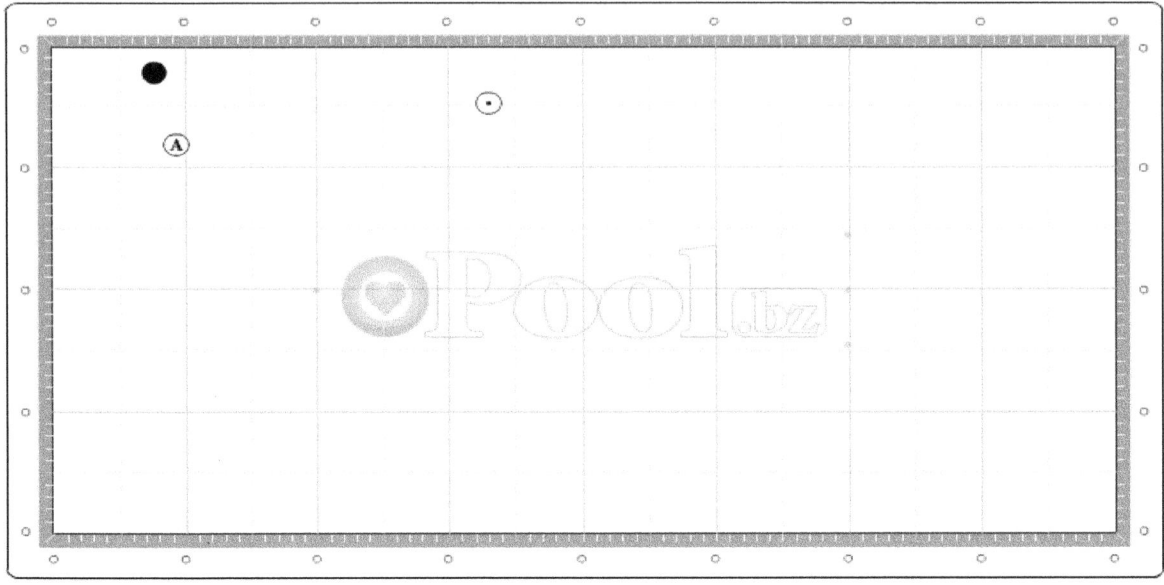

Notas e ideas:

Patrón de disparo

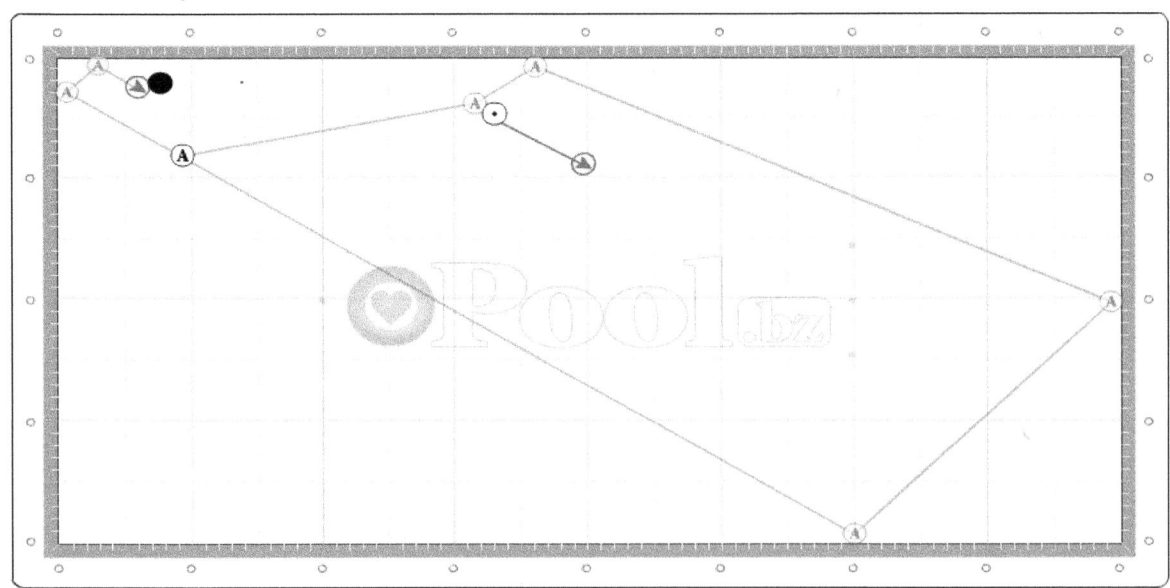

A: Grupo 7

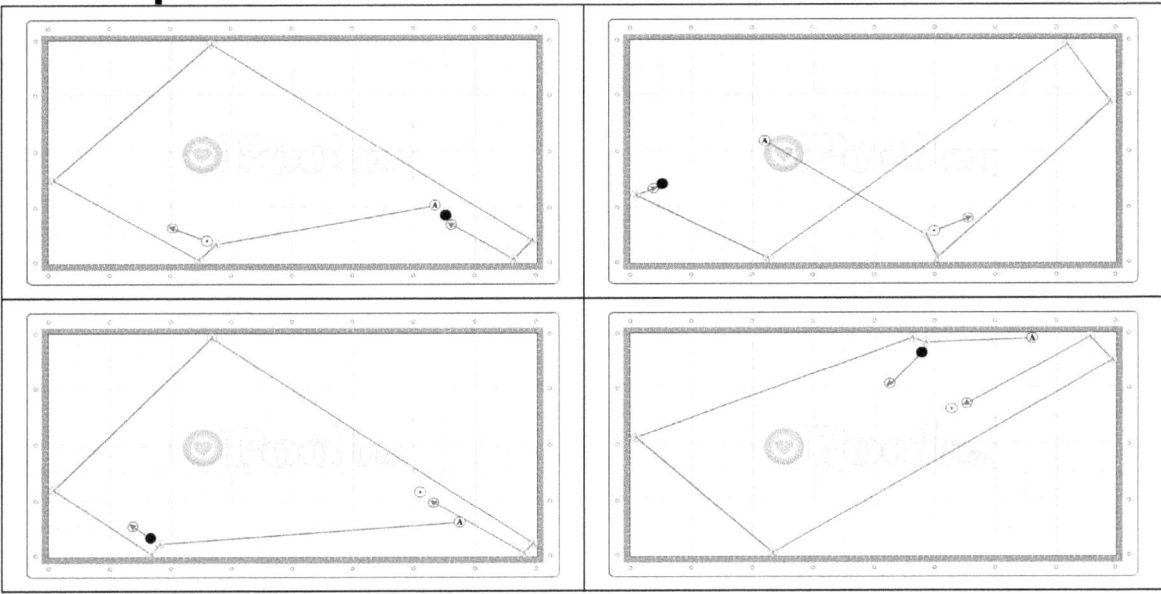

Análisis:

A:7a. _____

A:7b. _____

A:7c. _____

A:7d. _____

A:7a – Preparar

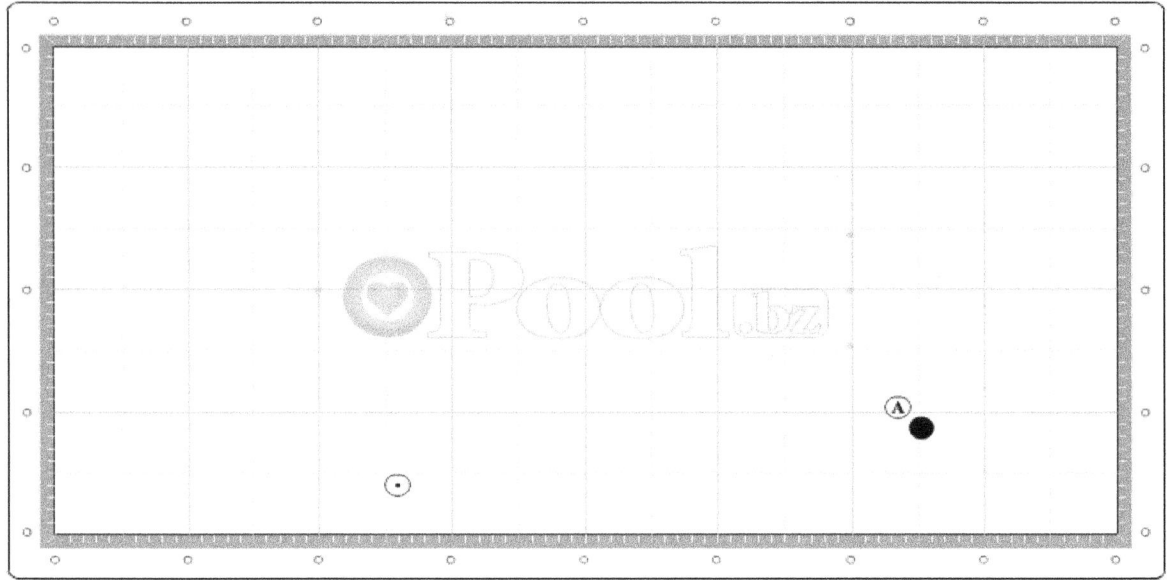

Notas e ideas:

Patrón de disparo

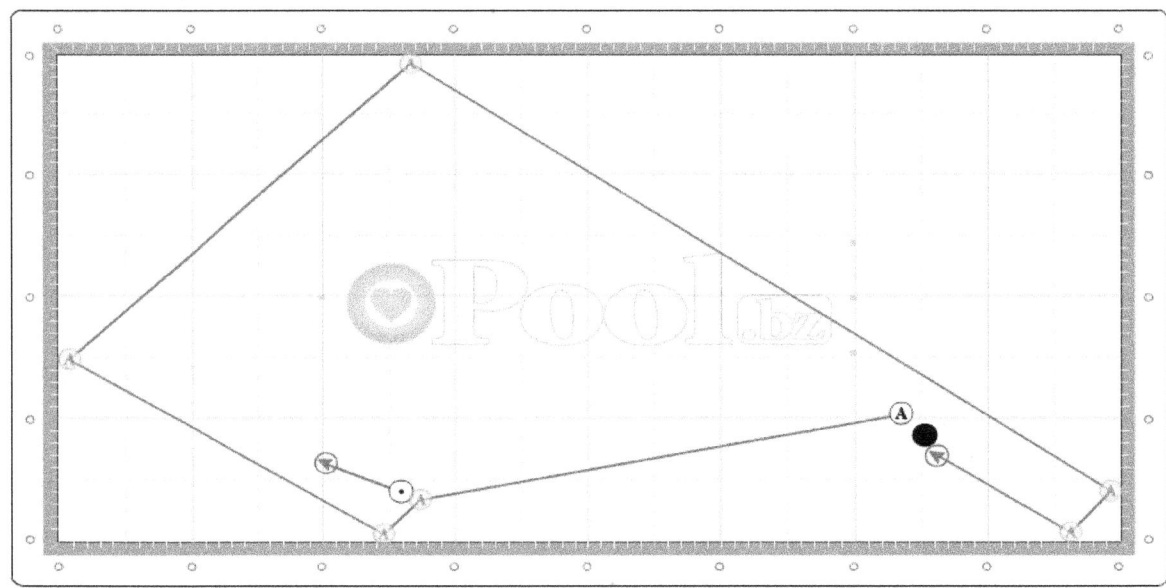

A:7b – Preparar

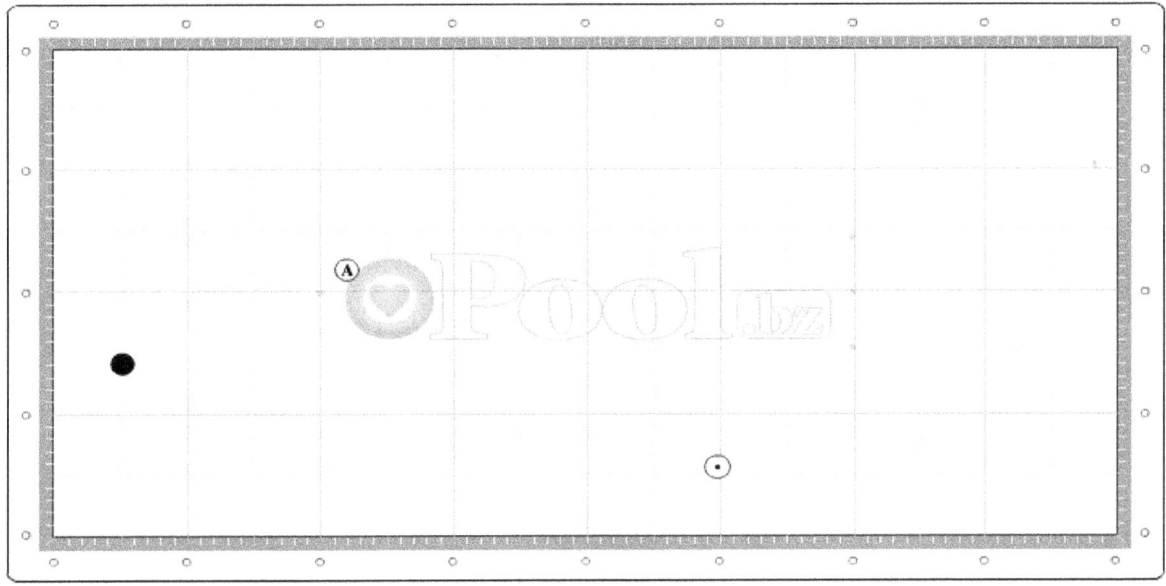

Notas e ideas:

Patrón de disparo

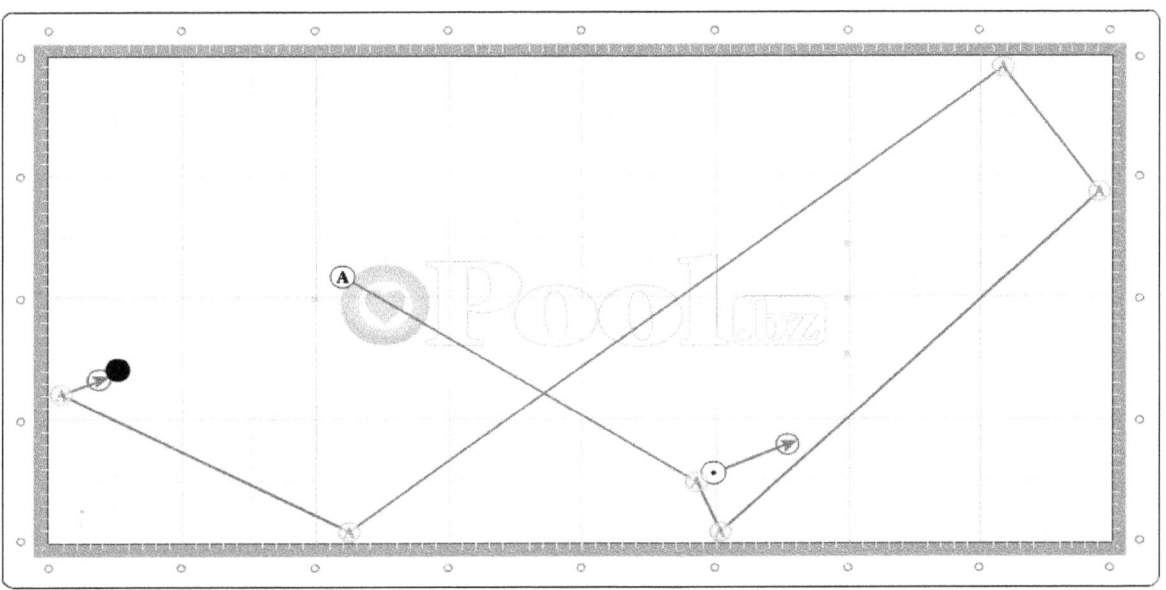

A:7c – Preparar

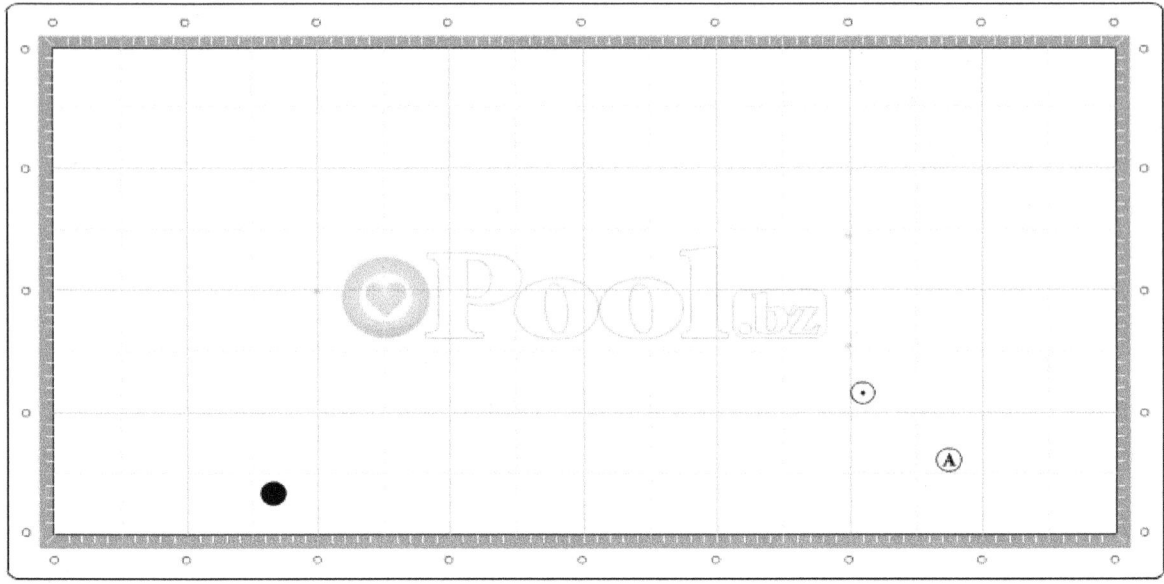

Notas e ideas:

Patrón de disparo

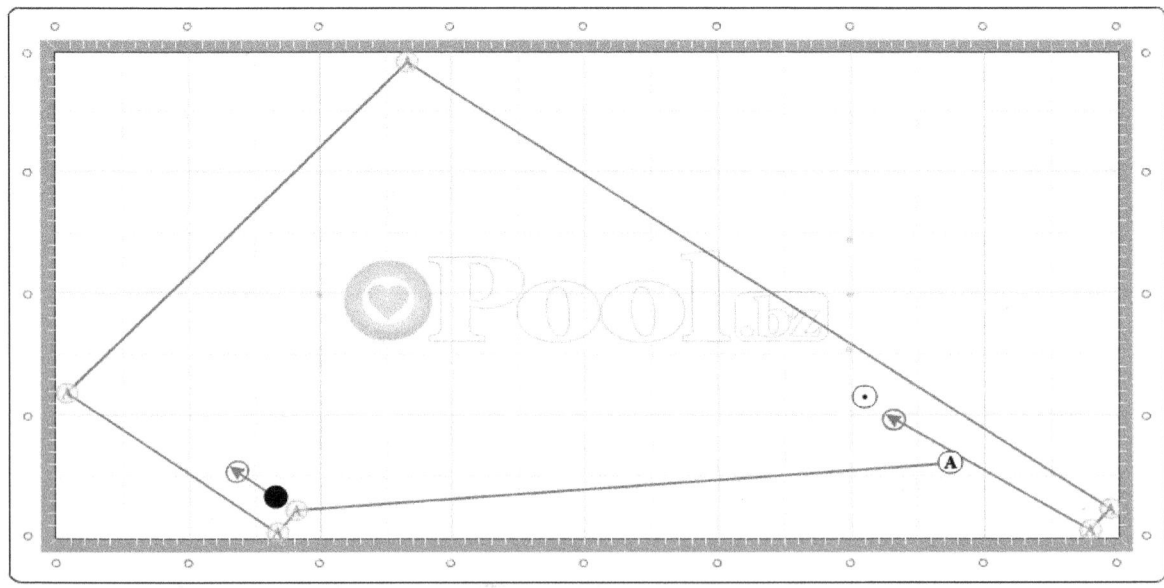

A:7d – Preparar

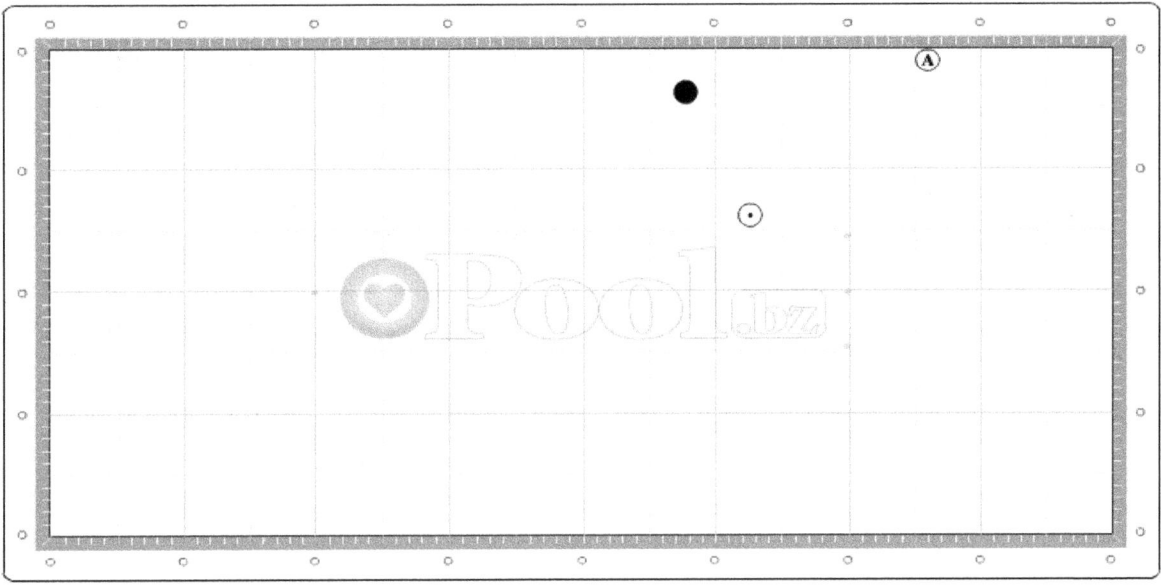

Notas e ideas:

Patrón de disparo

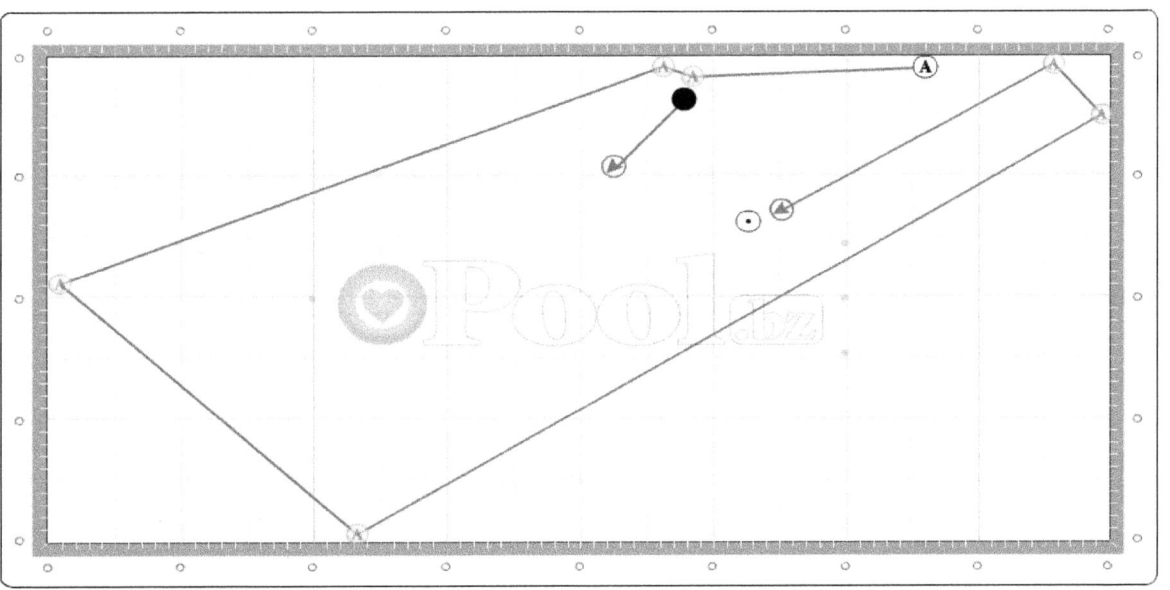

B: Reverso interior

En este conjunto de diseños, el (CB) entra en el primer (OB) con un poco de dibujo y giro lateral aplicados. Esto envía (CB) de vuelta desde la línea tangente en un patrón inverso. El (CB) sigue el patrón alrededor del mundo hacia la esquina de la casa.

Ⓐ (CB) (su bola de billar) - ⊙ (OB) (bola de billar oponente) - ● (OB) (bola de billar roja)

B: Grupo 1

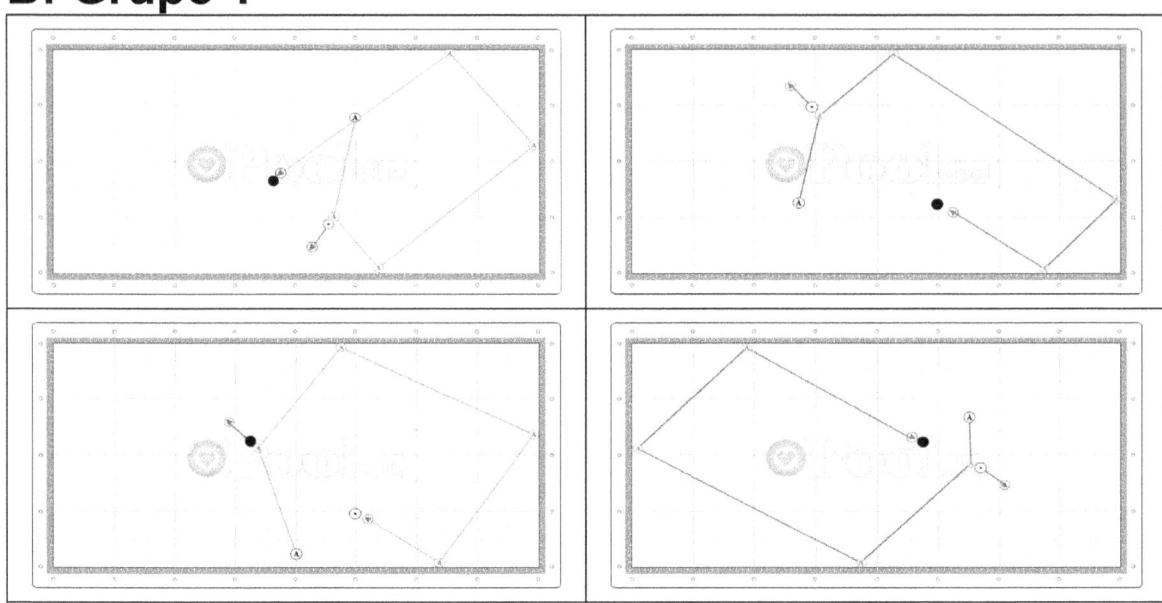

Análisis:

B:1a. _____

B:1b. _____

B:1c. _____

B:1d. _____

B:1a – Preparar

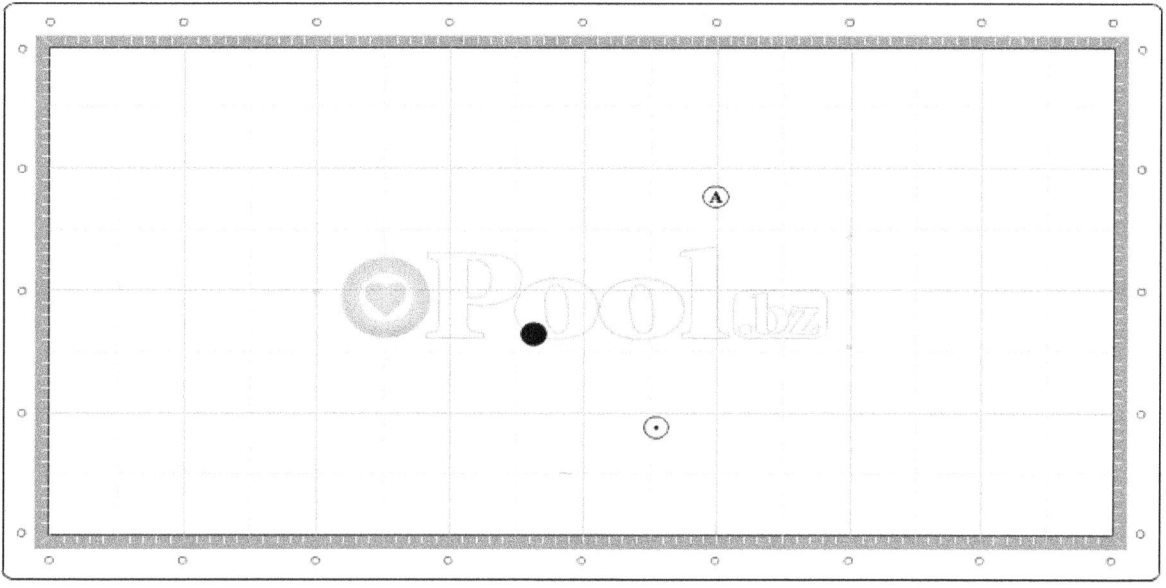

Notas e ideas:

Patrón de disparo

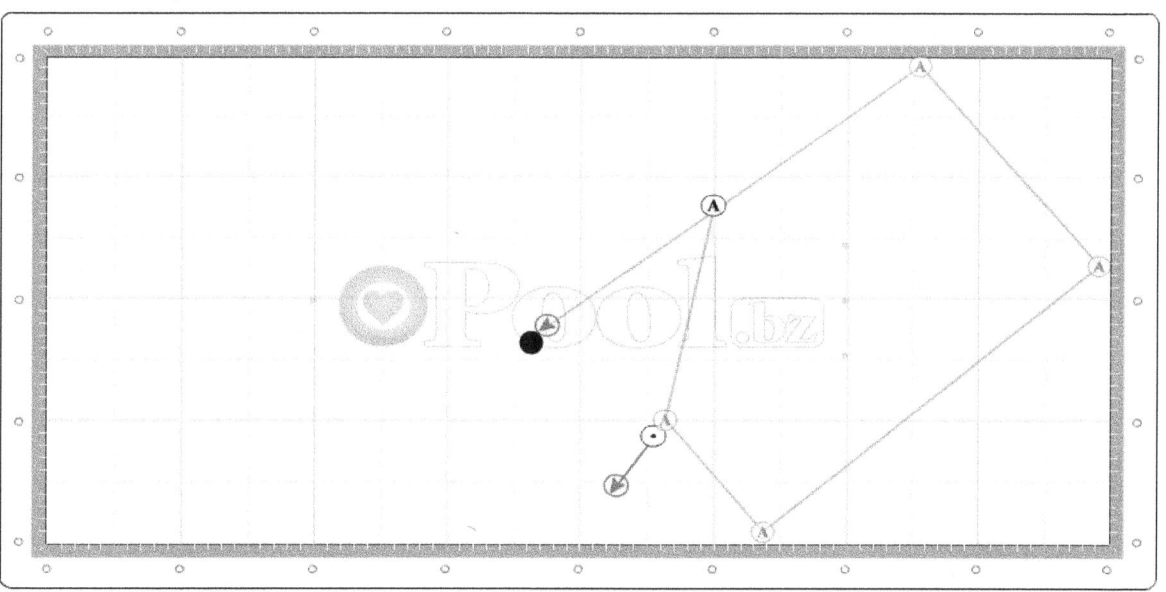

B:1b – Preparar

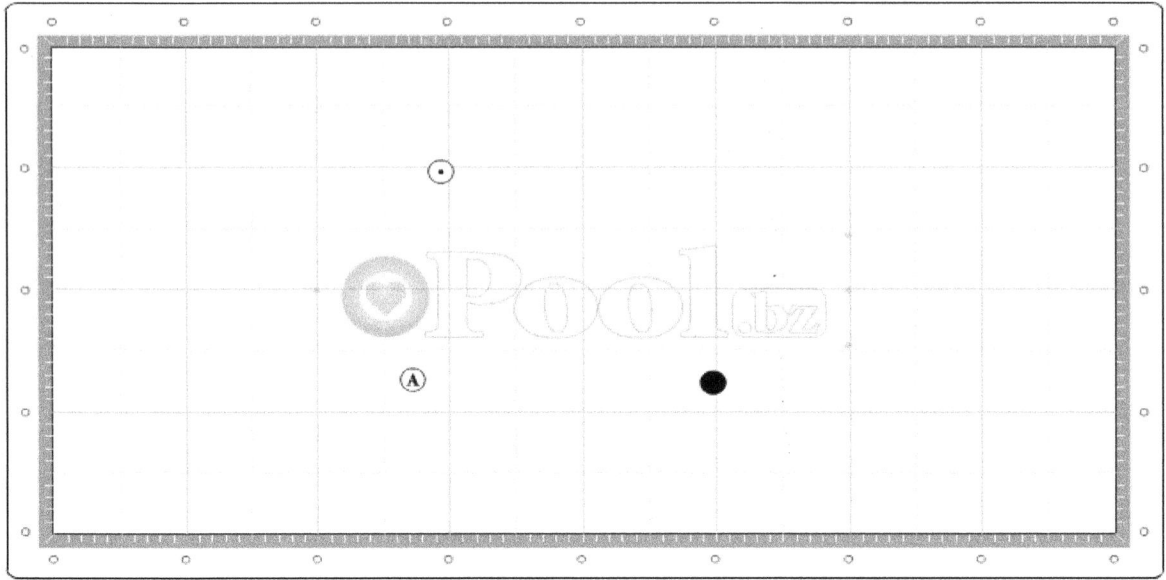

Notas e ideas:

Patrón de disparo

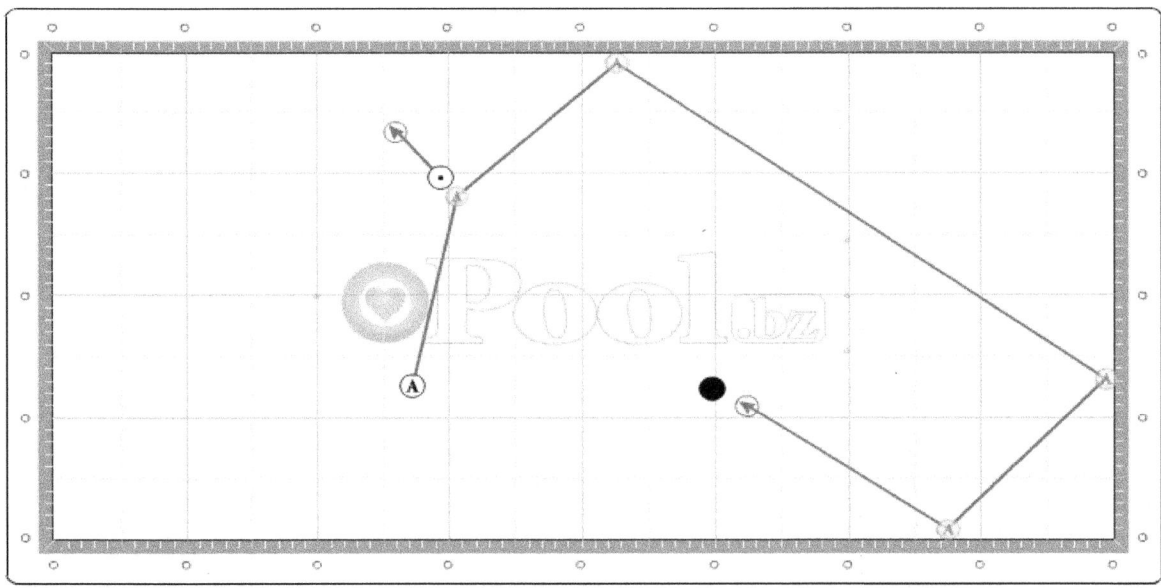

B:1c – Preparar

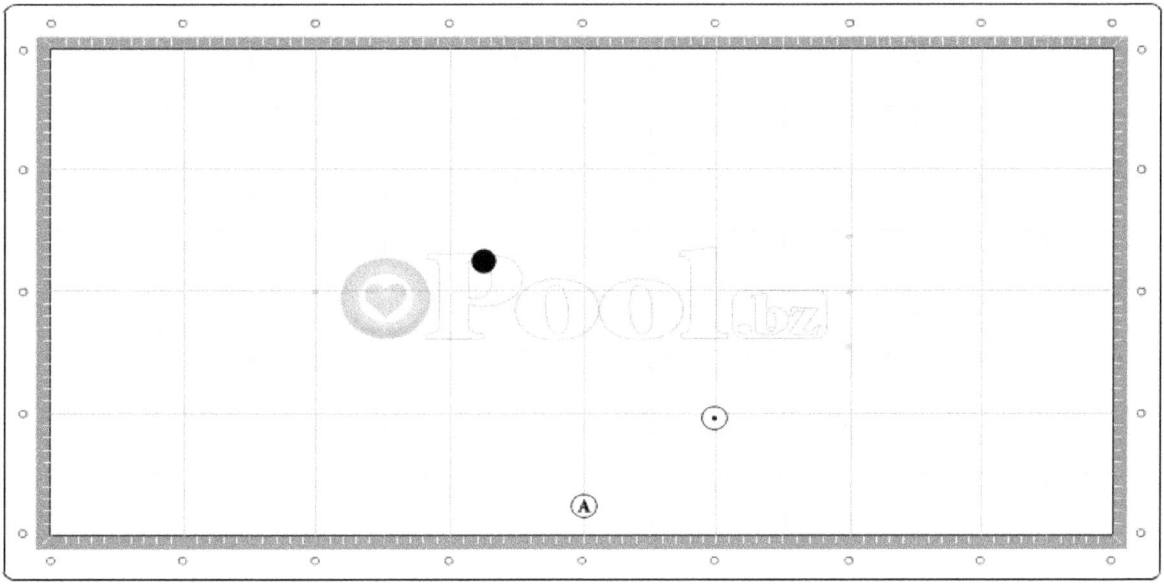

Notas e ideas:

Patrón de disparo

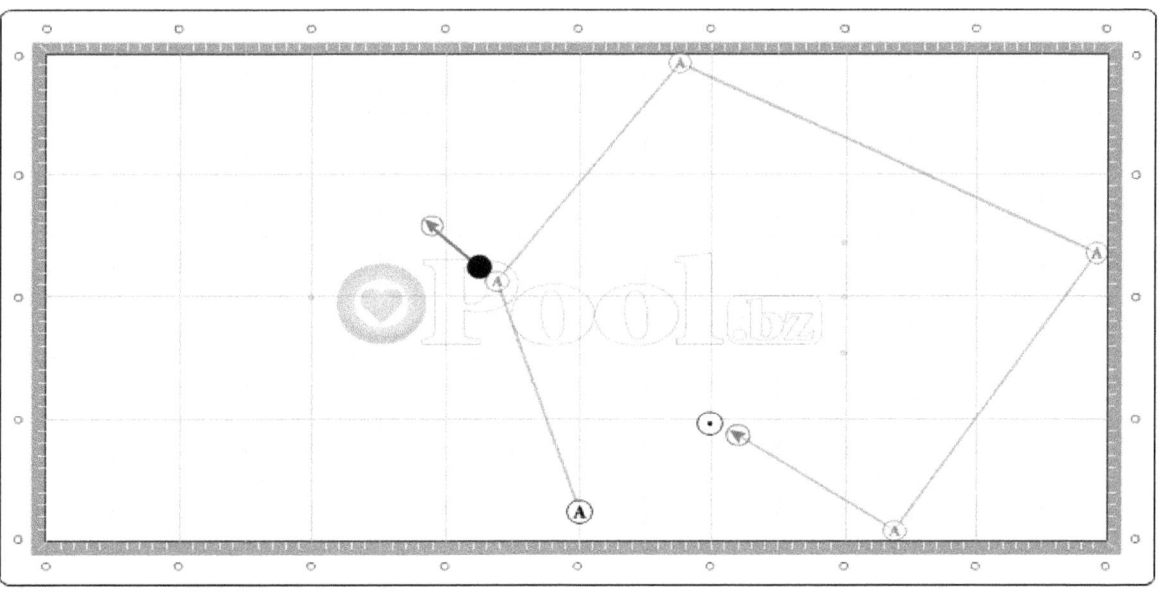

B:1d – Preparar

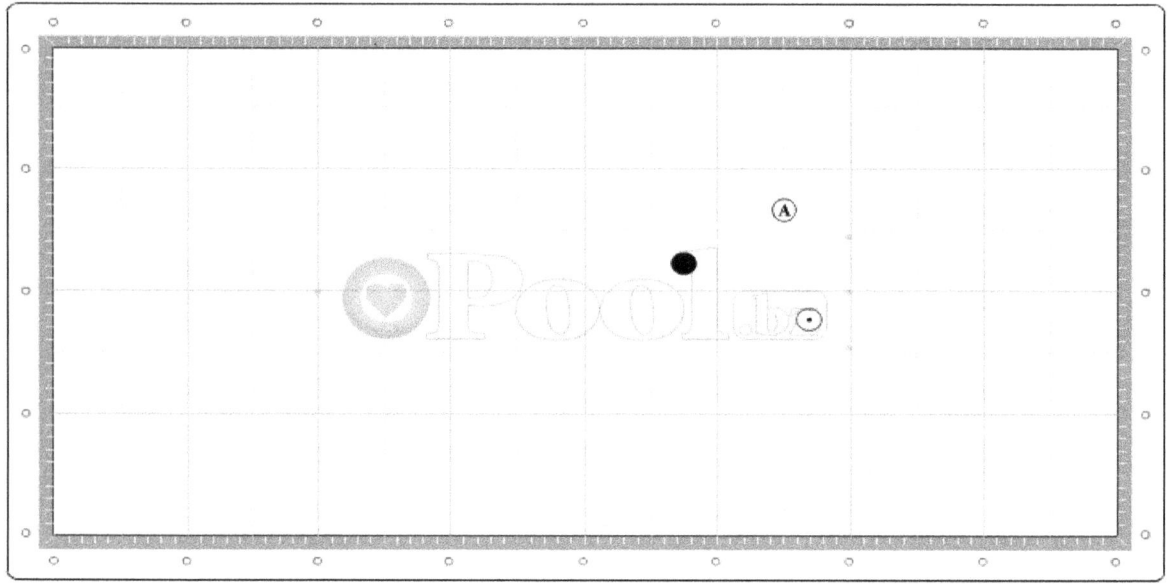

Notas e ideas:

Patrón de disparo

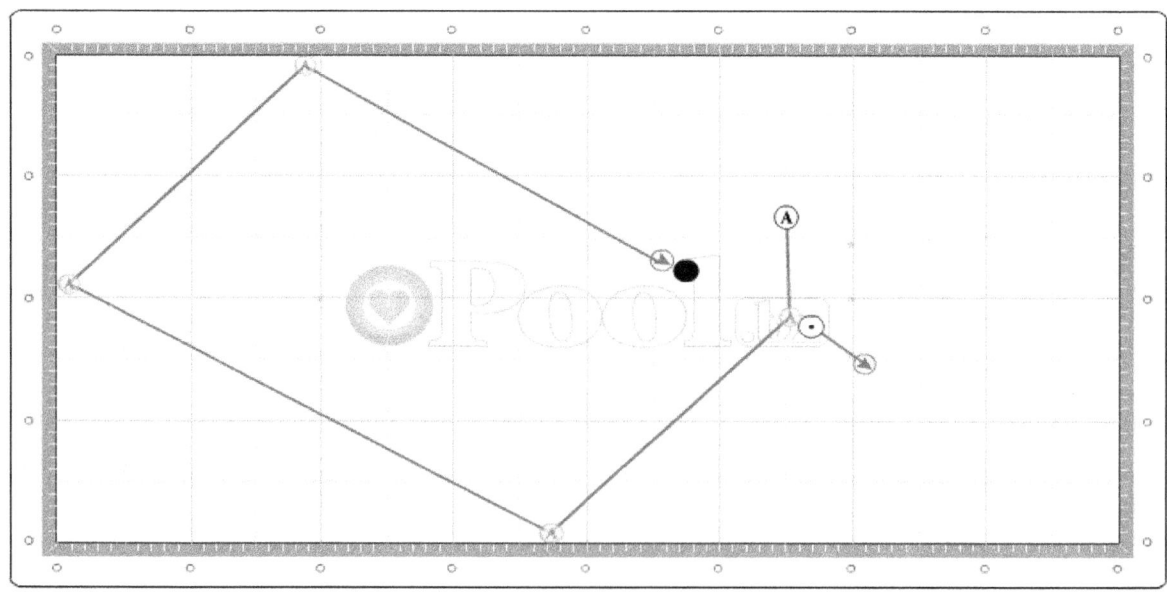

B: Grupo 2

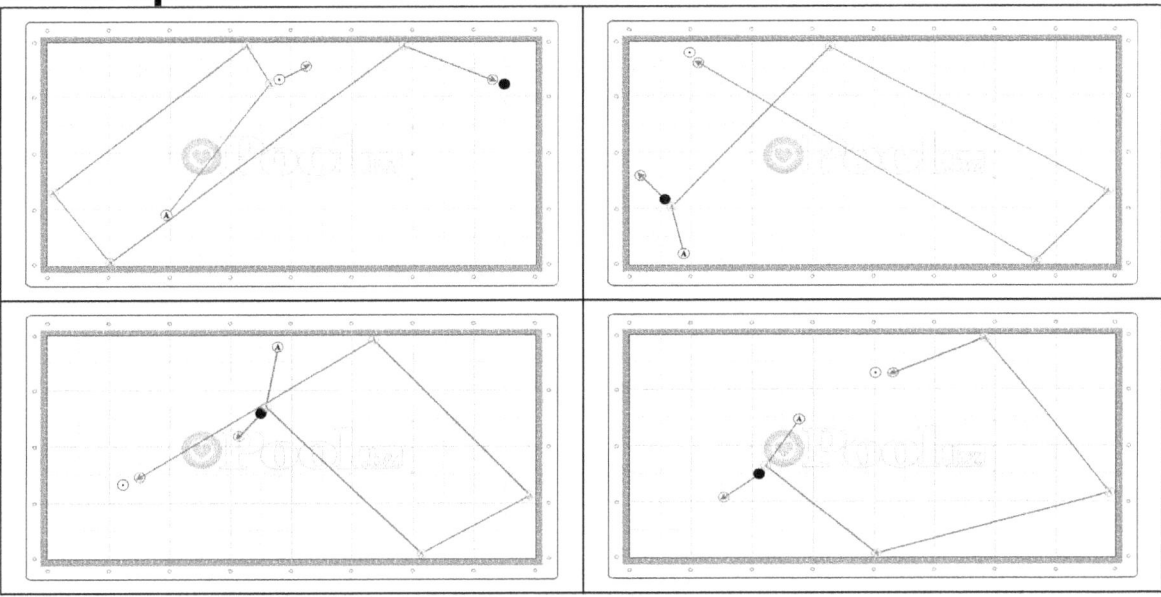

Análisis:

B:2a. _____

B:2b. _____

B:2c. _____

B:2d. _____

B:2a – Preparar

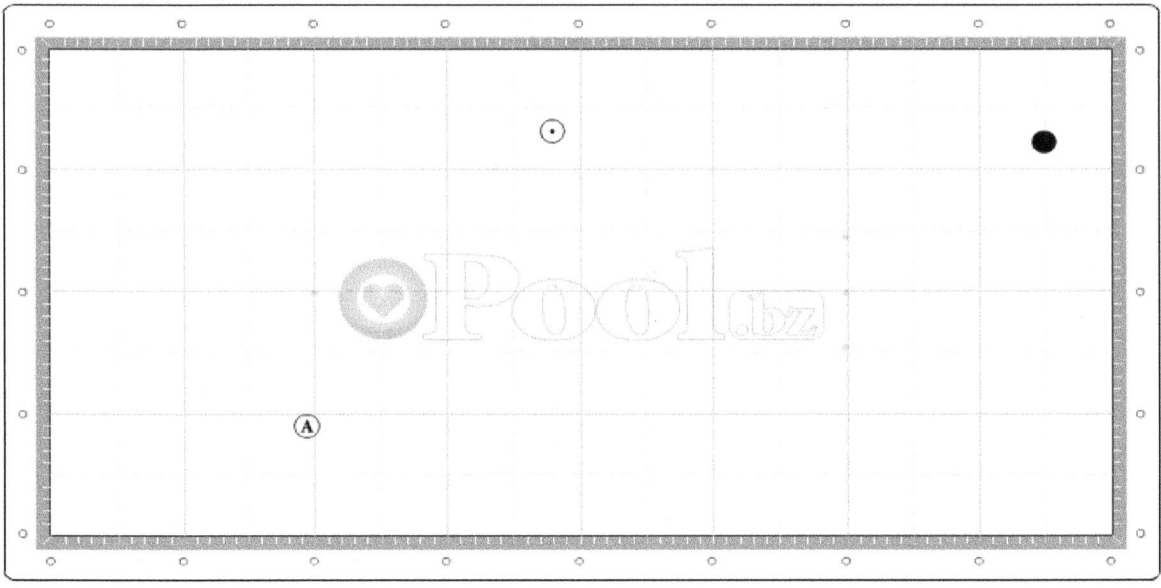

Notas e ideas:

Patrón de disparo

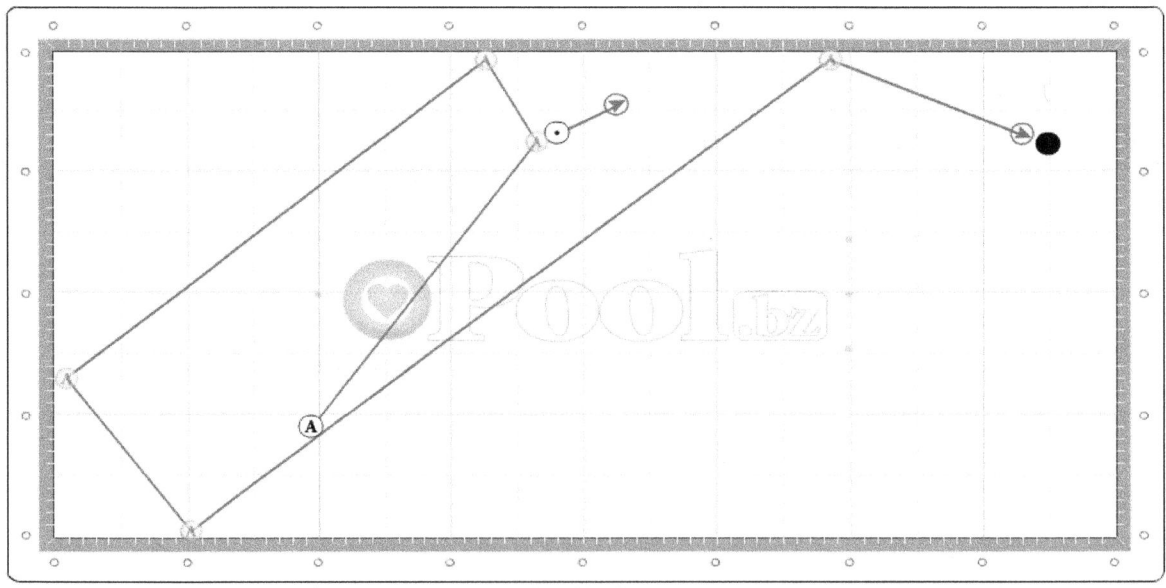

B:2b – Preparar

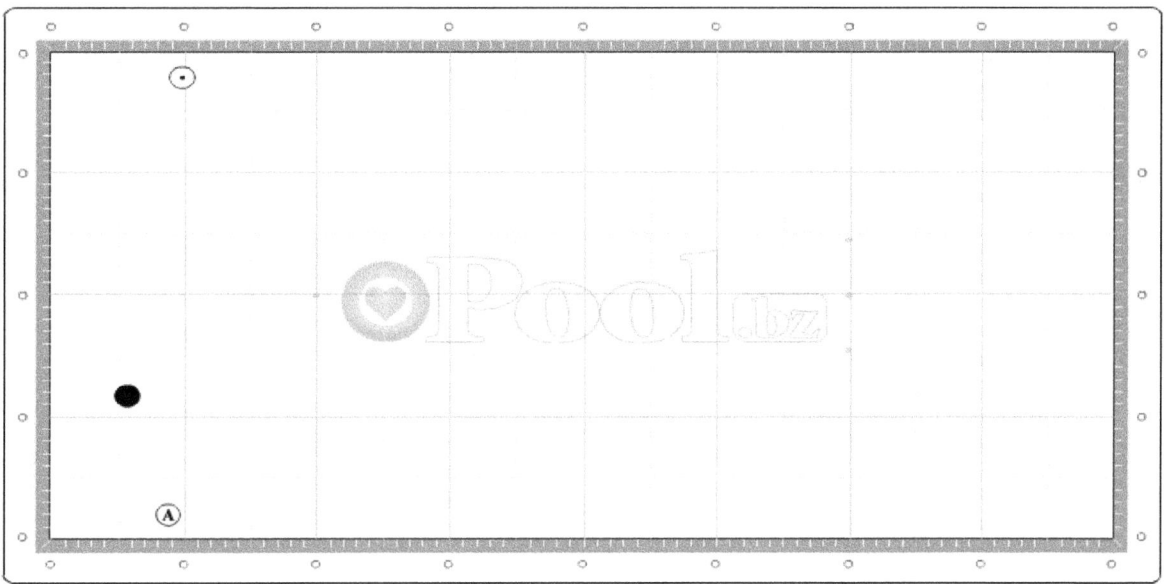

Notas e ideas:

Patrón de disparo

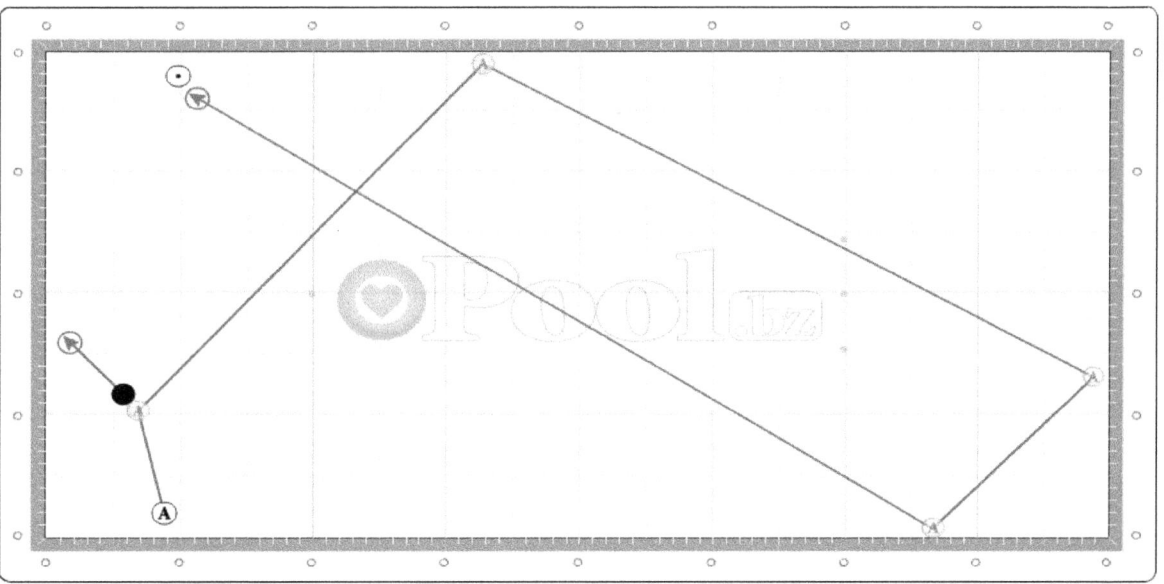

B:2c – Preparar

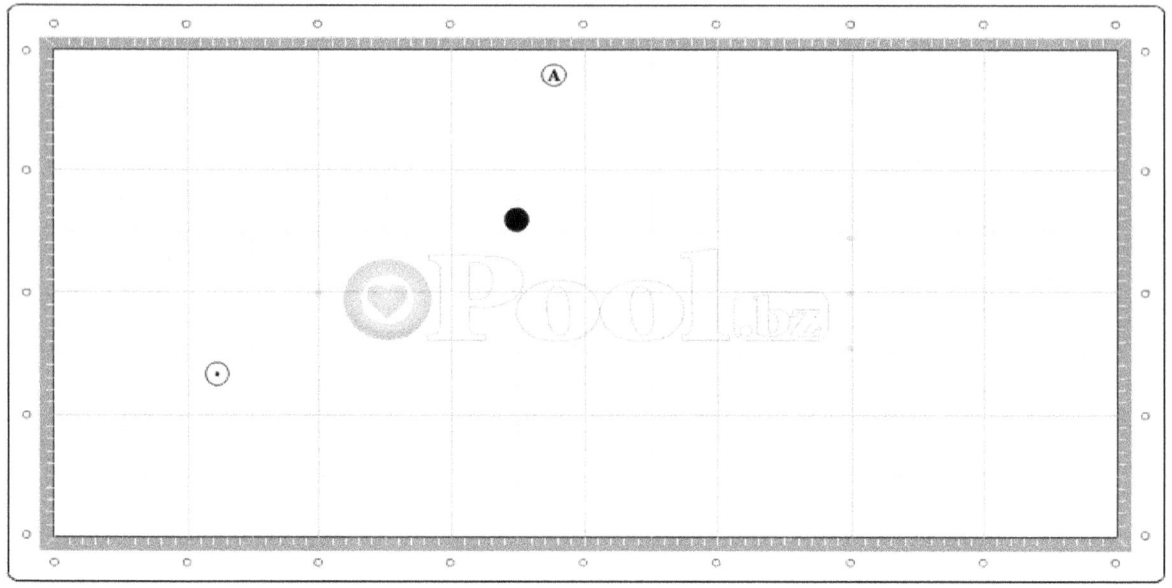

Notas e ideas:

Patrón de disparo

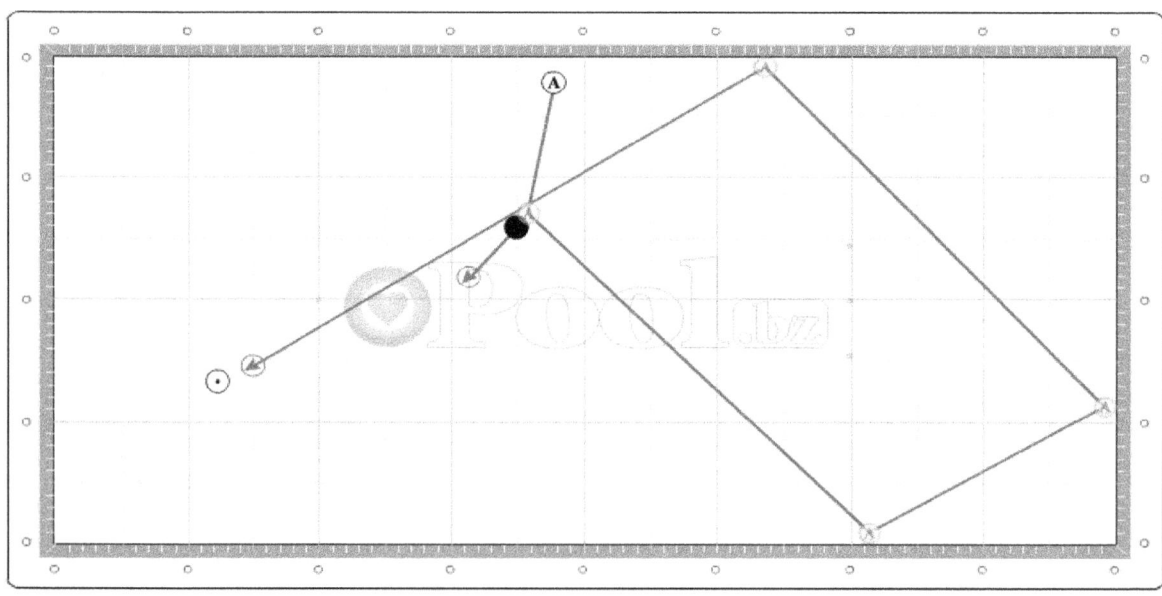

B:2d – Preparar

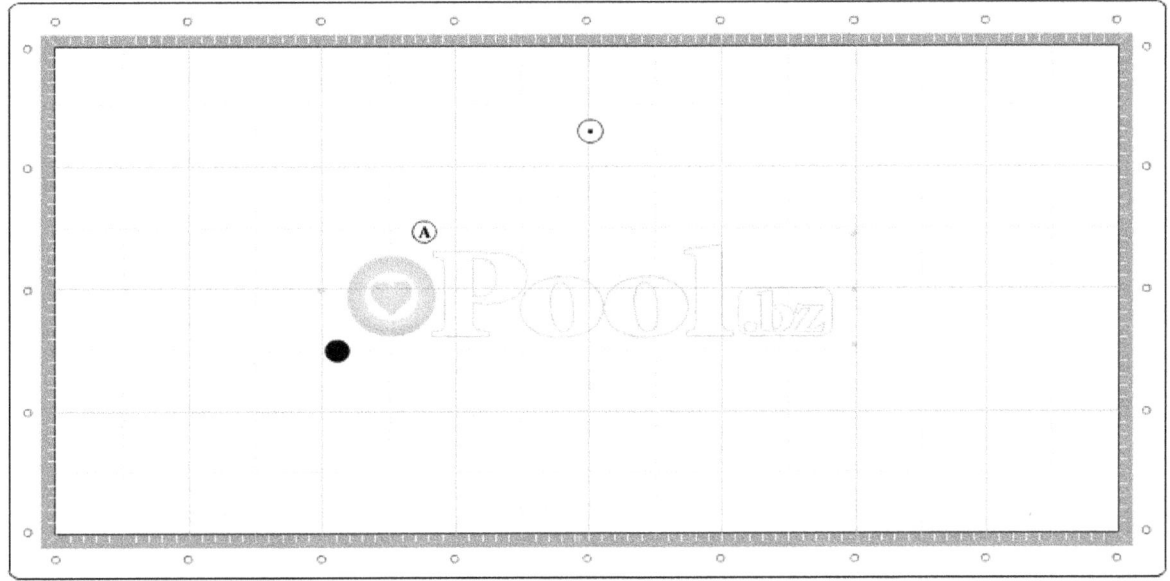

Notas e ideas:

Patrón de disparo

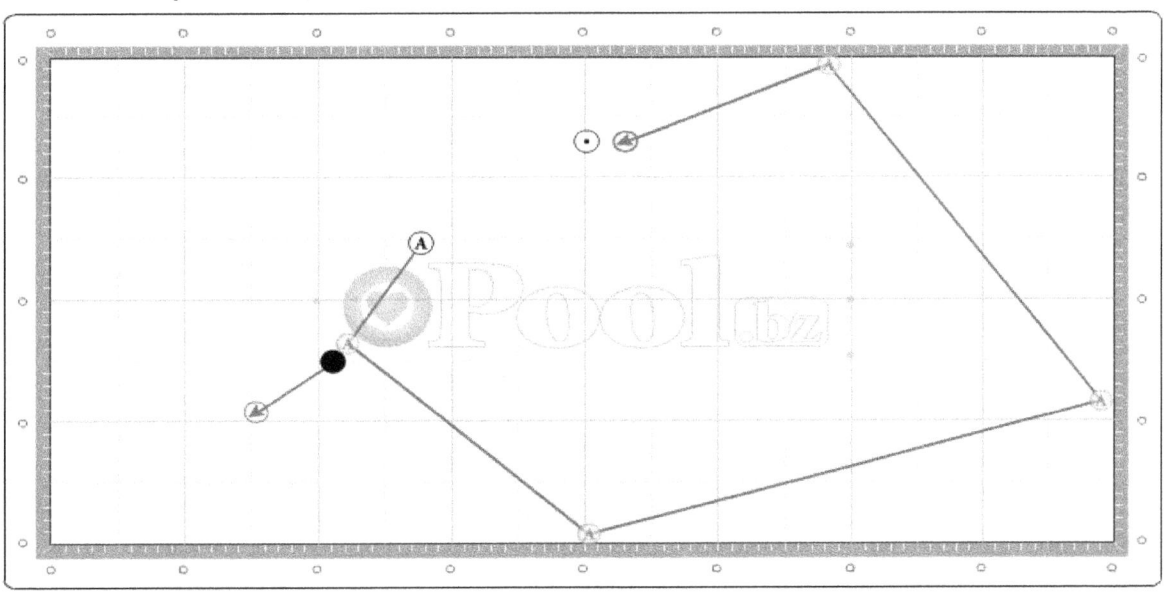

B: Grupo 3

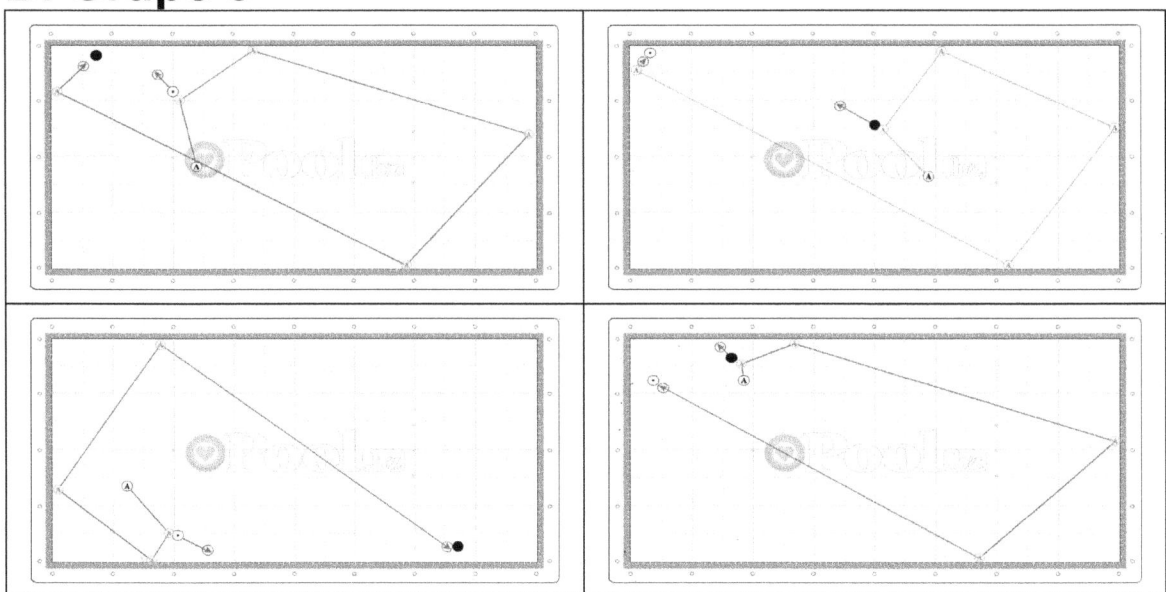

Análisis:

B:3a. _____

B:3b. _____

B:3c. _____

B:3d. _____

B:3a – Preparar

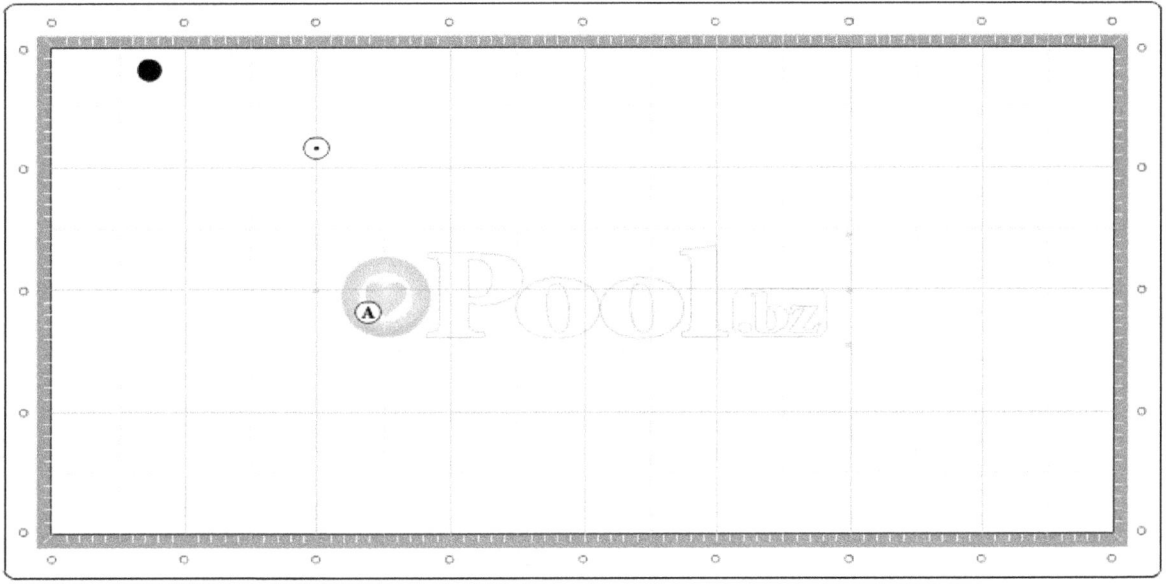

Notas e ideas:

Patrón de disparo

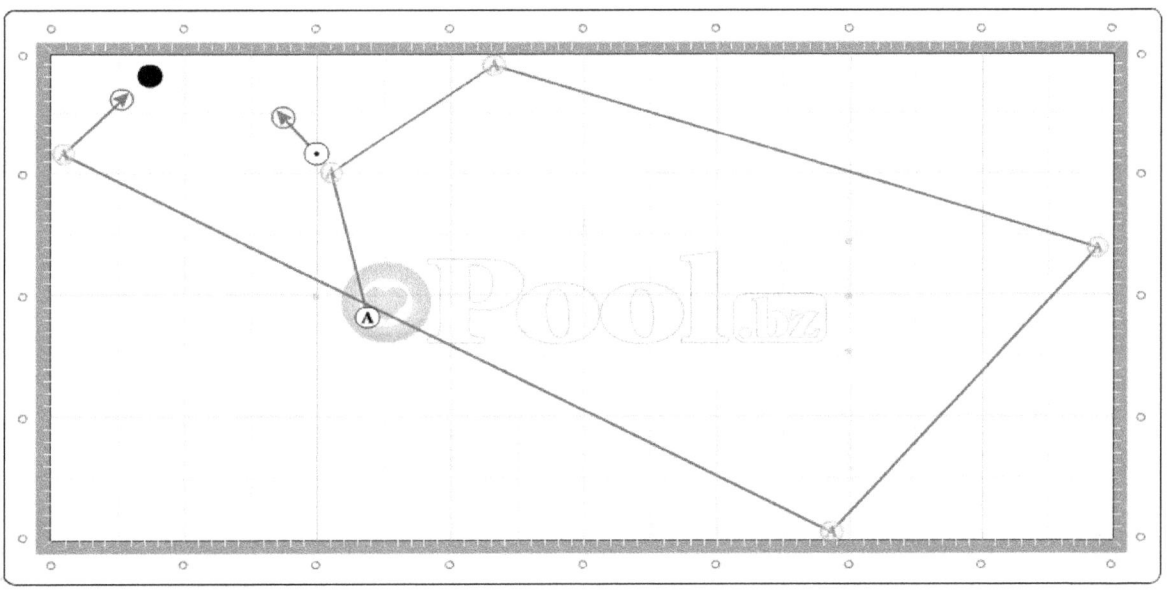

B:3b – Preparar

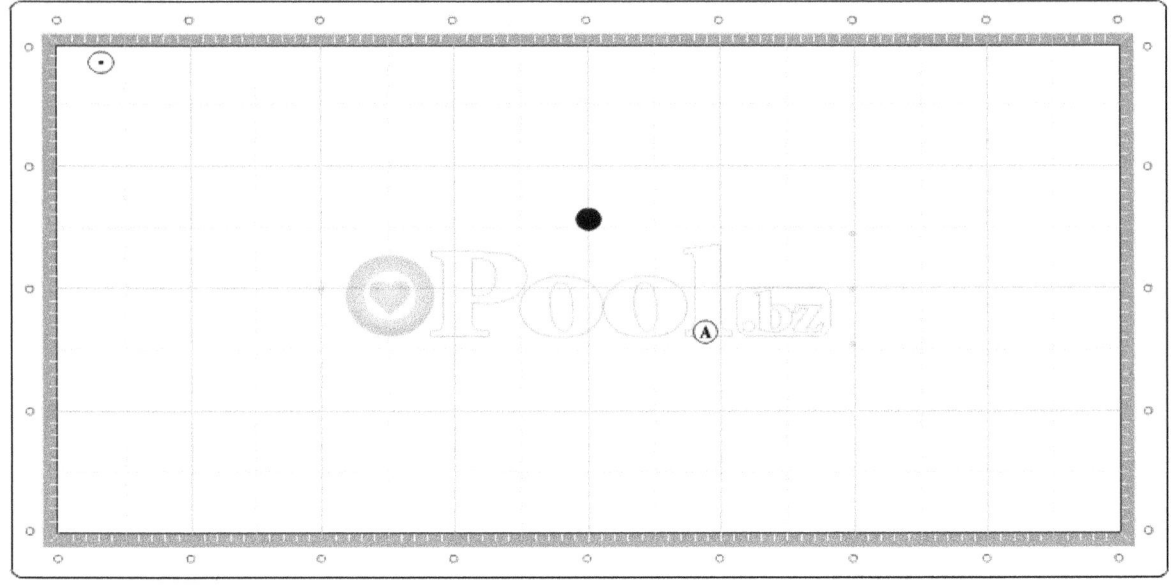

Notas e ideas:

Patrón de disparo

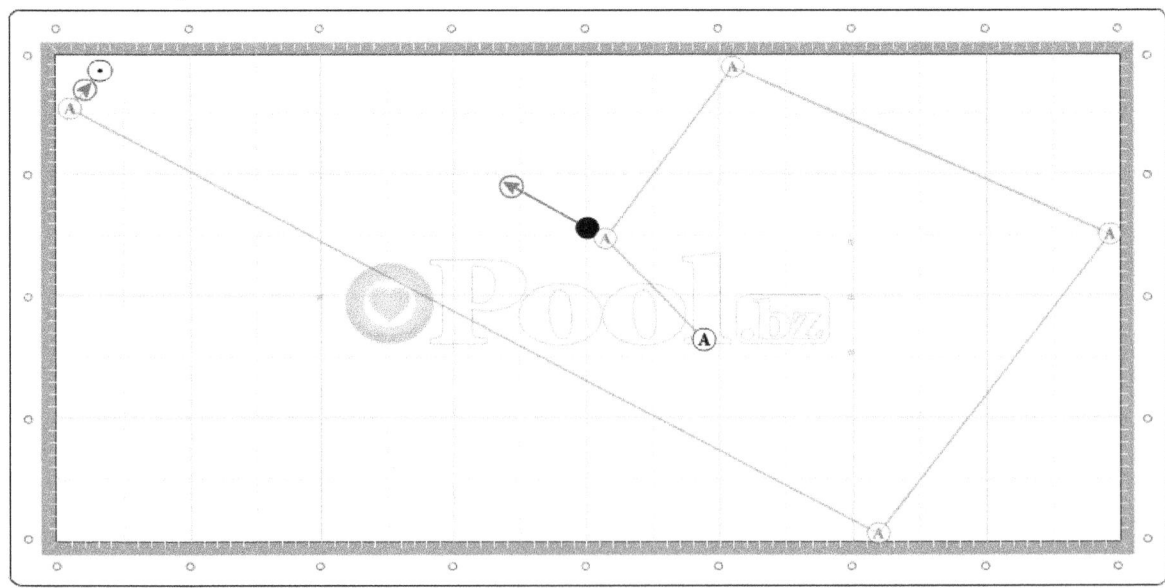

B:3c – Preparar

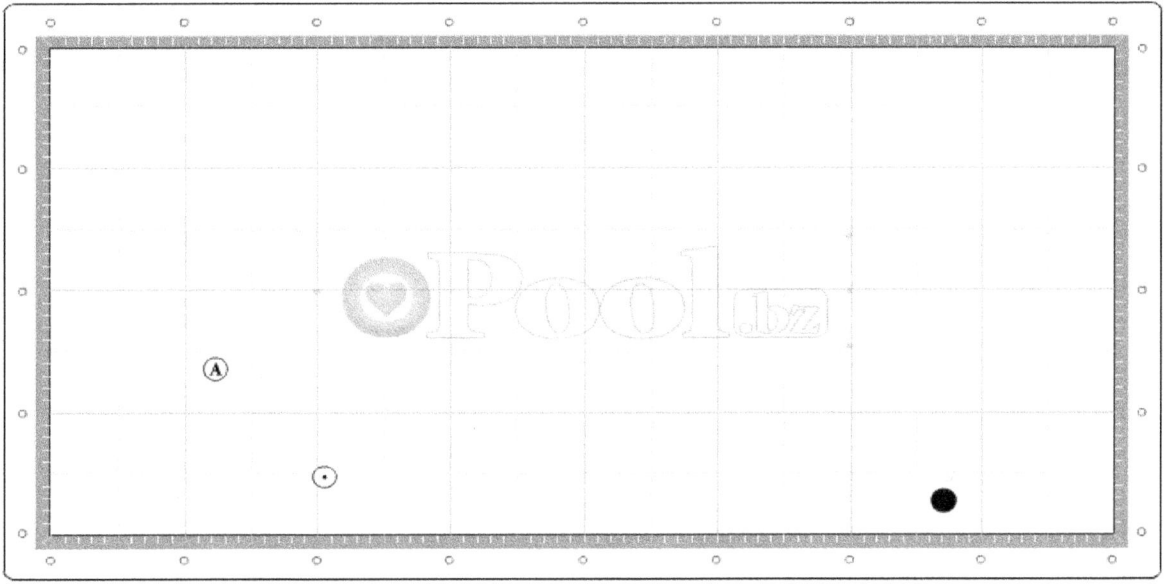

Notas e ideas:

Patrón de disparo

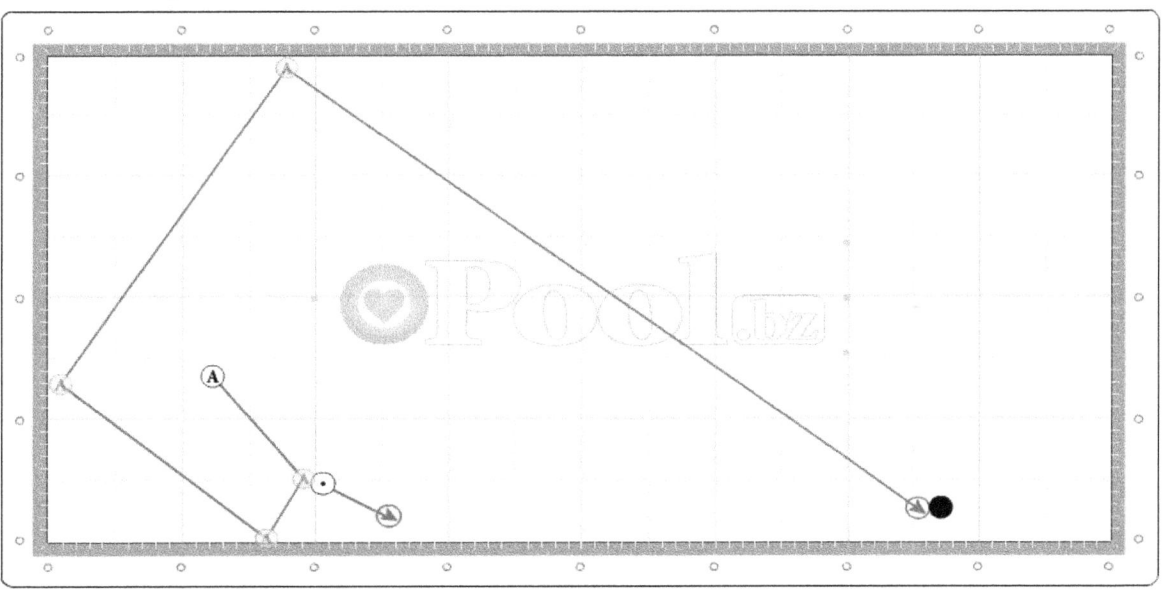

B:3d – Preparar

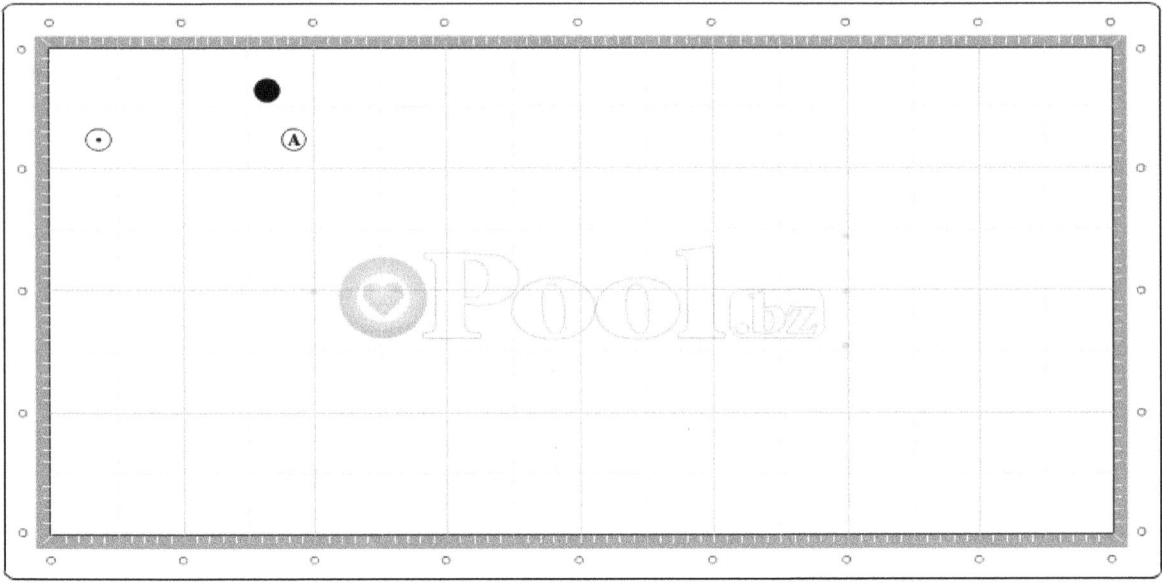

Notas e ideas:

Patrón de disparo

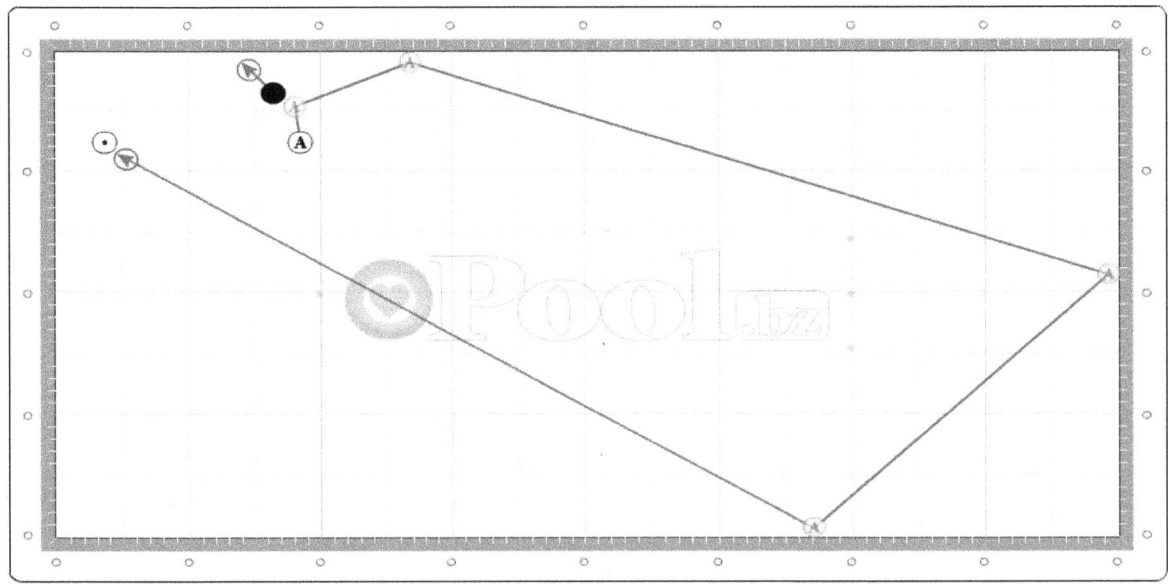

B: Grupo 4

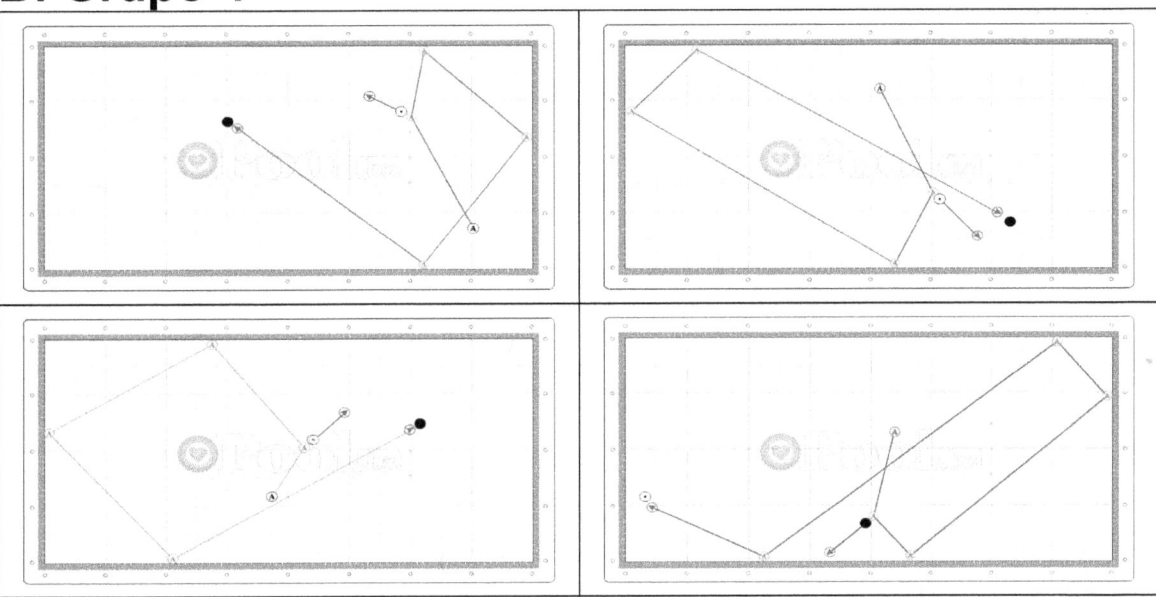

Análisis:

B:4a. _____

B:4b. _____

B:4c. _____

B:4d. _____

B:4a – Preparar

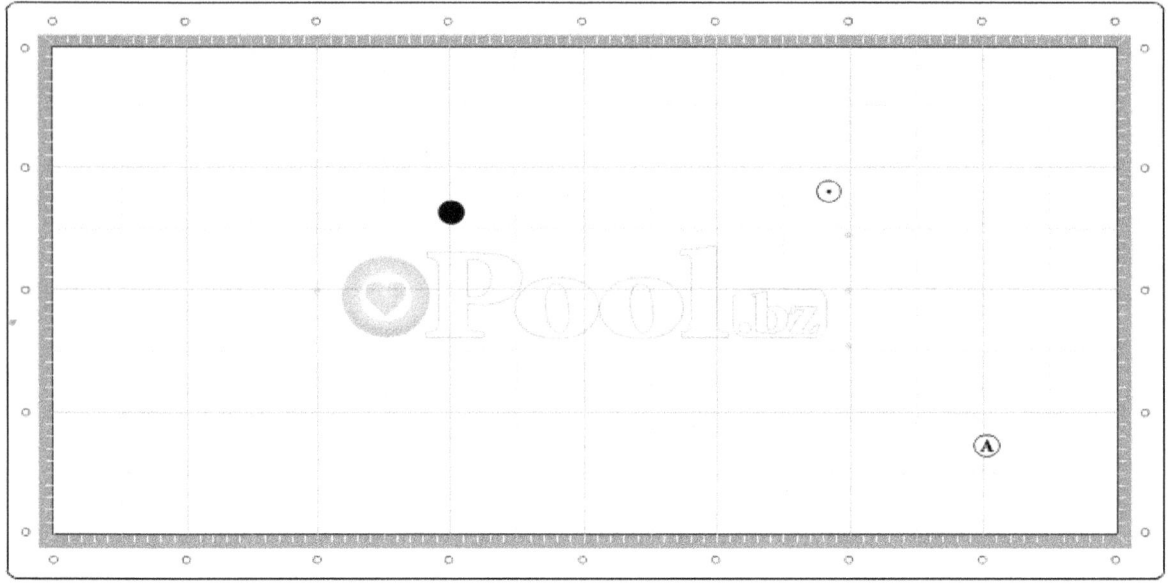

Notas e ideas:

Patrón de disparo

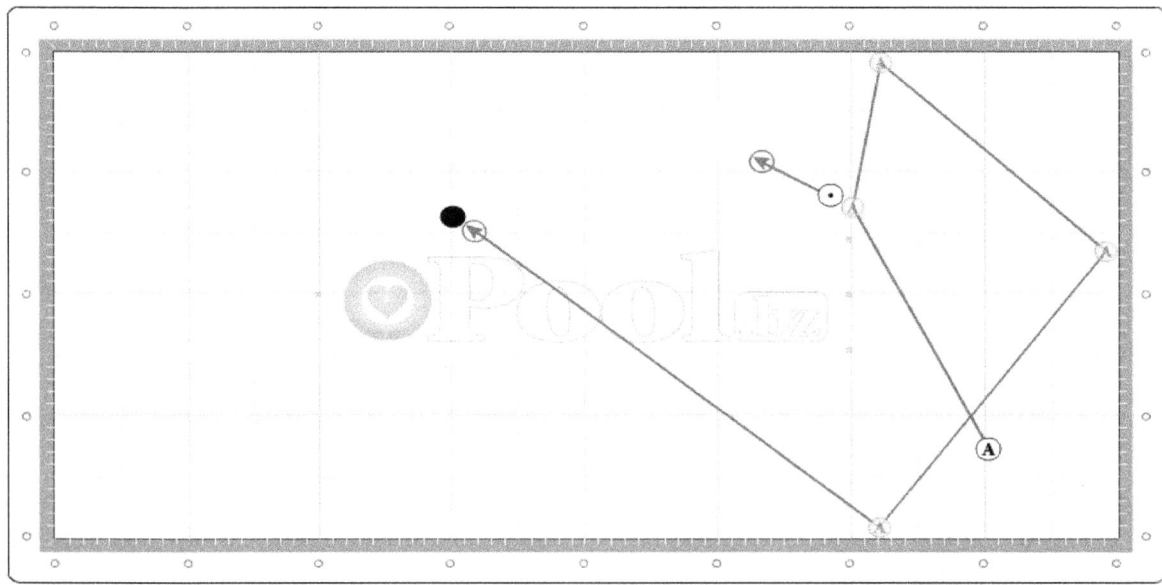

B:4b – Preparar

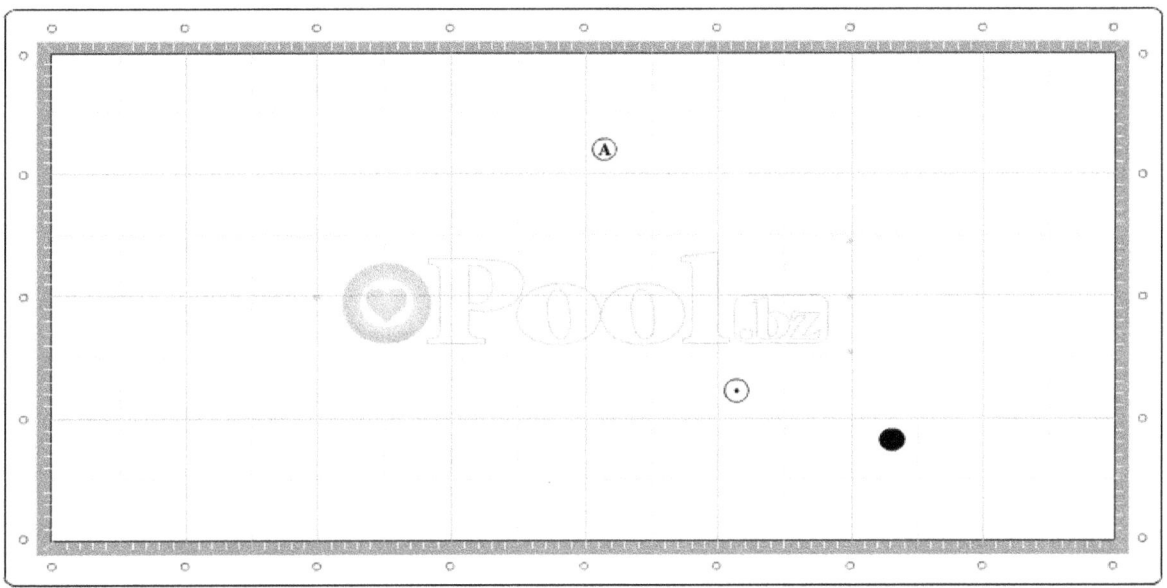

Notas e ideas:

Patrón de disparo

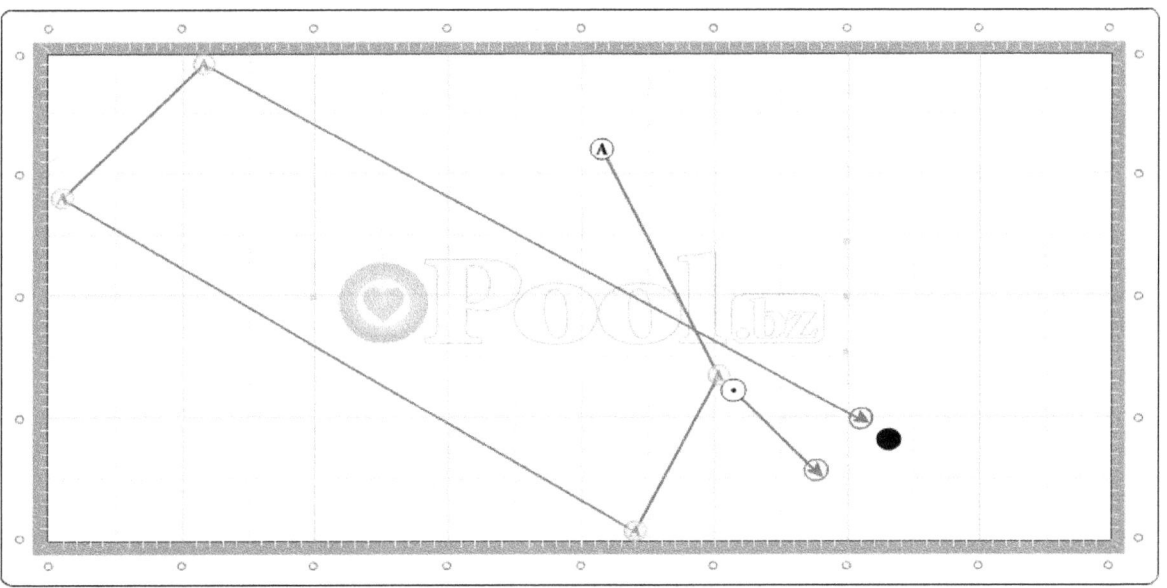

B:4c – Preparar

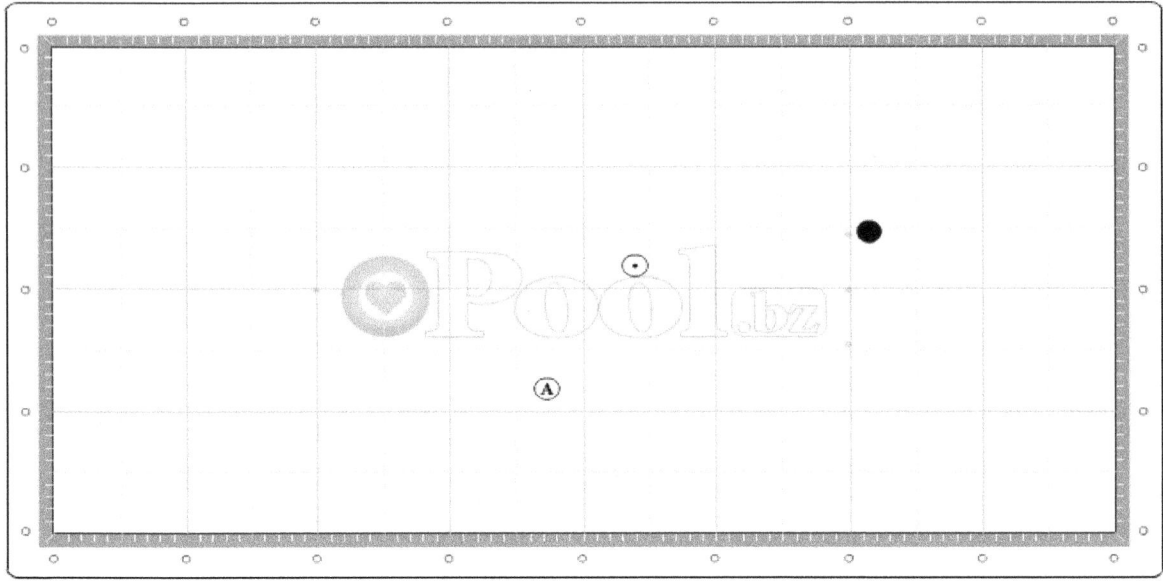

Notas e ideas:

Patrón de disparo

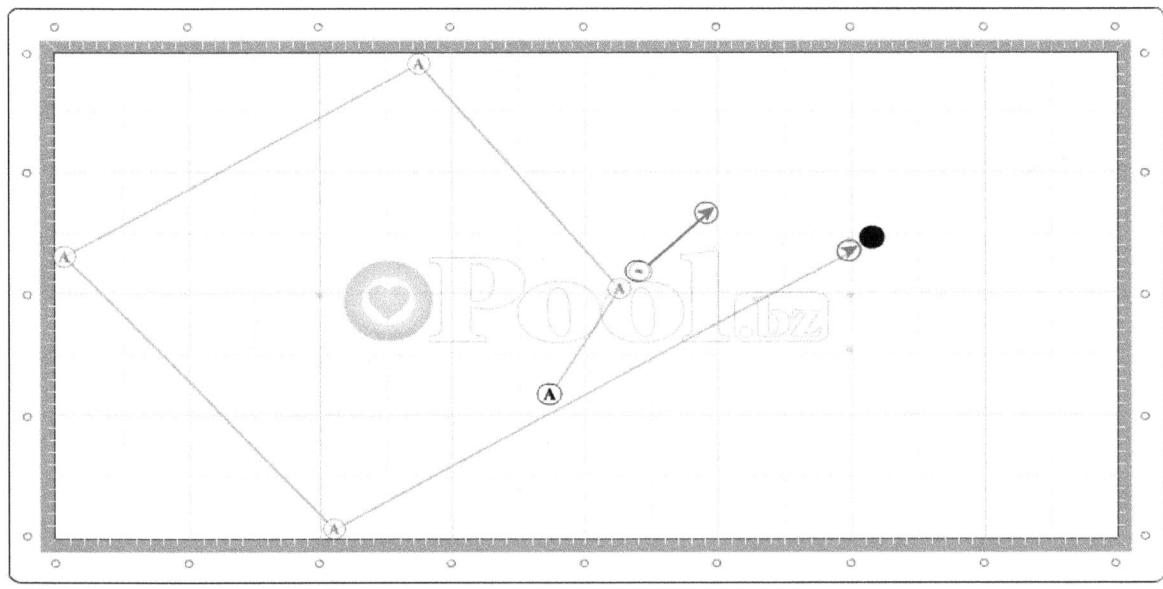

B:4d – Preparar

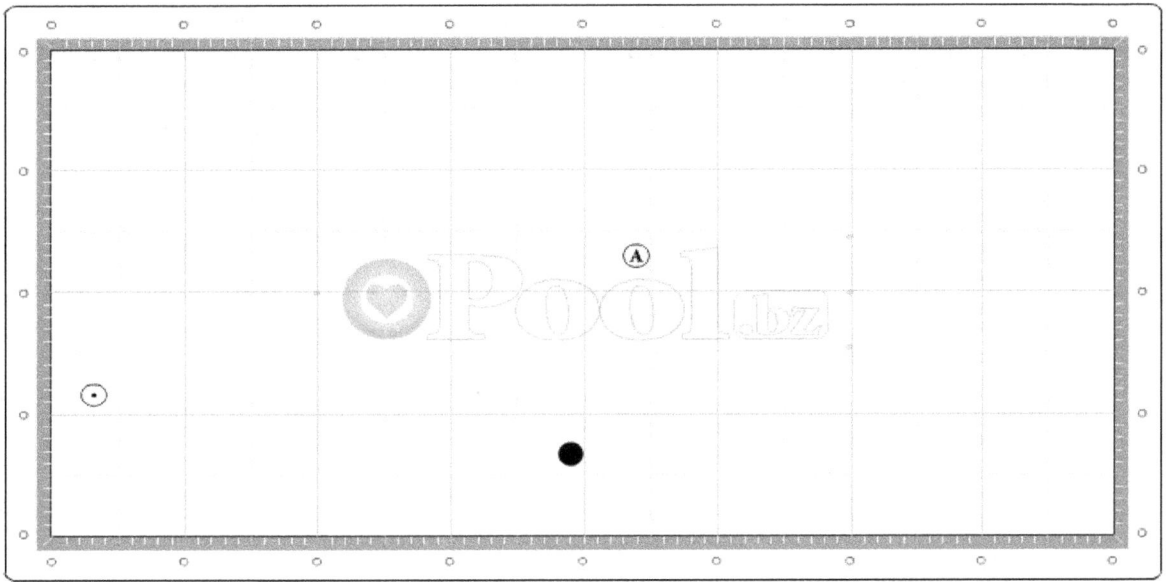

Notas e ideas:

Patrón de disparo

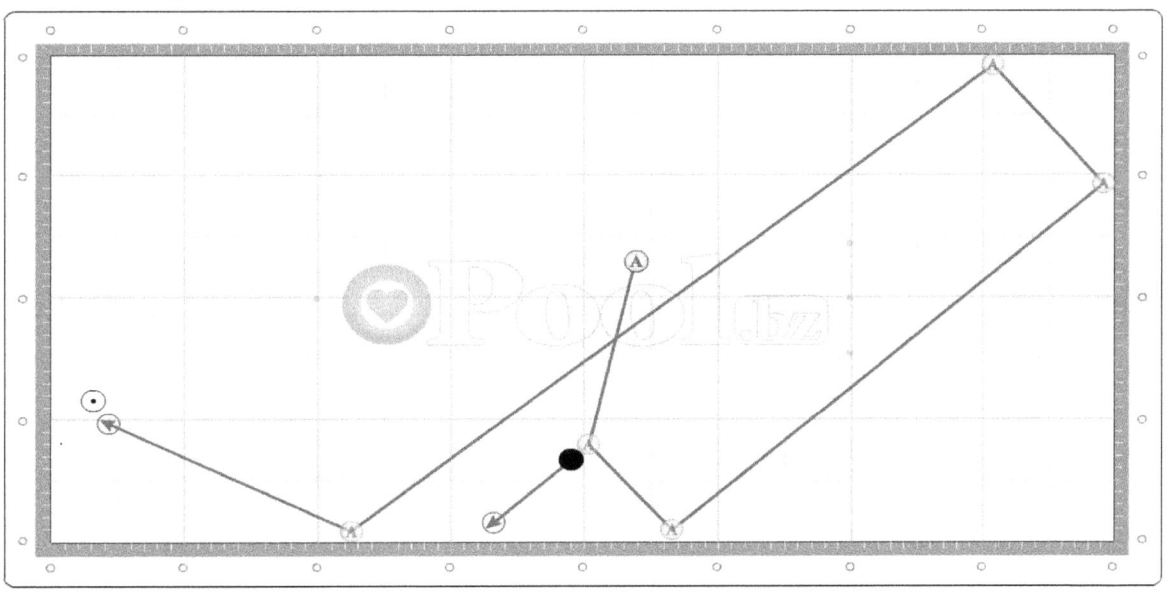

C: Pierna extendida

En estas situaciones, el (CB) se pone en contacto con el primer (OB) y comienza el patrón alrededor del mundo. El (CB) va a la esquina de la casa. Luego sale dos bandos de la esquina inicial y contacta con el otro (OB).

Ⓐ (CB) (su bola de billar) - ⊙ (OB) (bola de billar oponente) - ● (OB) (bola de billar roja)

C: Grupo 1

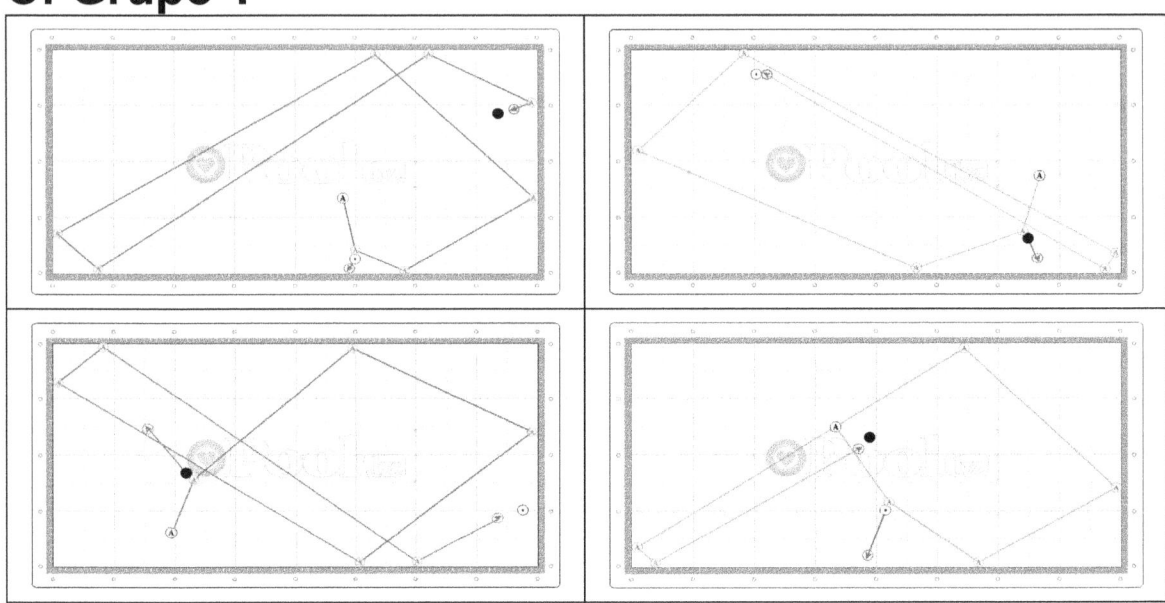

Análisis:

C:1a. _____

C:1b. _____

C:1c. _____

C:1d. _____

C:1a – Preparar

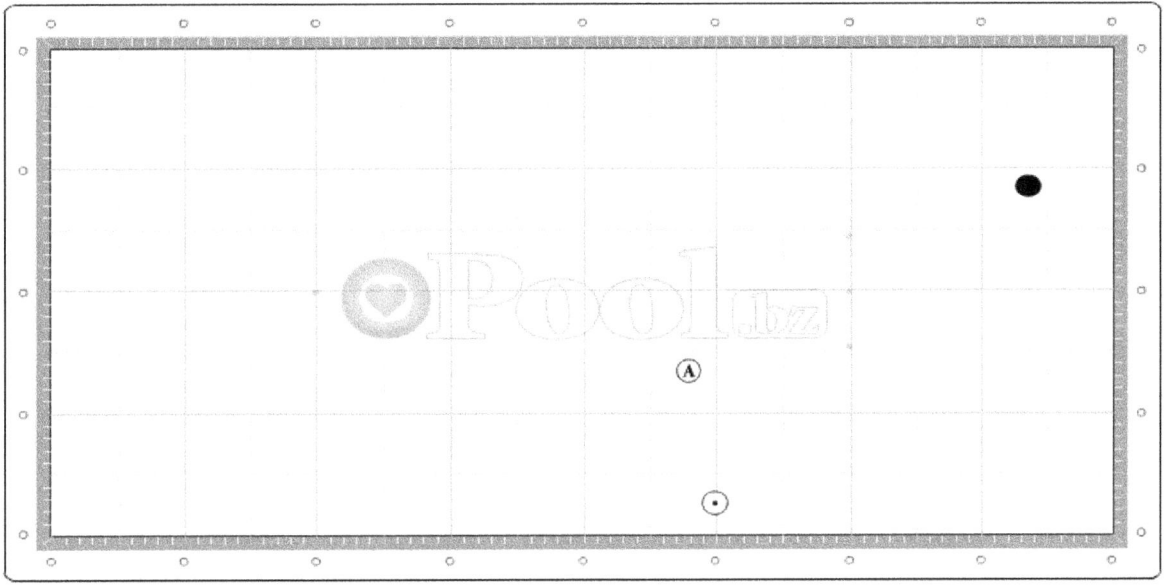

Notas e ideas:

Patrón de disparo

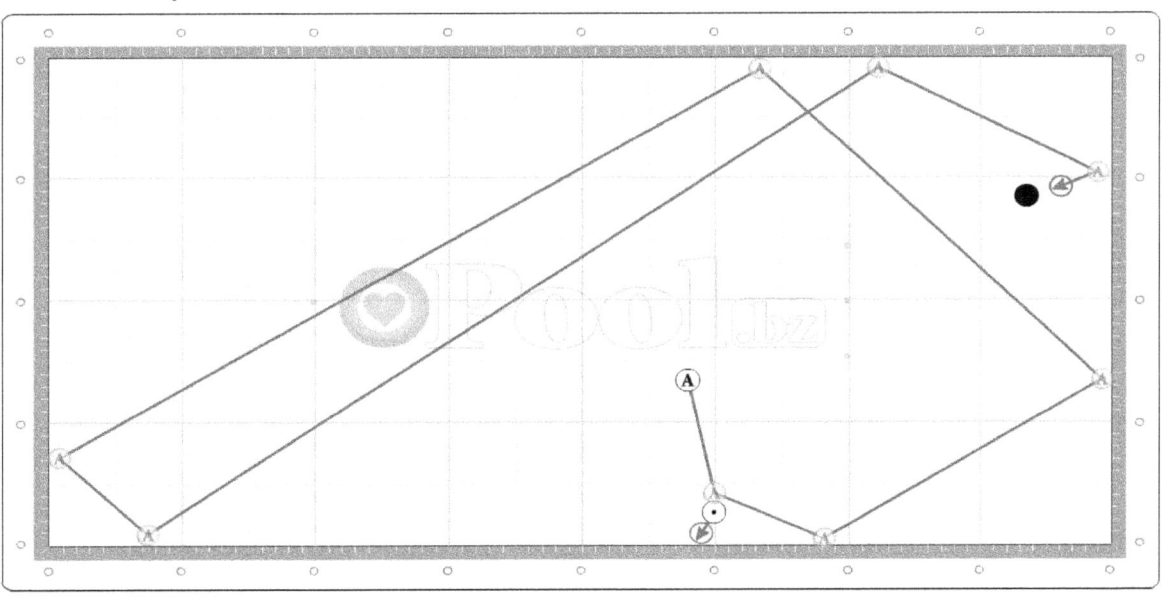

C:1b – Preparar

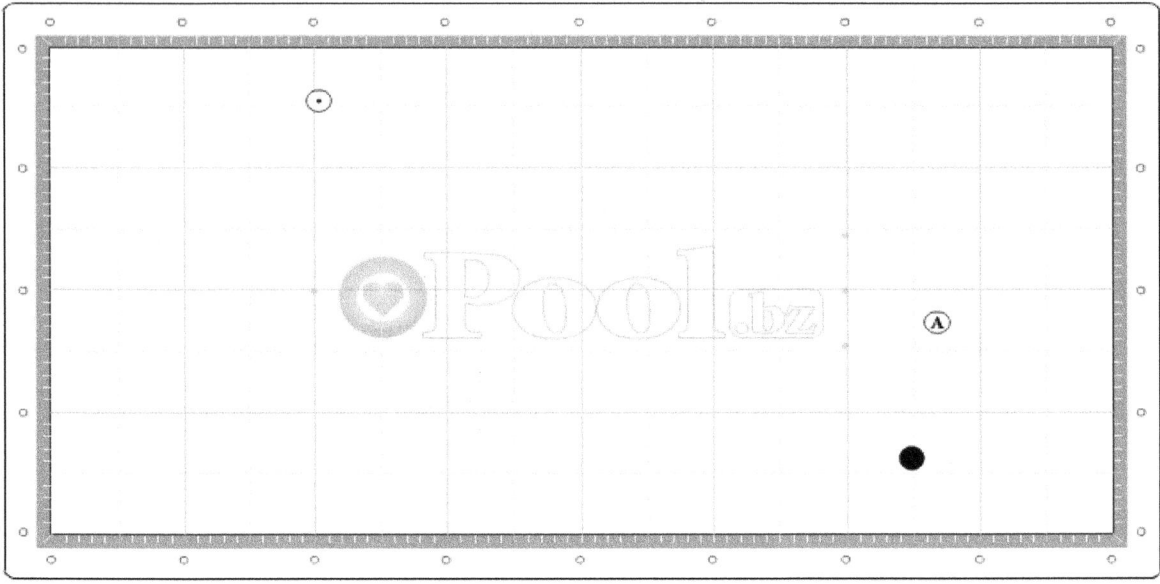

Notas e ideas:

Patrón de disparo

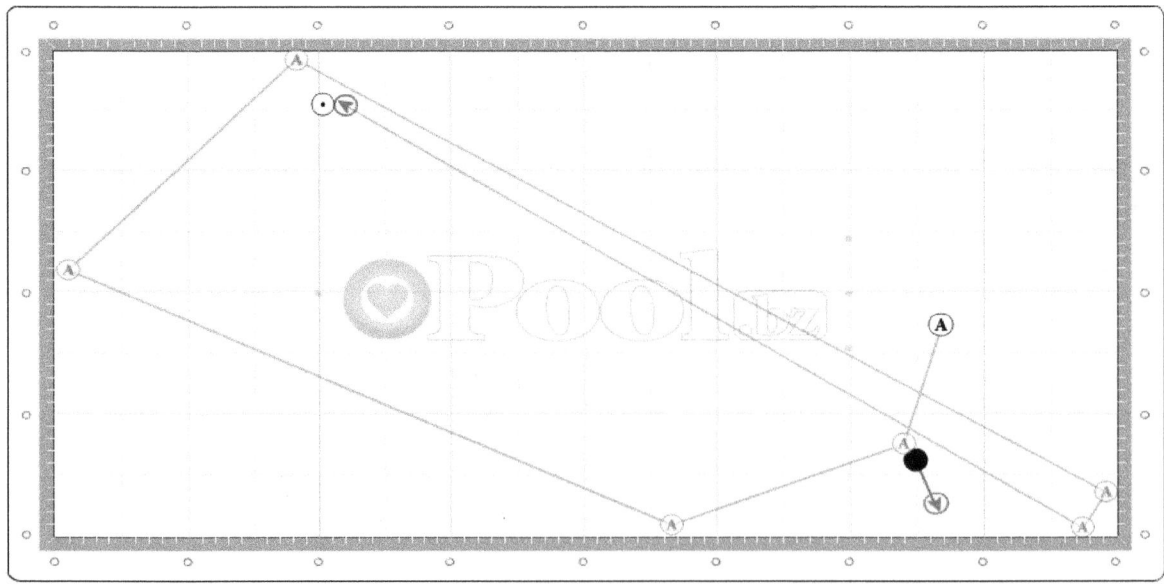

C:1c – Preparar

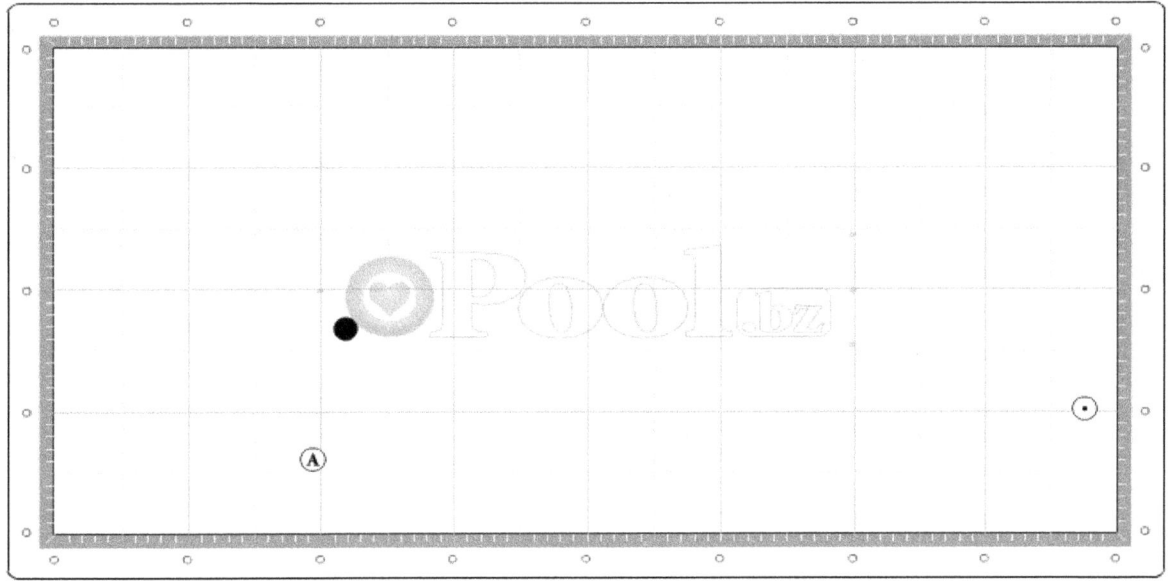

Notas e ideas:

Patrón de disparo

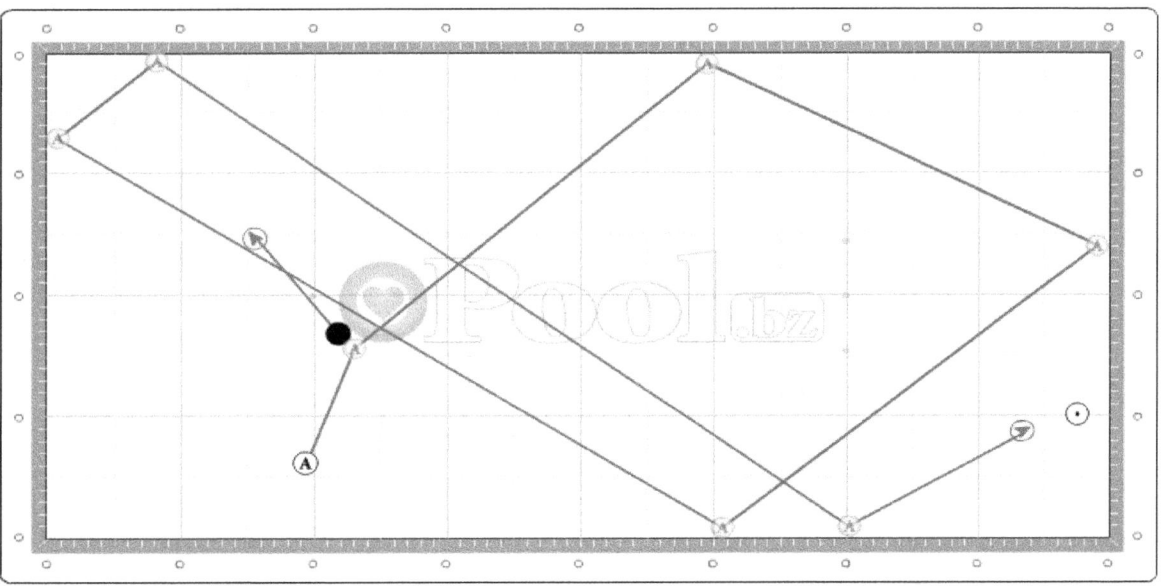

C:1d – Preparar

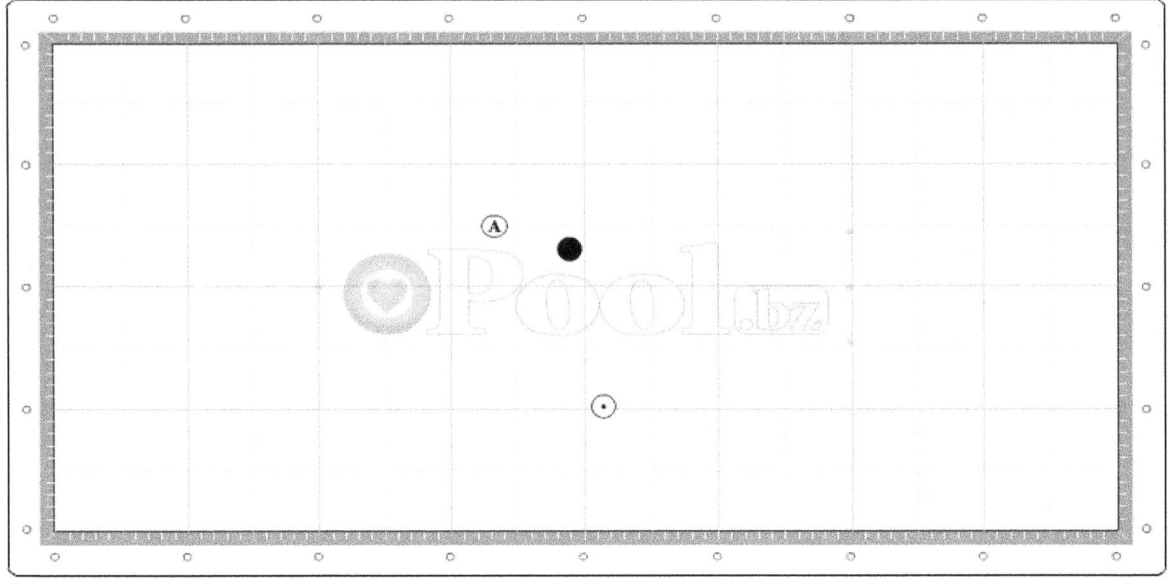

Notas e ideas:

Patrón de disparo

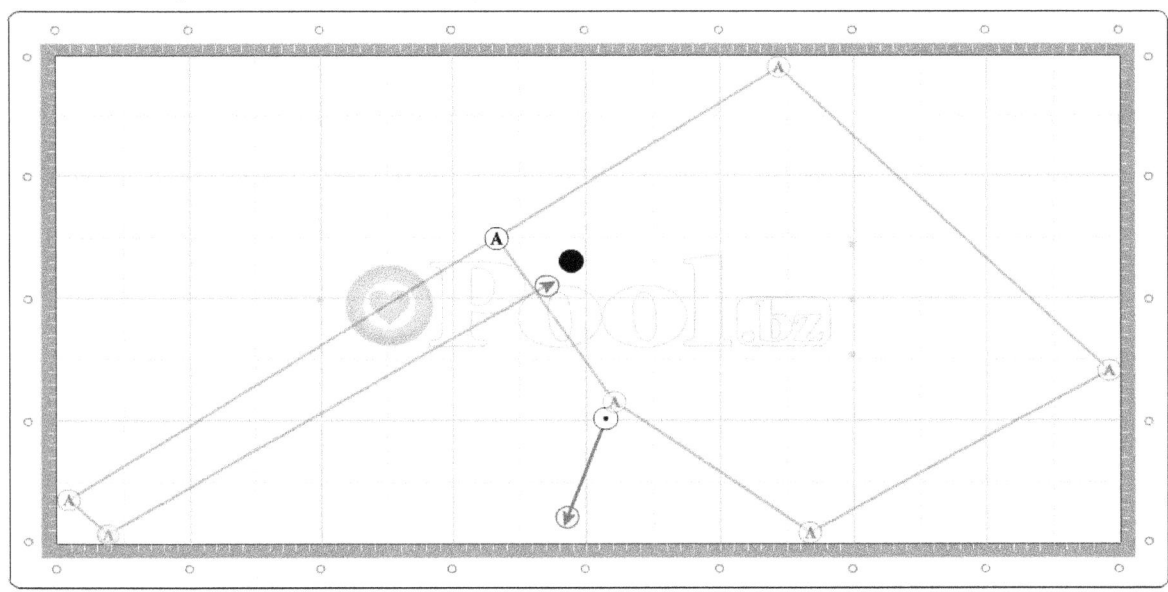

C: Grupo 2

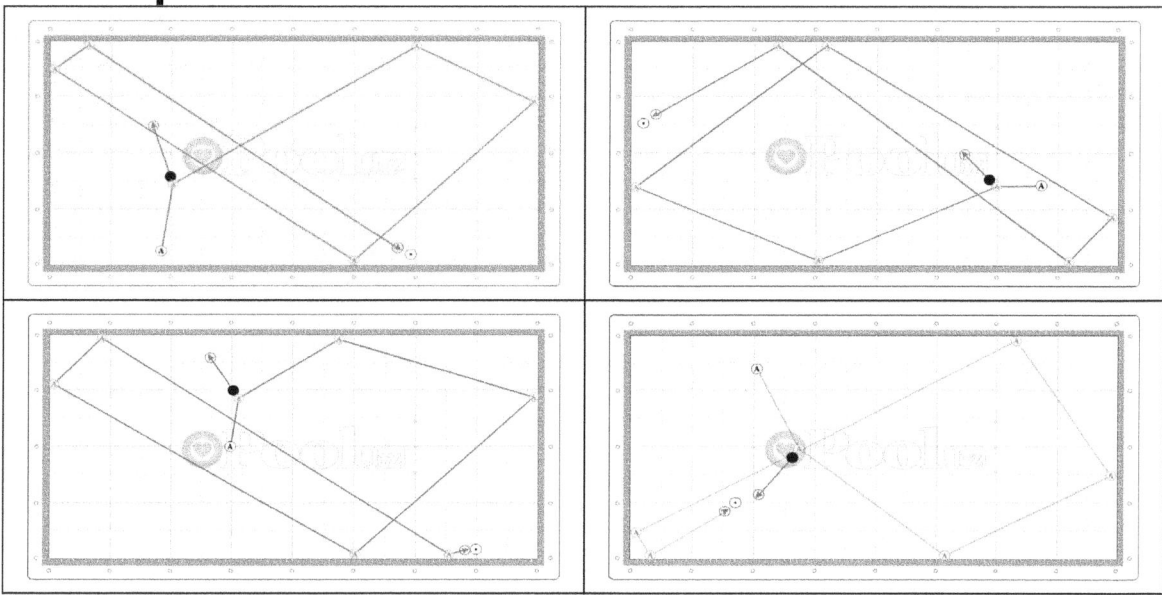

Análisis:

C:2a. _____

C:2b. _____

C:2c. _____

C:2d. _____

C:2a – Preparar

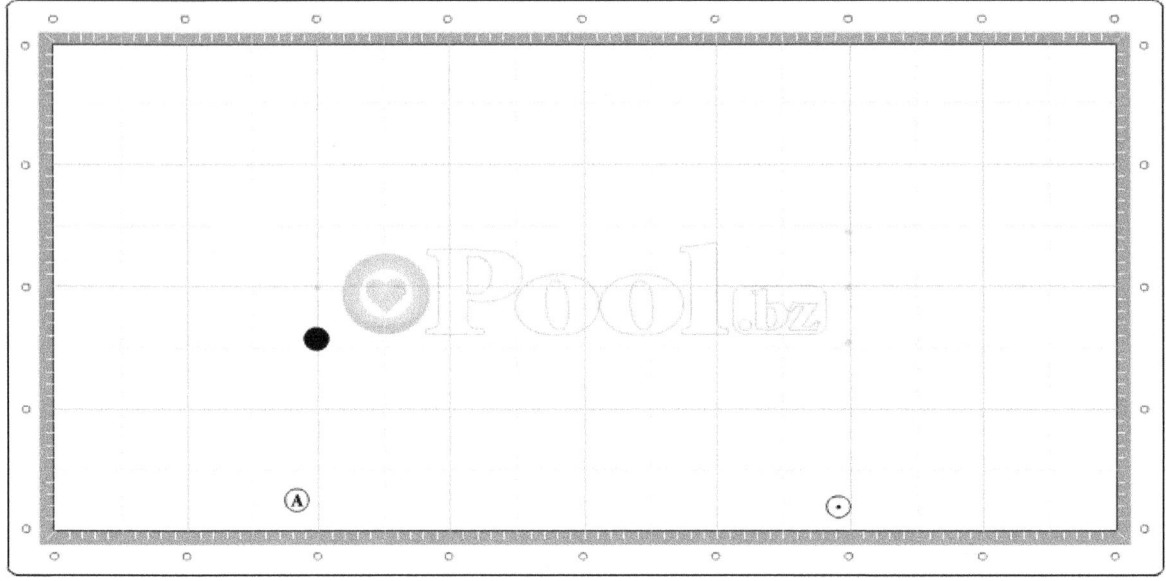

Notas e ideas:

Patrón de disparo

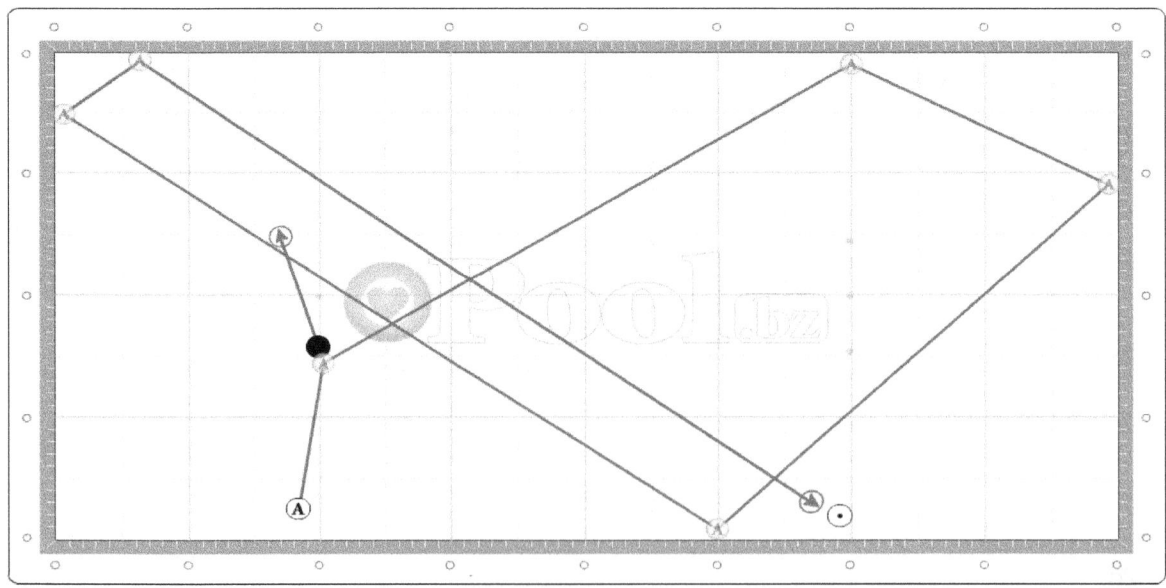

C:2b – Preparar

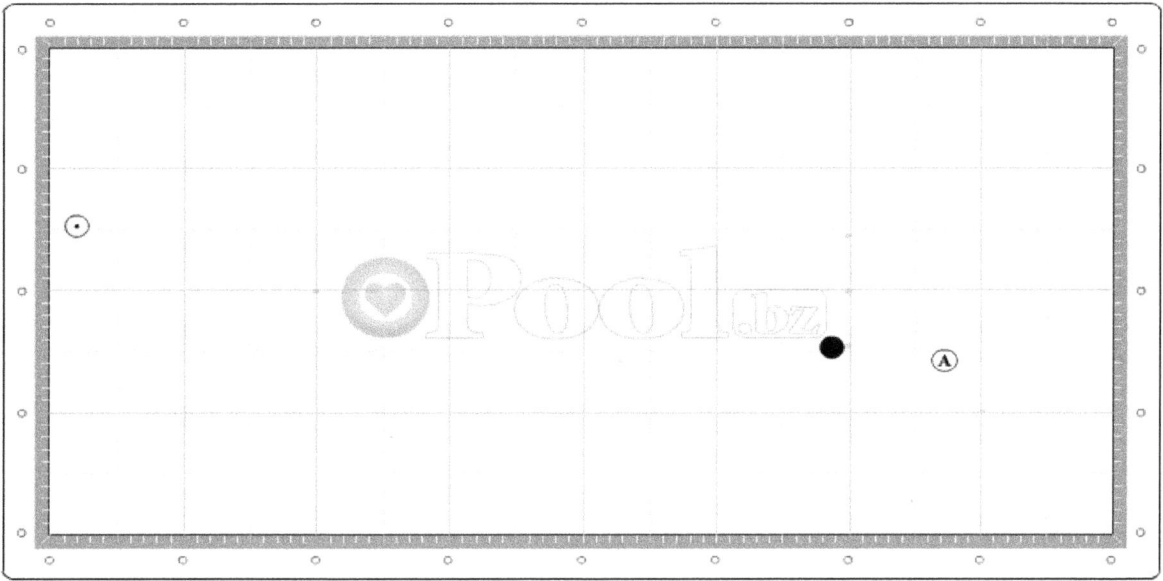

Notas e ideas:

Patrón de disparo

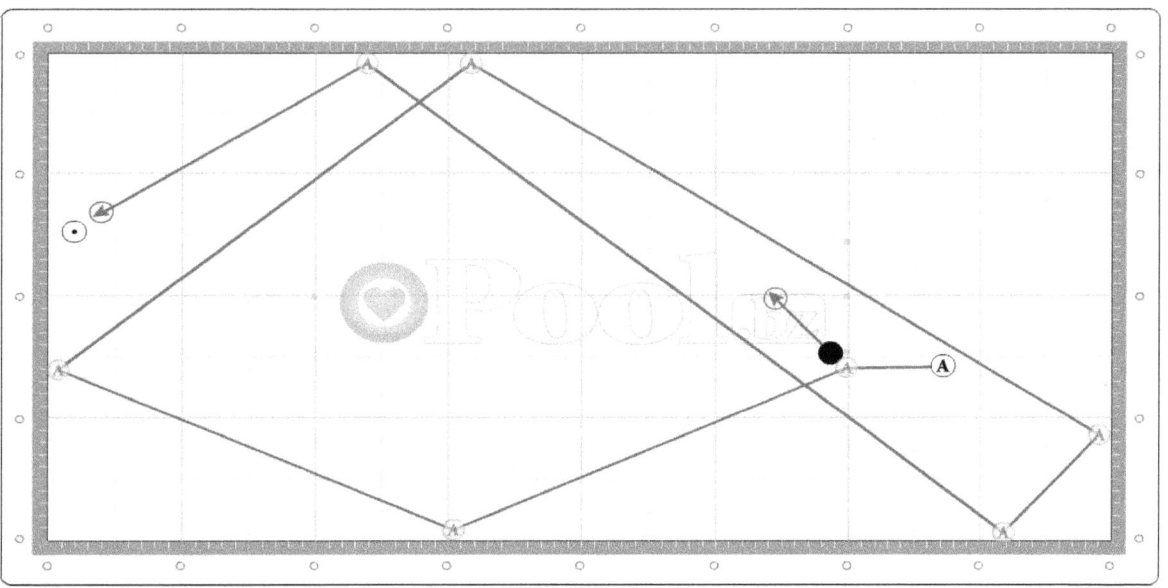

C:2c – Preparar

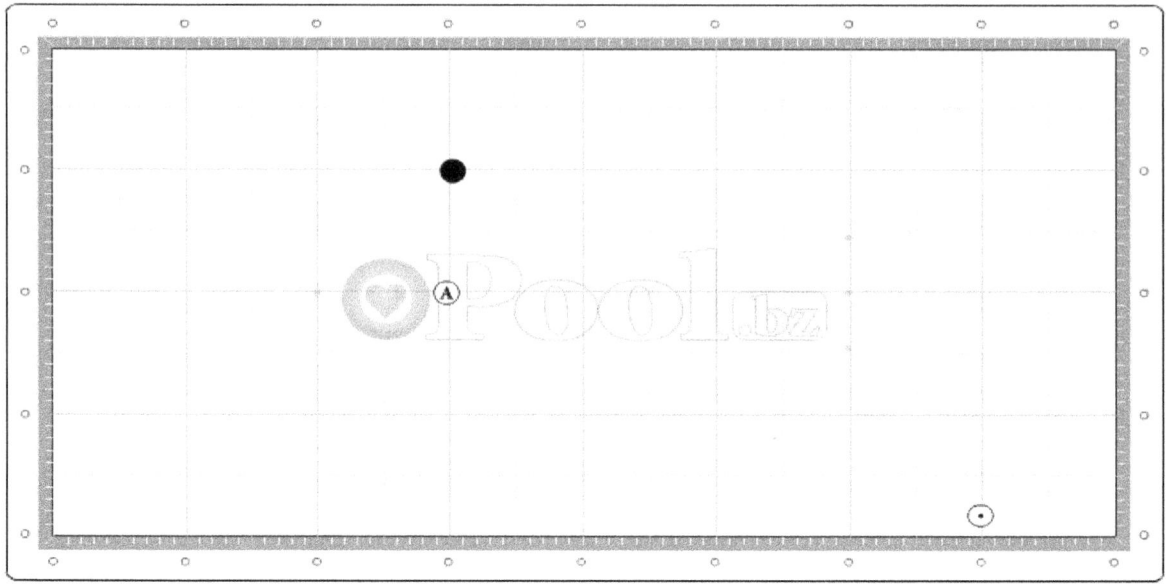

Notas e ideas:

Patrón de disparo

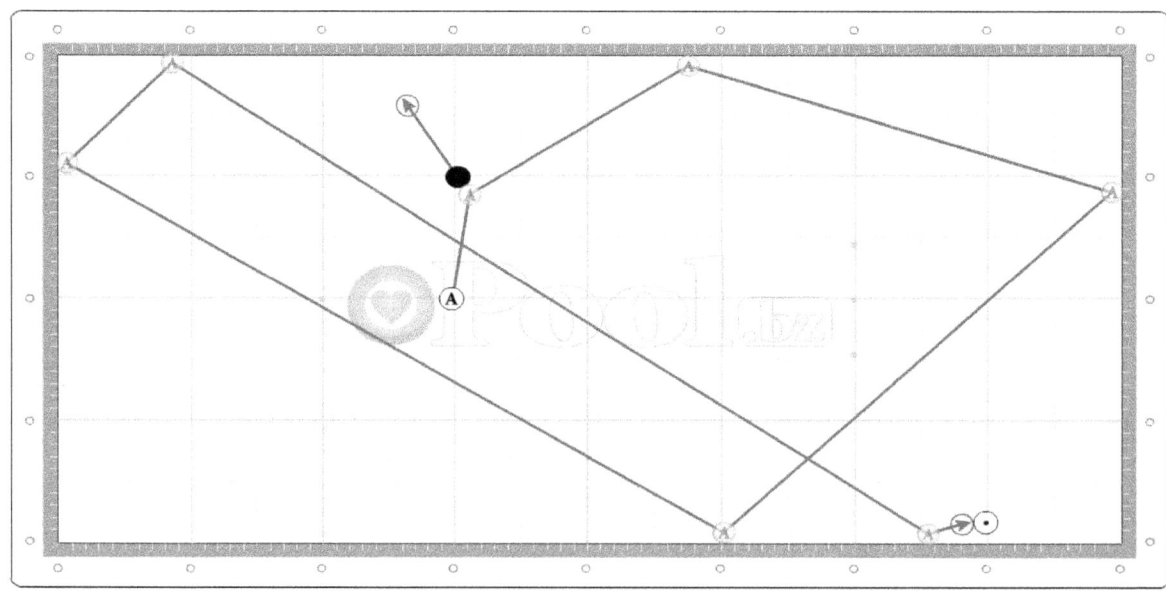

C:2d – Preparar

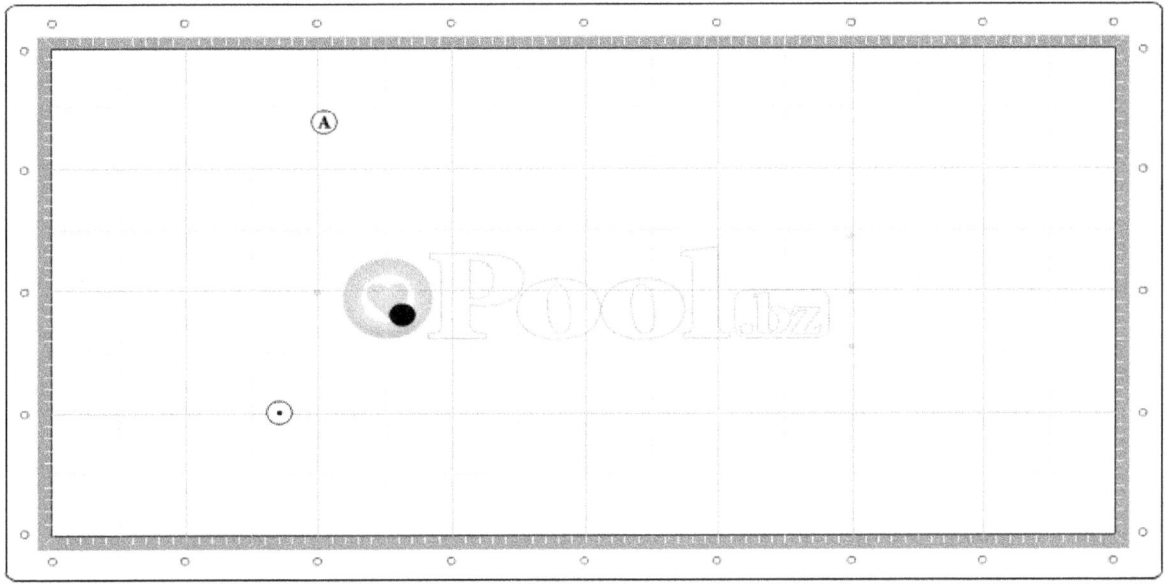

Notas e ideas:

Patrón de disparo

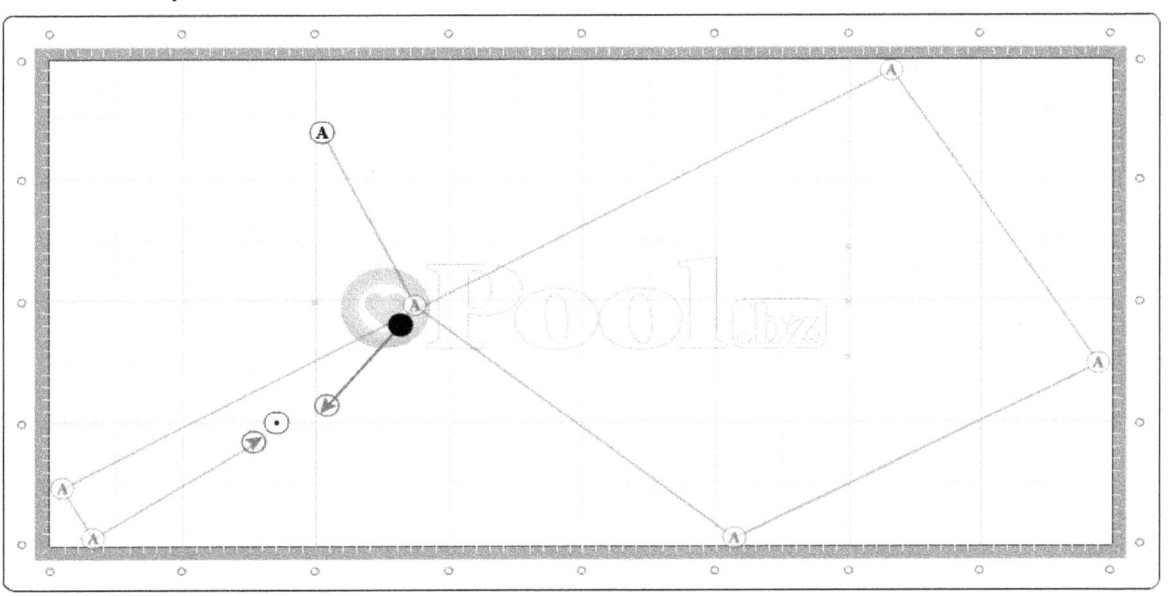

C: Grupo 3

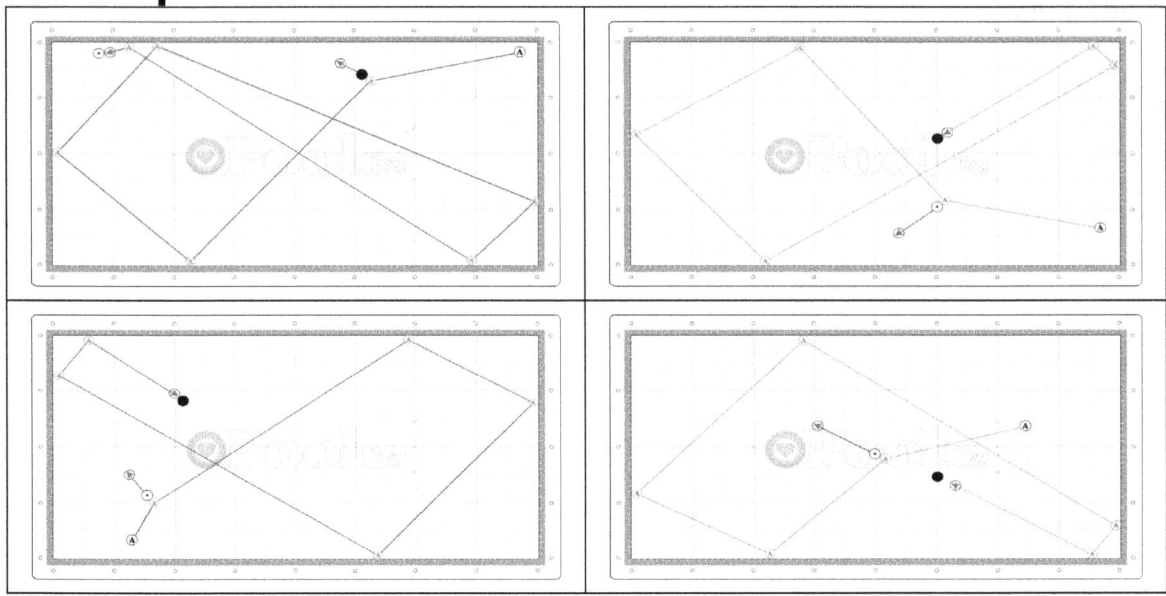

Análisis:

C:3a. _____

C:3b. _____

C:3c. _____

C:3d. _____

C:3a – Preparar

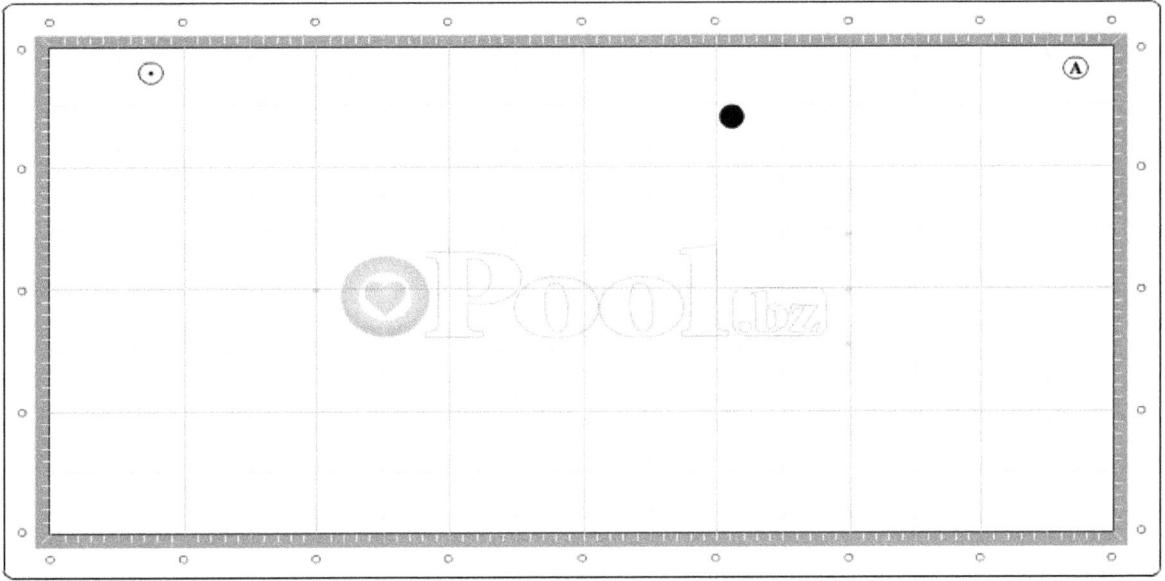

Notas e ideas:

Patrón de disparo

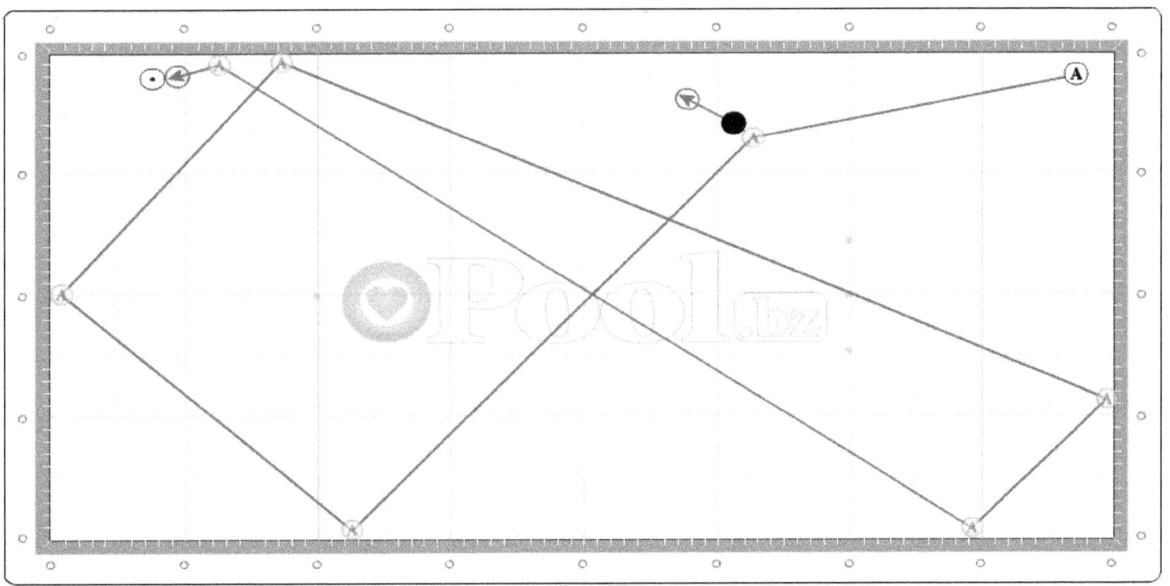

C:3b – Preparar

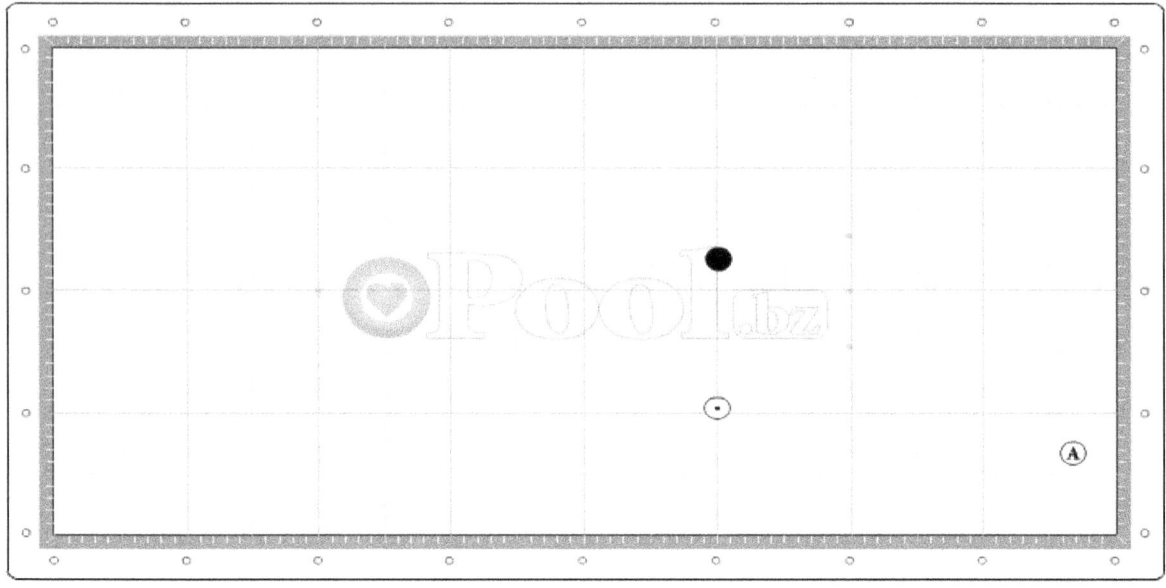

Notas e ideas:

Patrón de disparo

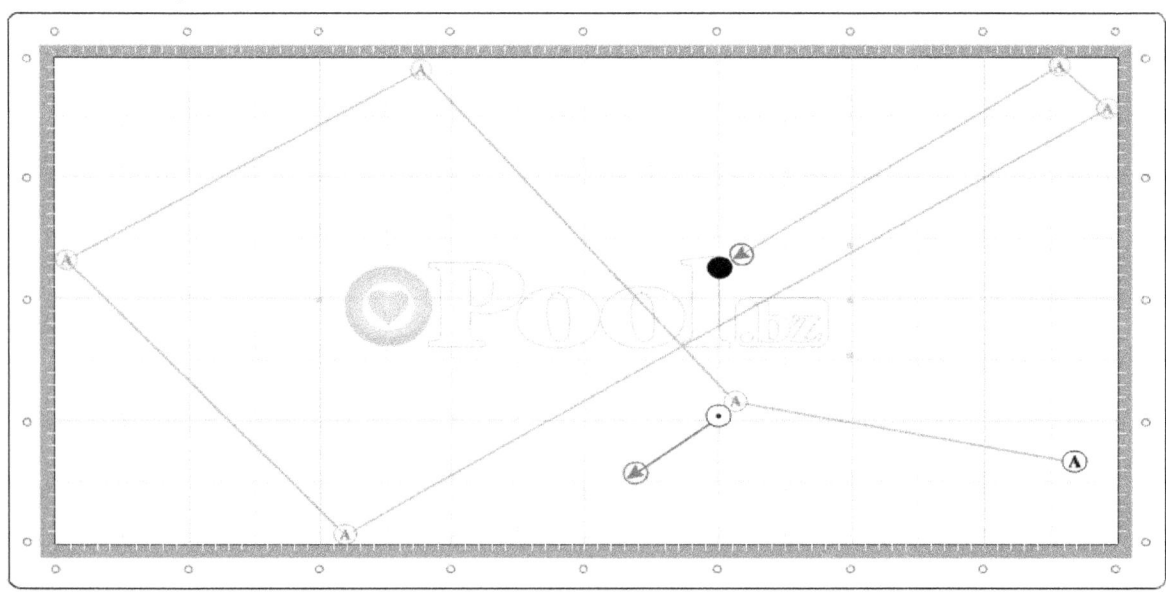

C:3c – Preparar

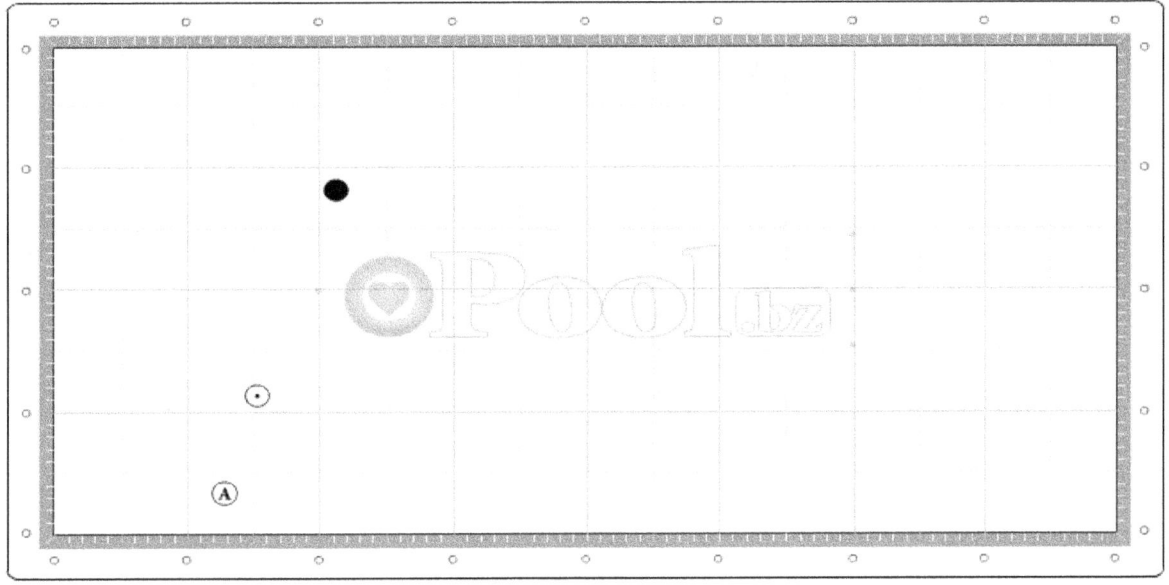

Notas e ideas:

Patrón de disparo

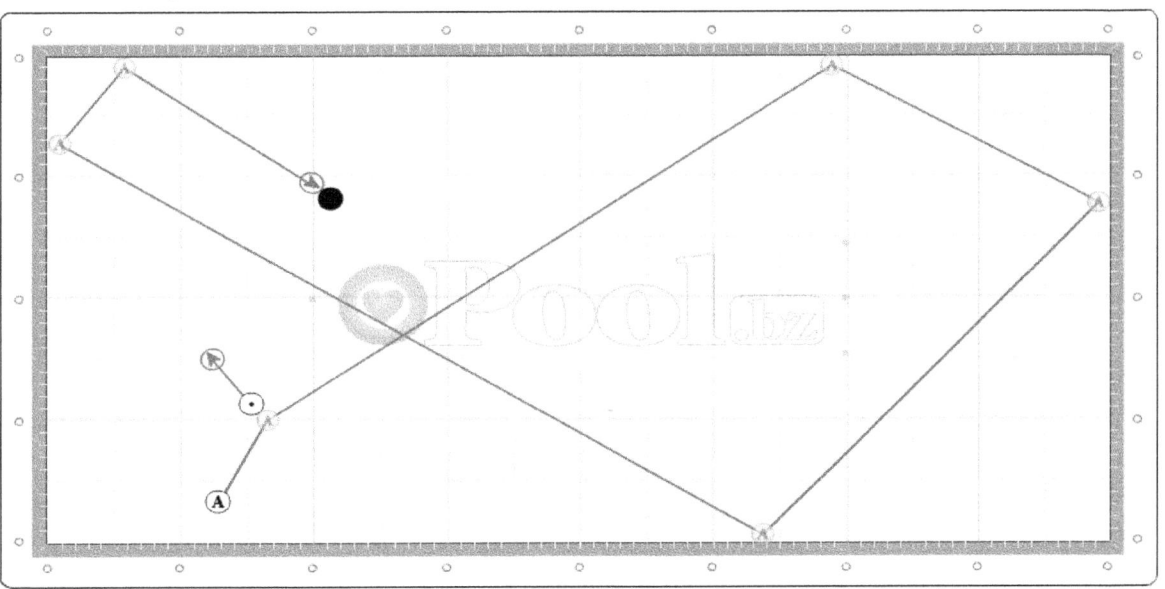

C:3d – Preparar

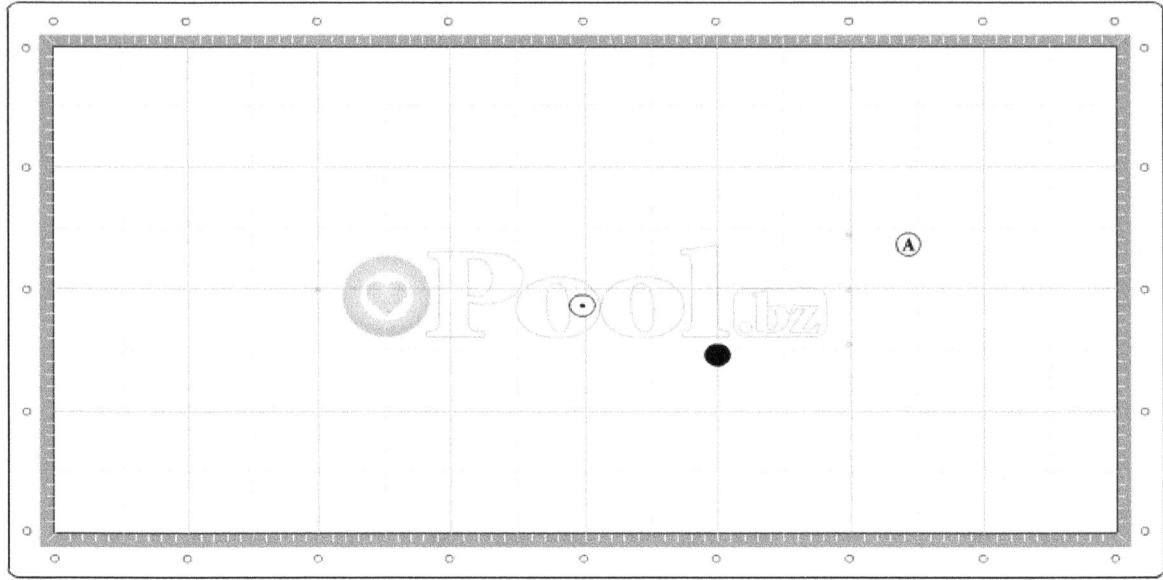

Notas e ideas:

Patrón de disparo

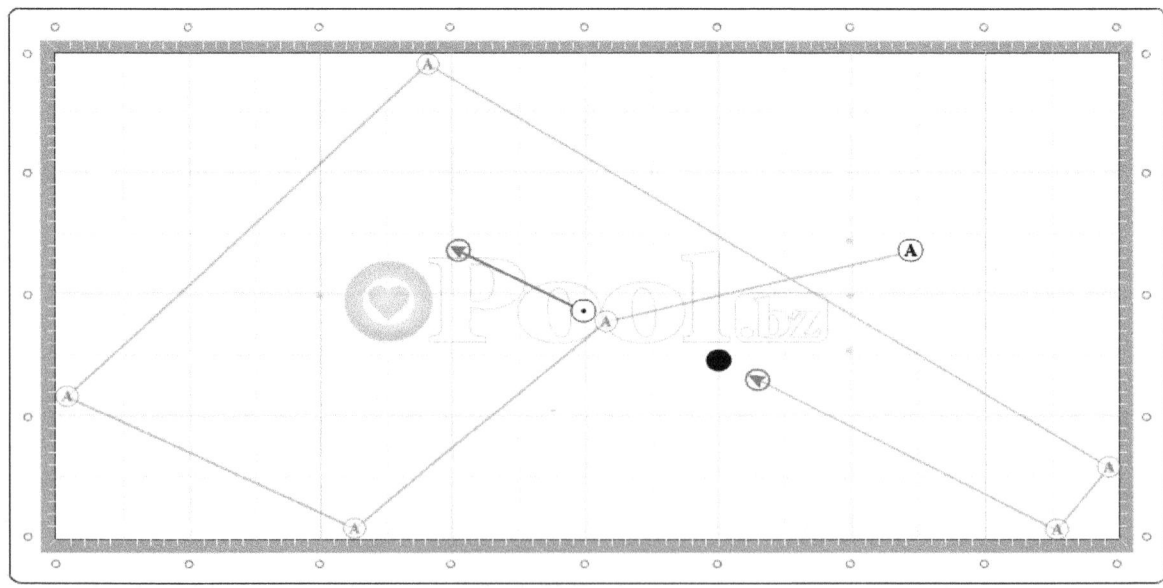

D: Gran bola en la esquina de casa

El (CB) sale del primer (OB) y sigue el patrón básico alrededor del mundo. Debido a que el otro (OB) está en la esquina, el objetivo (OB) es "más grande".

Ⓐ (CB) (su bola de billar) - ⊙ (OB) (bola de billar oponente) - ● (OB) (bola de billar roja)

D: Grupo 1

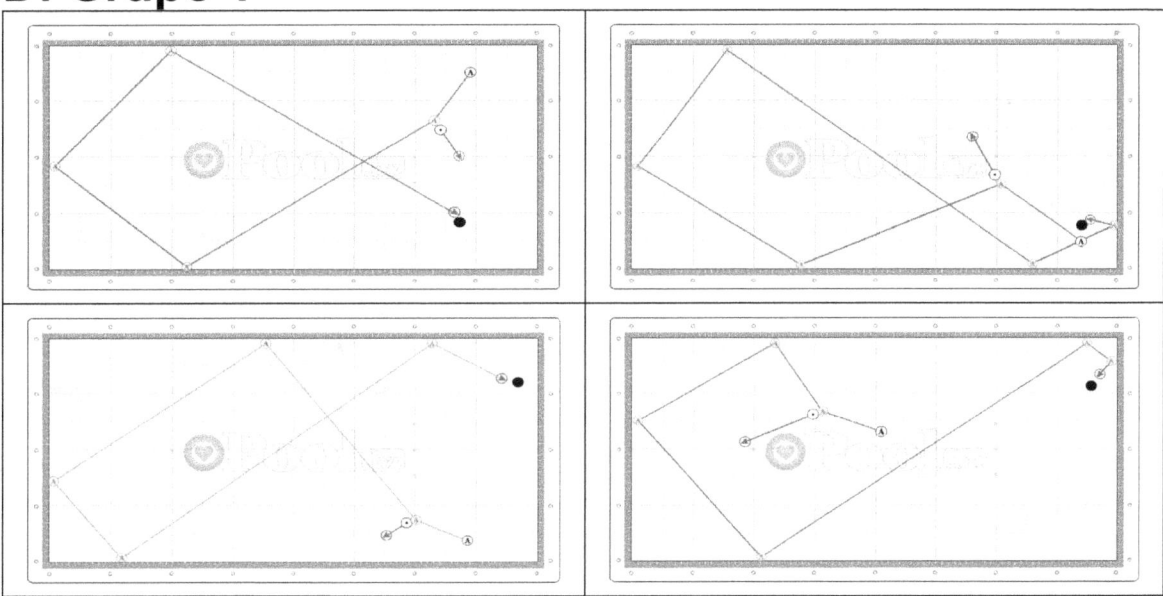

Análisis:

D:1a. _____

D:1b. _____

D:1c. _____

D:1d. _____

D:1a – Preparar

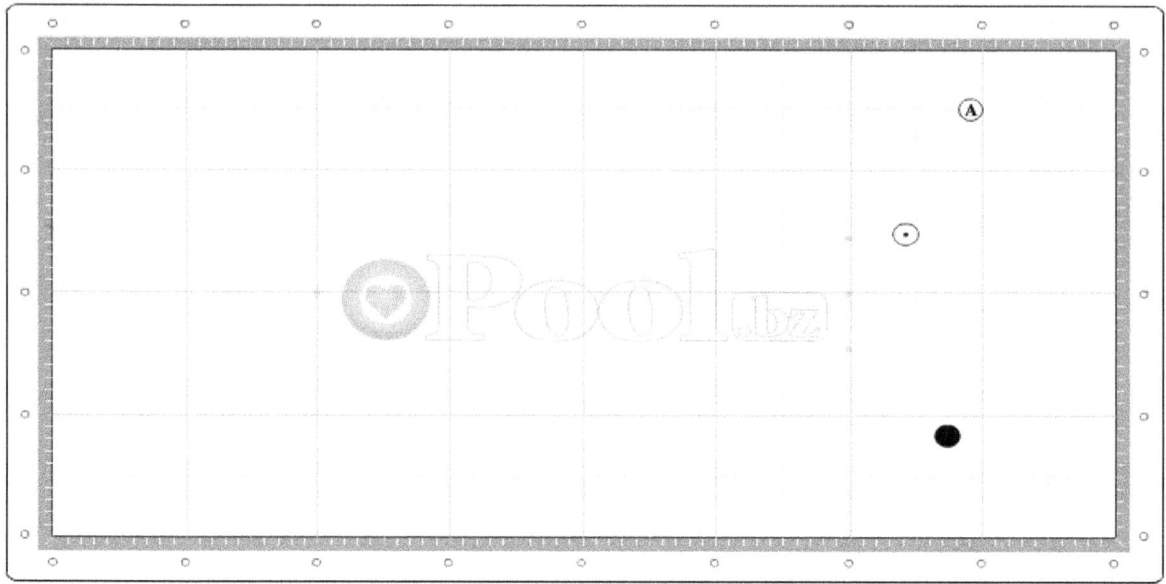

Notas e ideas:

Patrón de disparo

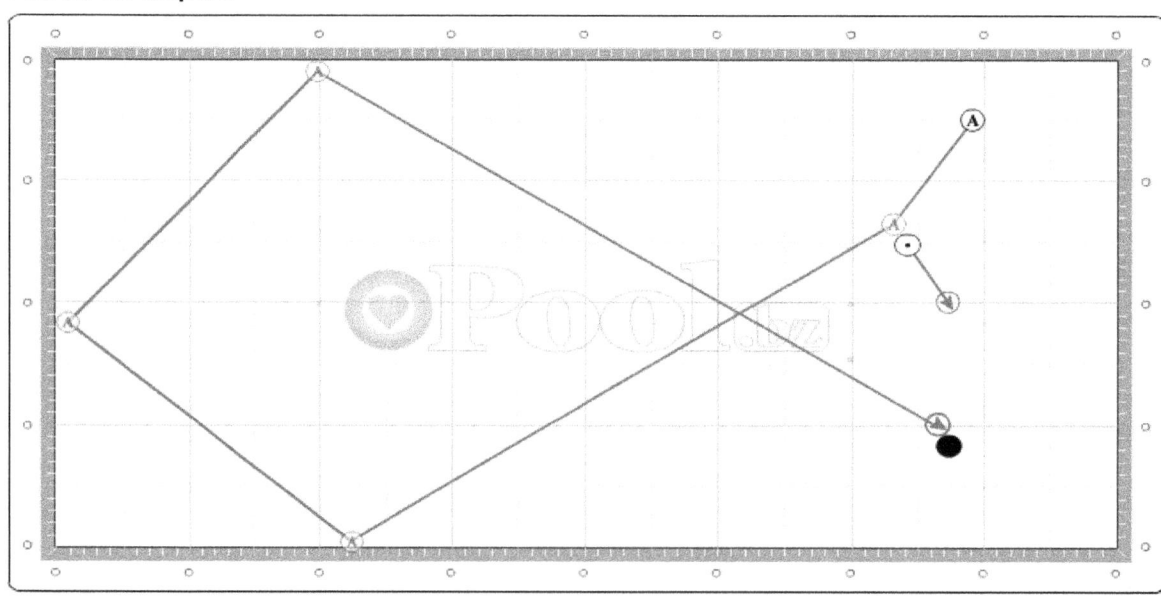

D:1b – Preparar

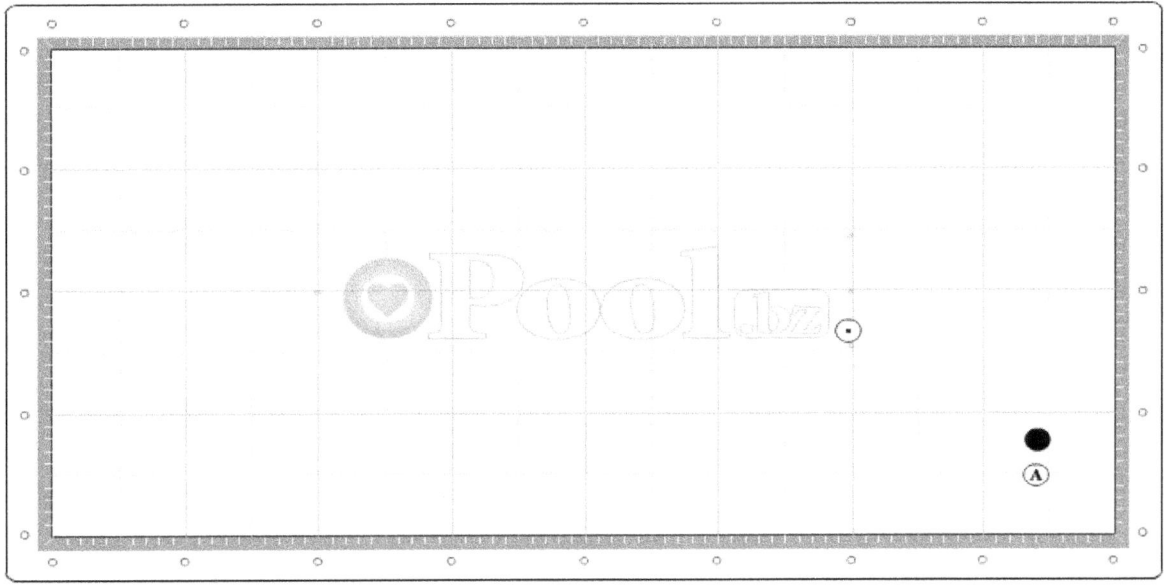

Notas e ideas:

Patrón de disparo

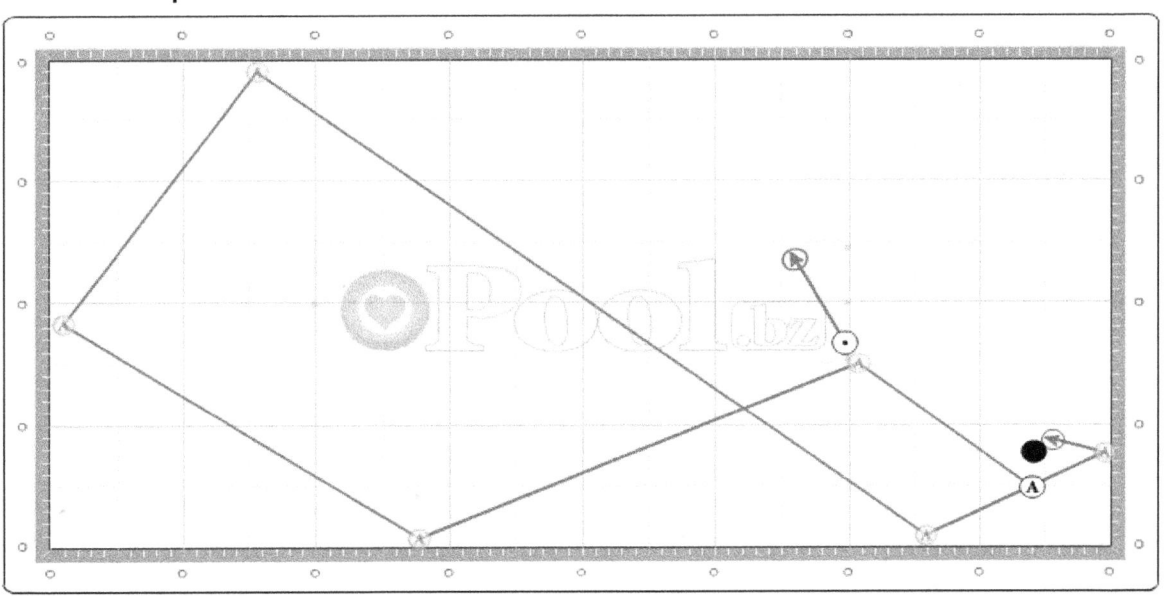

D:1c – Preparar

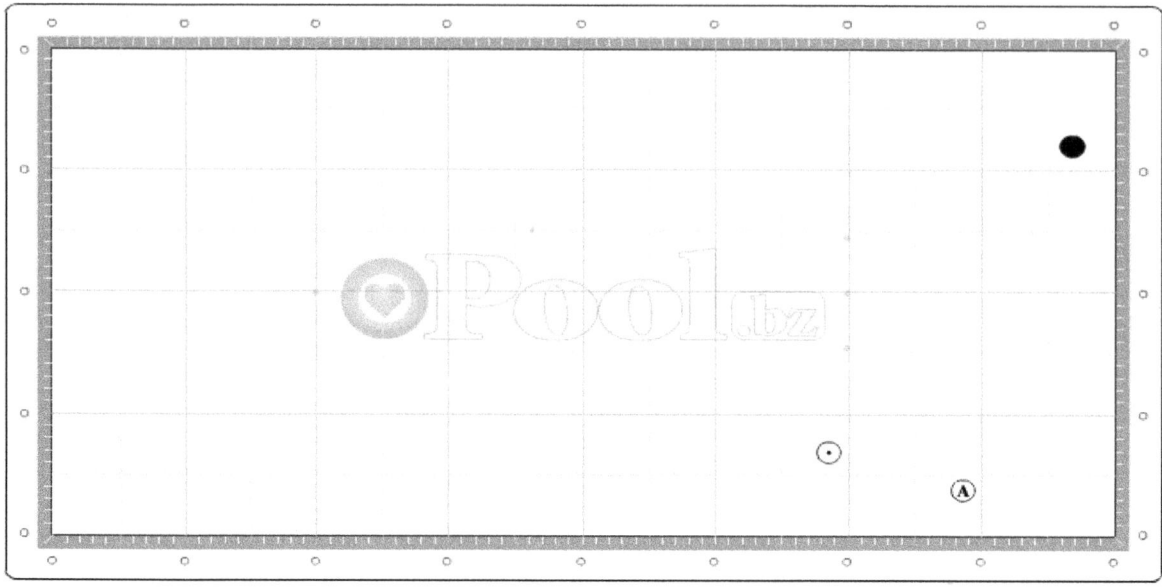

Notas e ideas:

Patrón de disparo

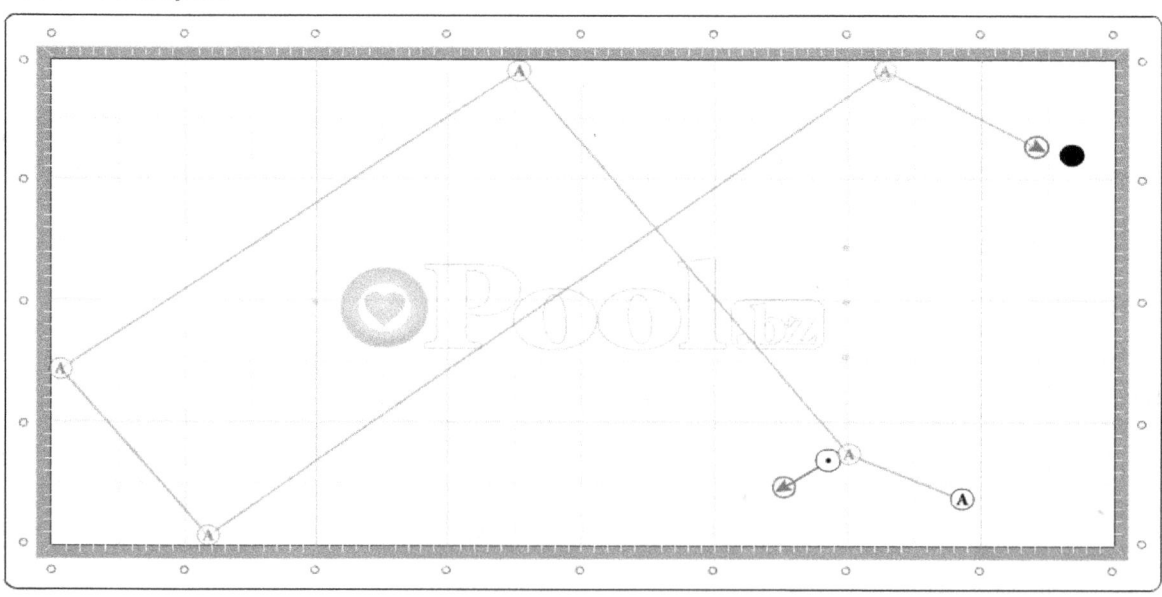

D:1d – Preparar

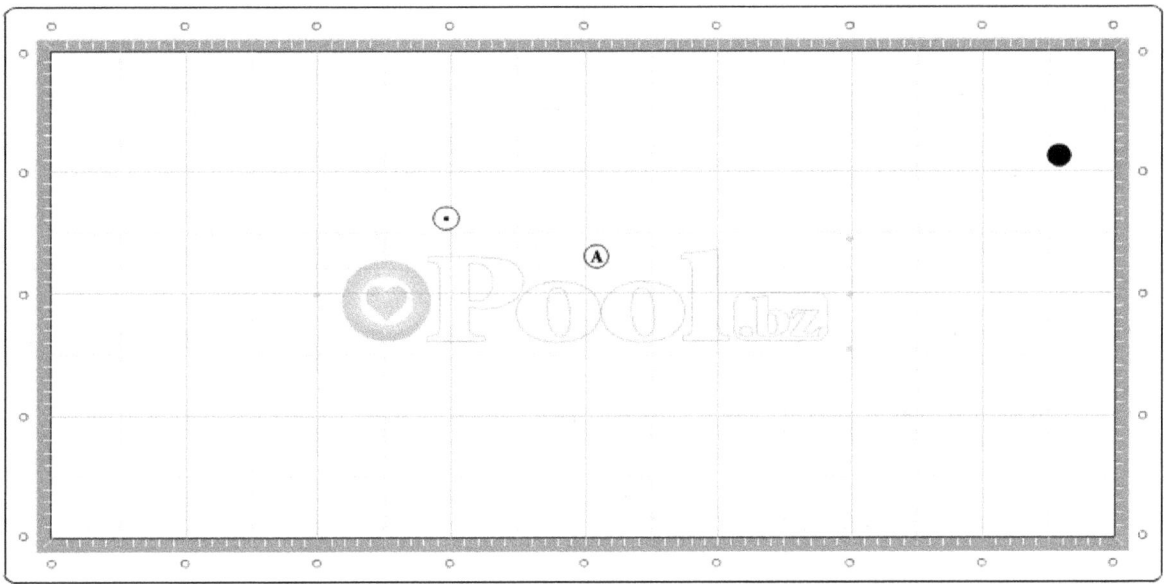

Notas e ideas:

Patrón de disparo

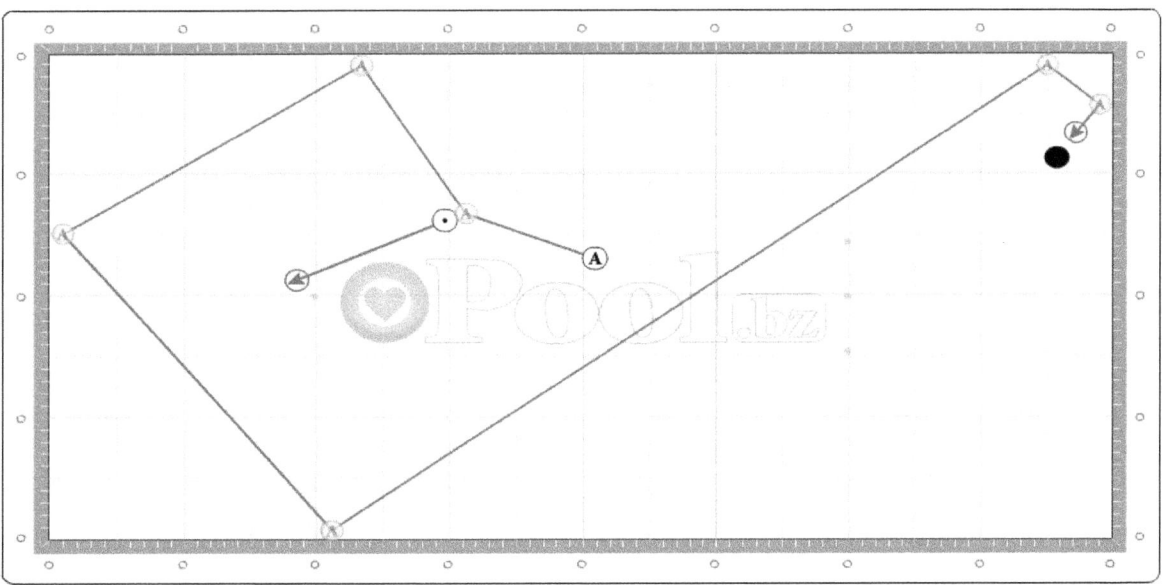

D: Grupo 2

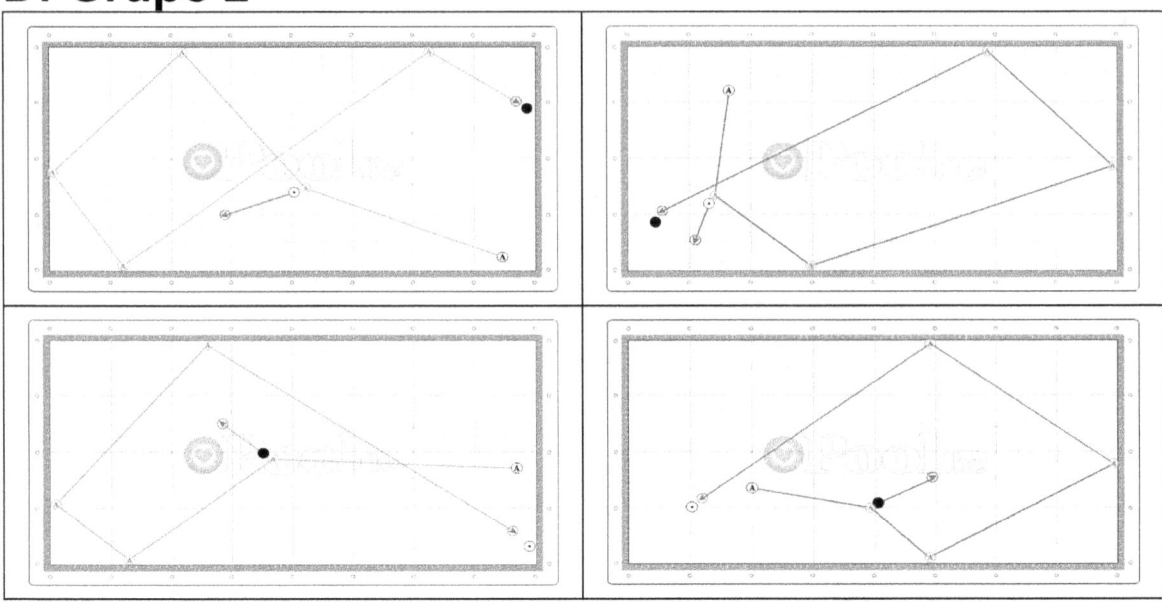

Análisis:

D:2a. _____

D:2b. _____

D:2c. _____

D:2d. _____

D:2a – Preparar

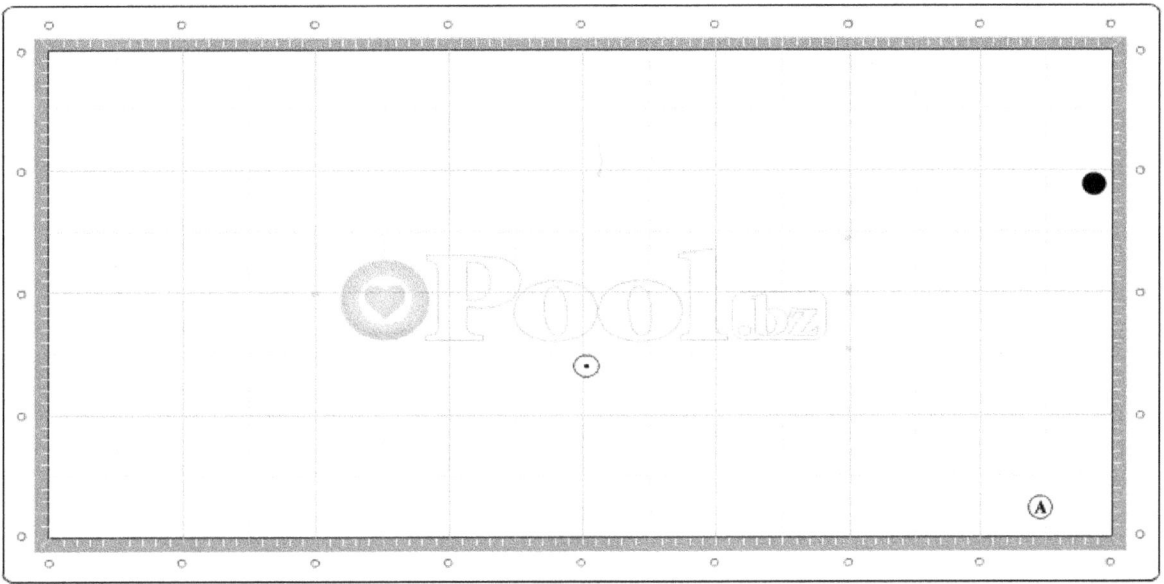

Notas e ideas:

Patrón de disparo

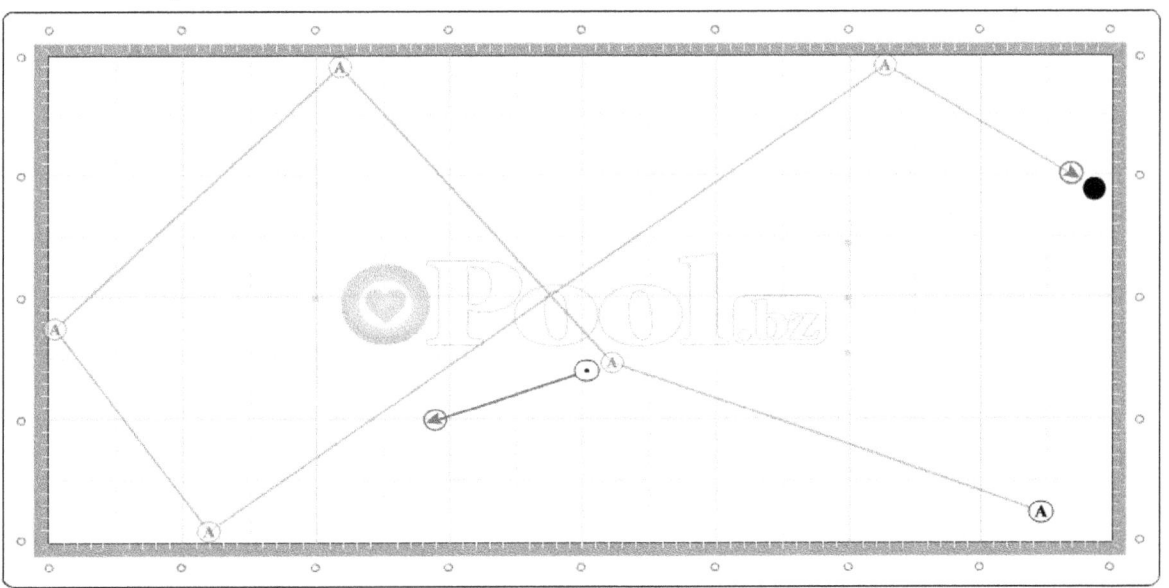

D:2b – Preparar

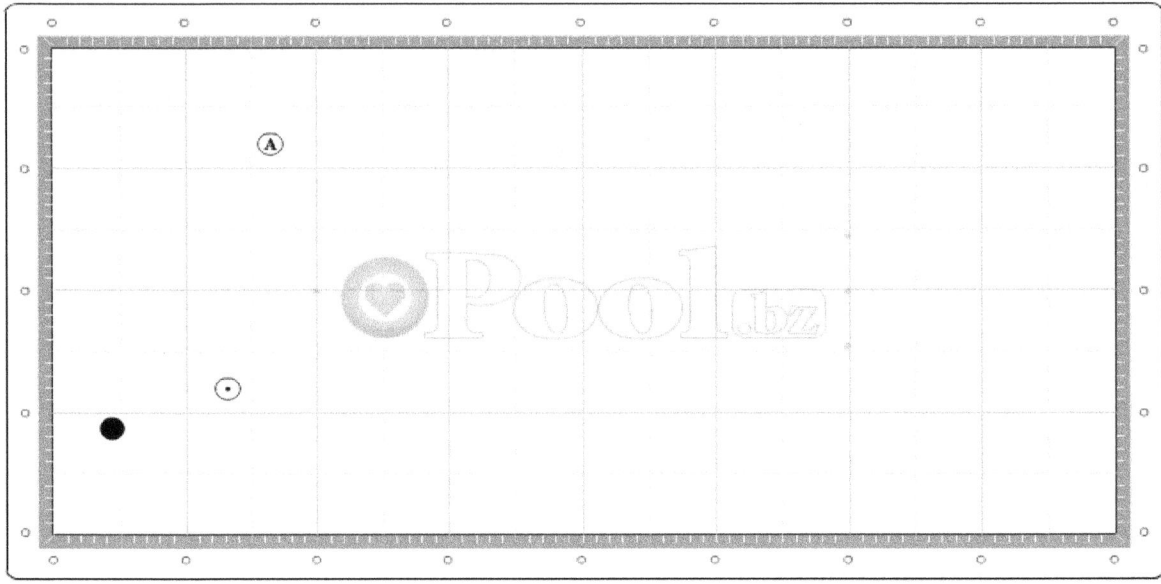

Notas e ideas:

Patrón de disparo

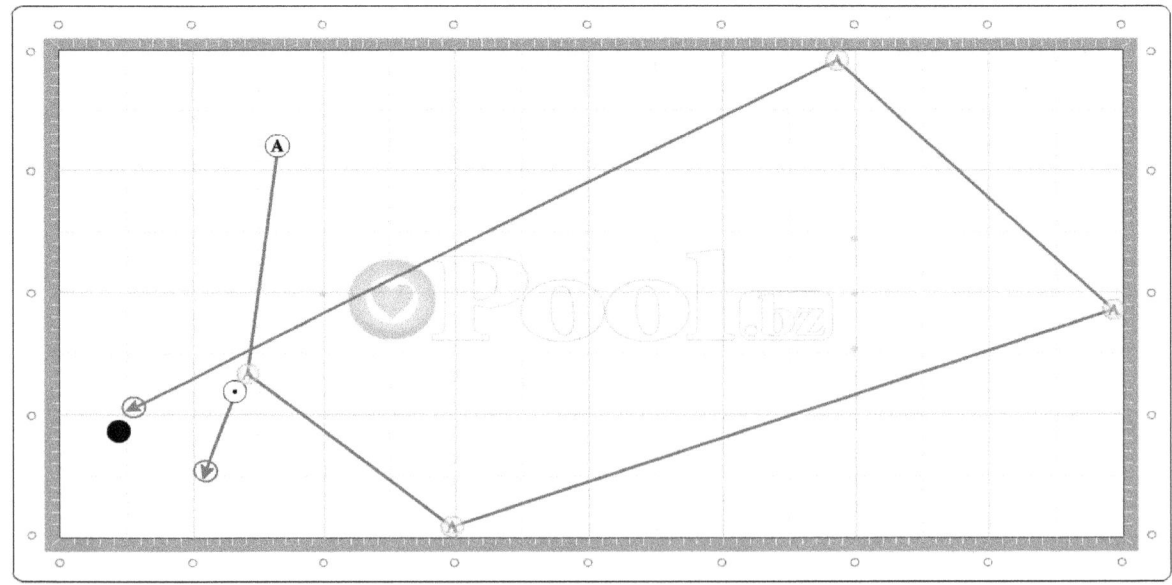

D:2c – Preparar

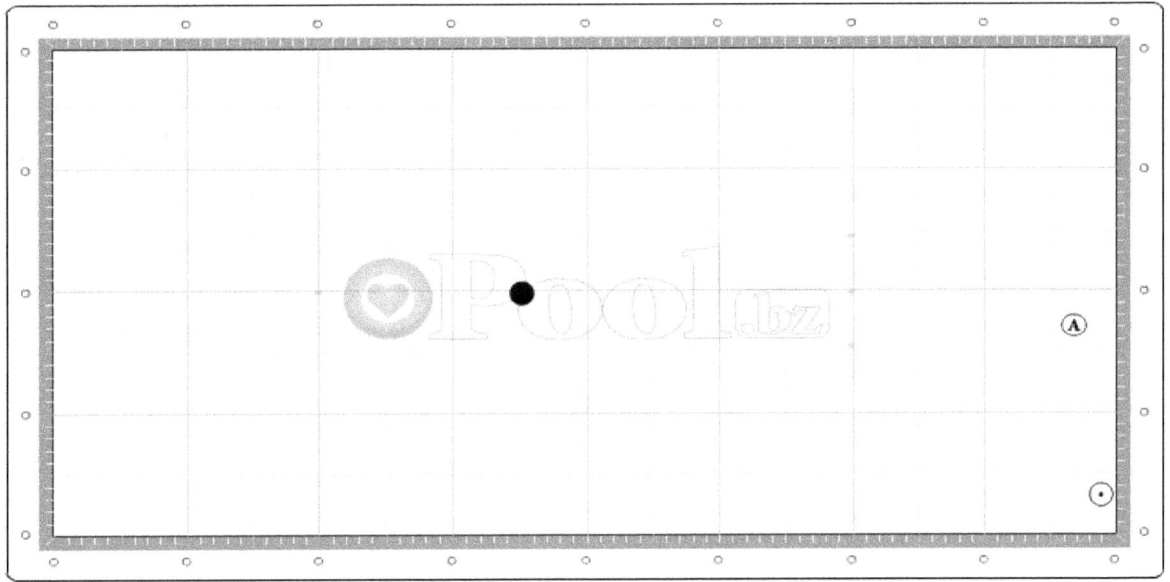

Notas e ideas:

Patrón de disparo

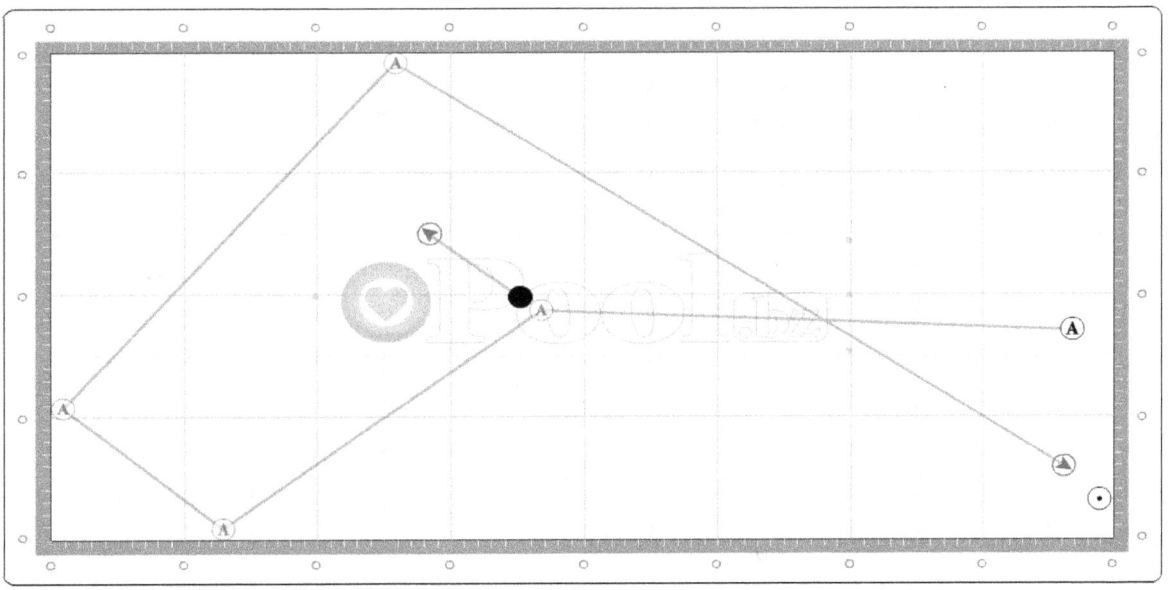

D:2d – Preparar

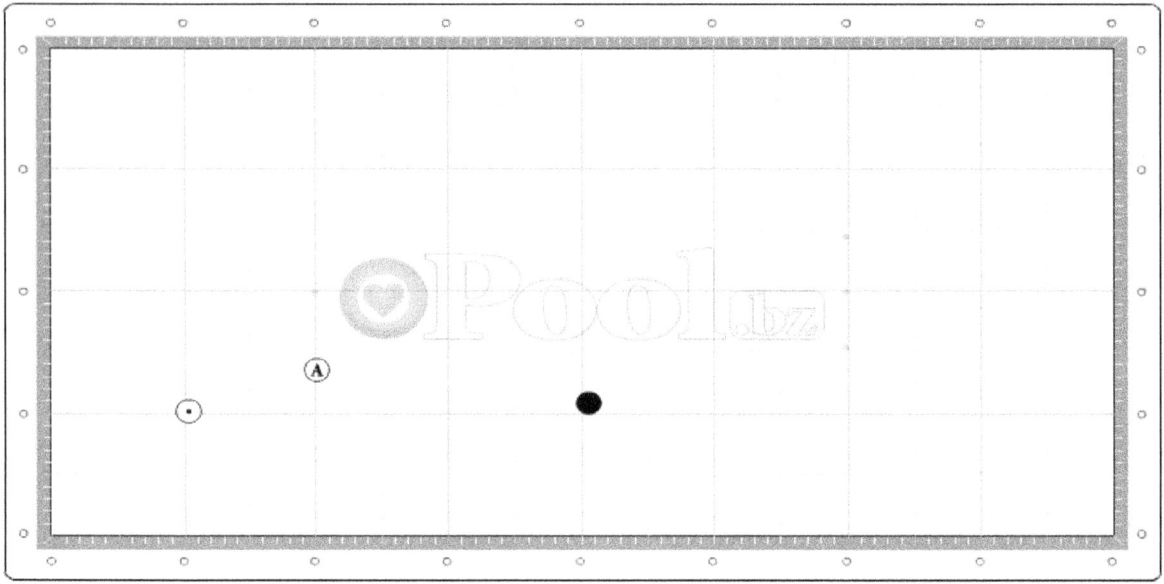

Notas e ideas:

Patrón de disparo

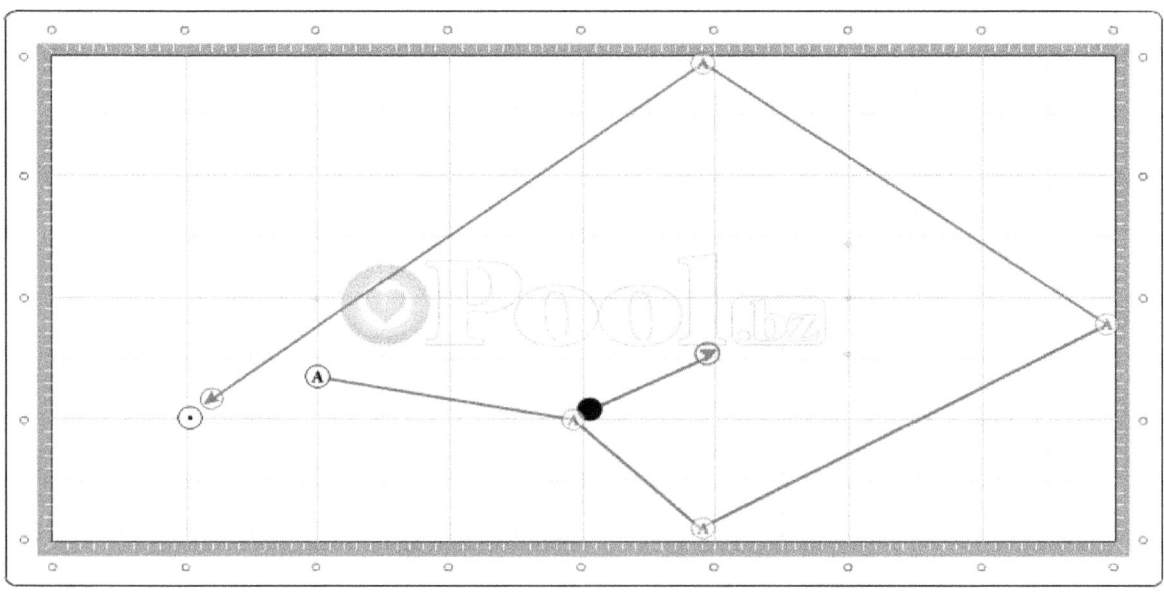

D: Grupo 3

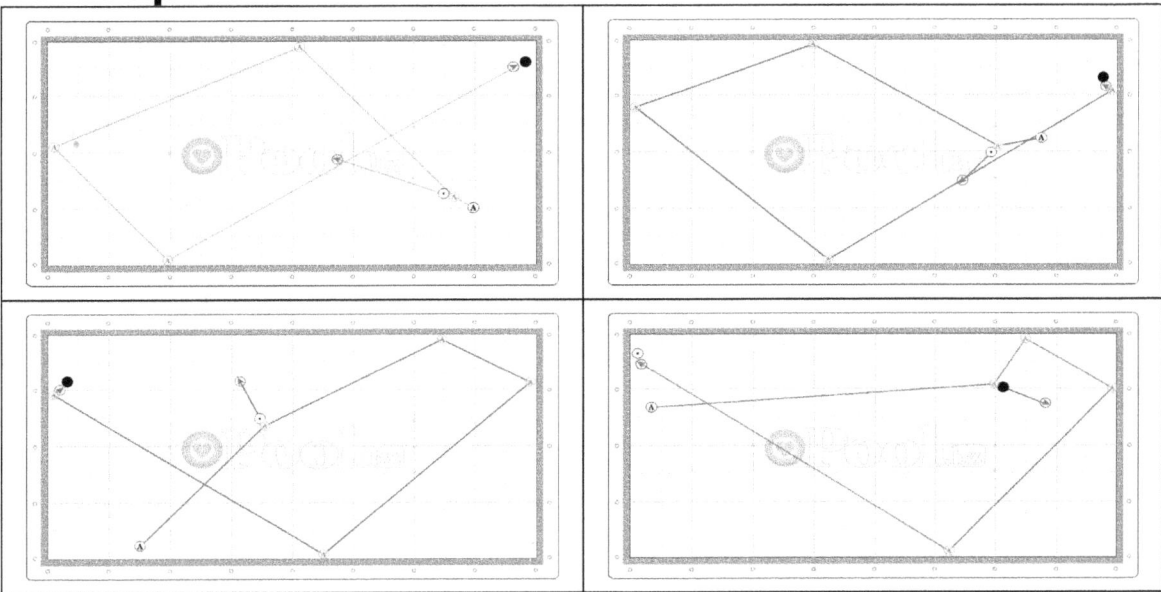

Análisis:

D:3a. _____

D:3b. _____

D:3c. _____

D:3d. _____

D:3a – Preparar

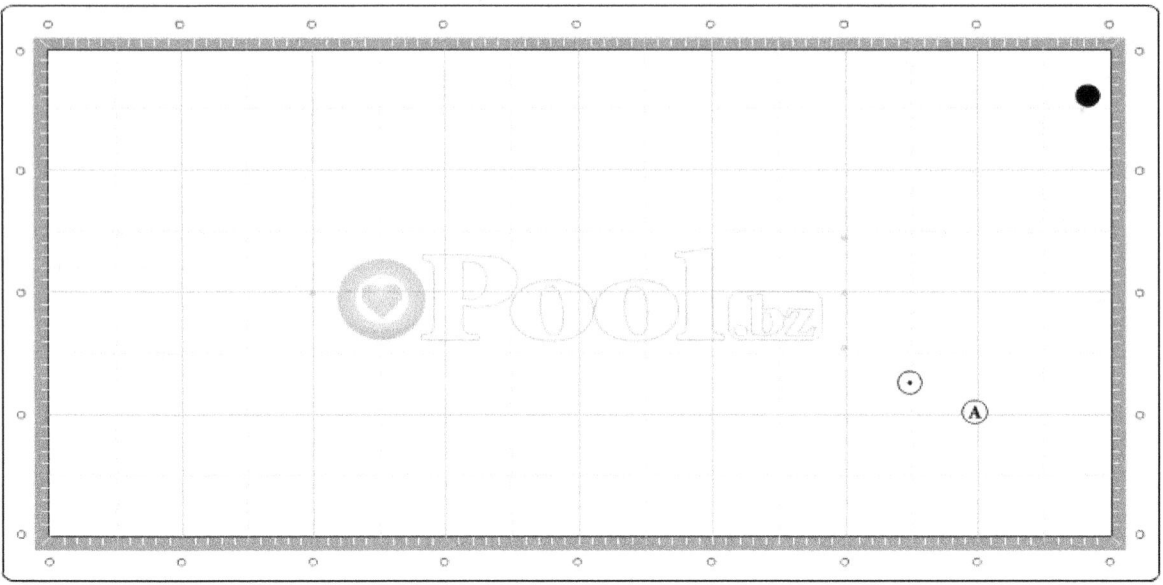

Notas e ideas:

Patrón de disparo

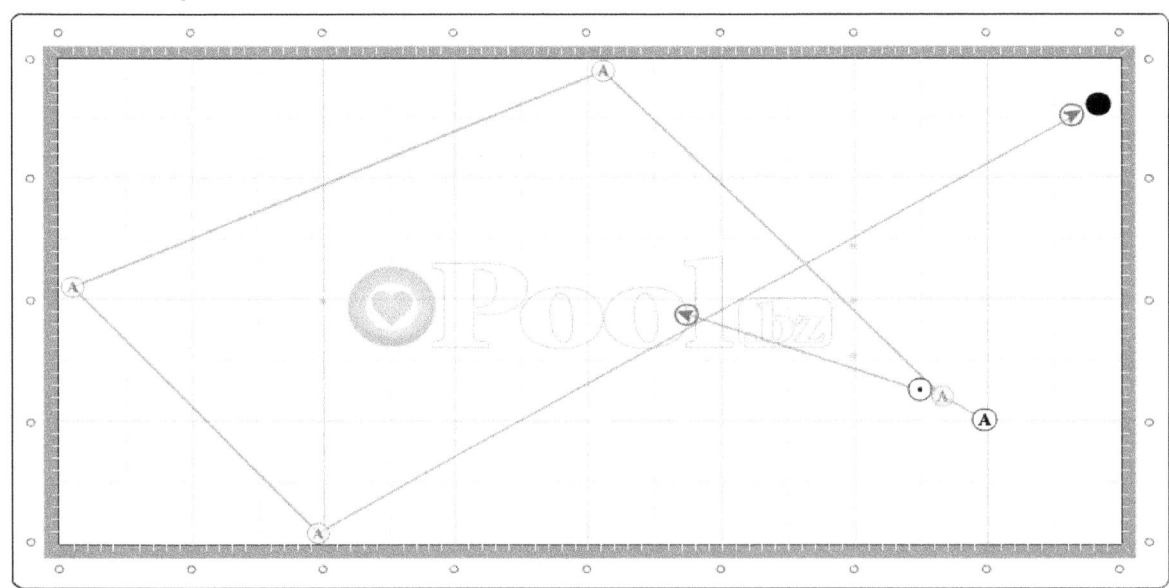

D:3b – Preparar

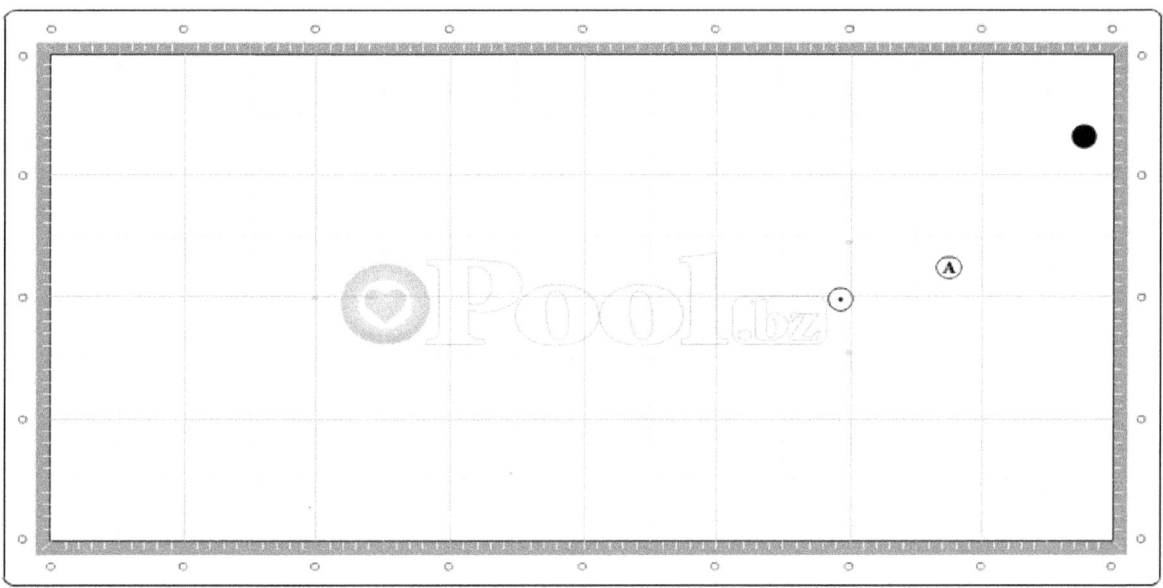

Notas e ideas:

Patrón de disparo

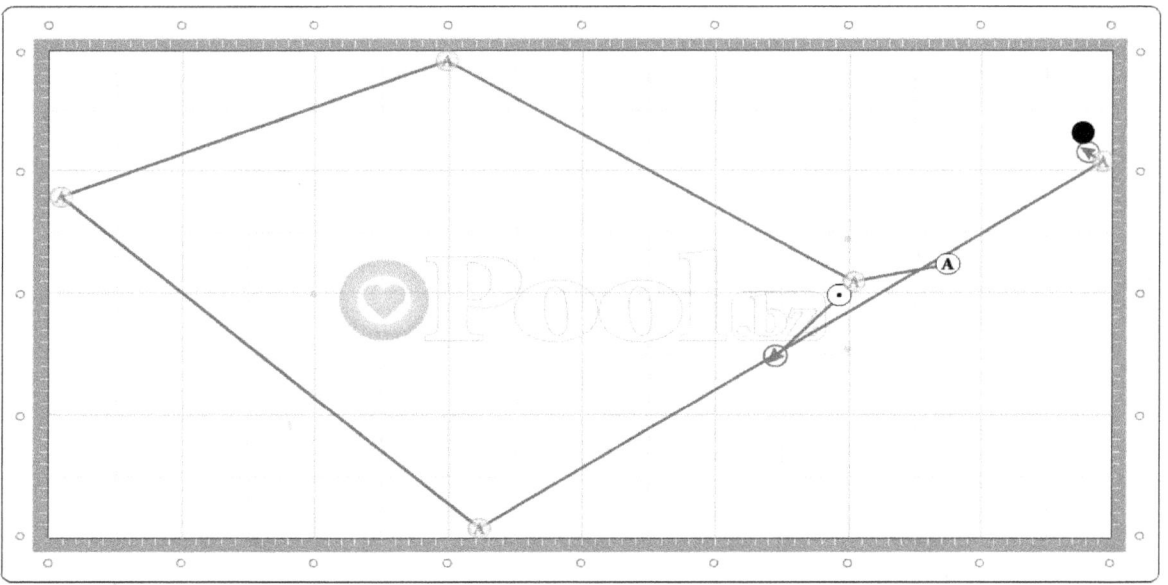

D:3c – Preparar

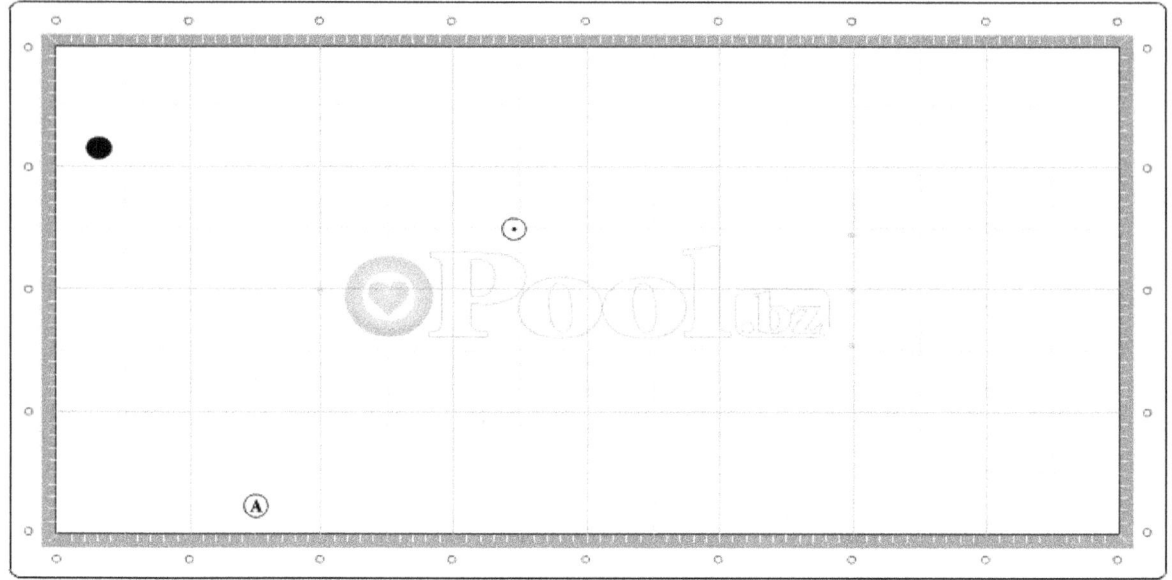

Notas e ideas:

Patrón de disparo

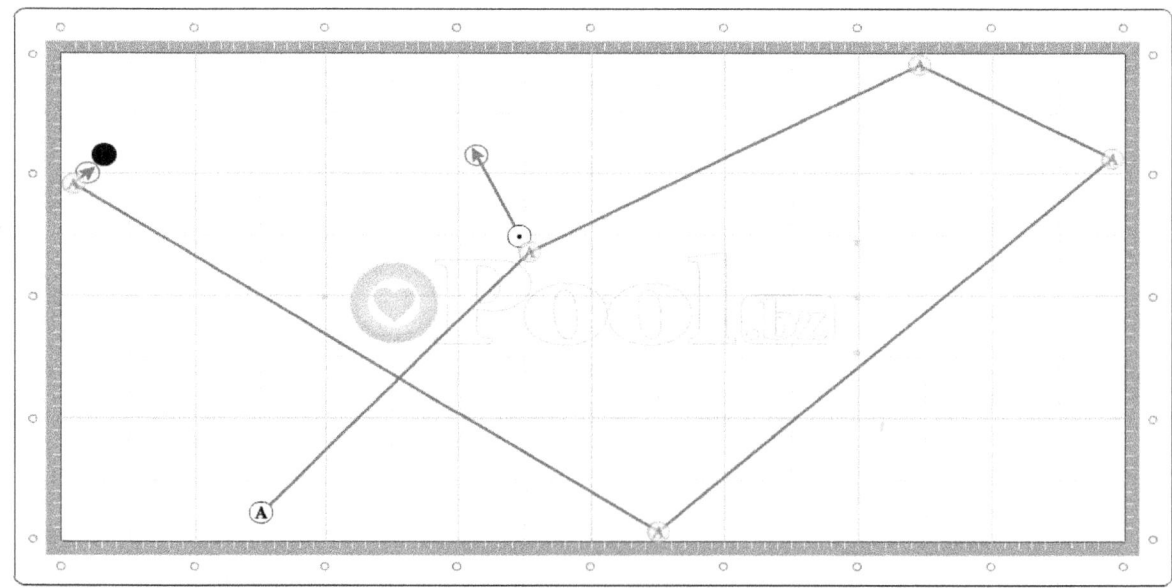

D:3d – Preparar

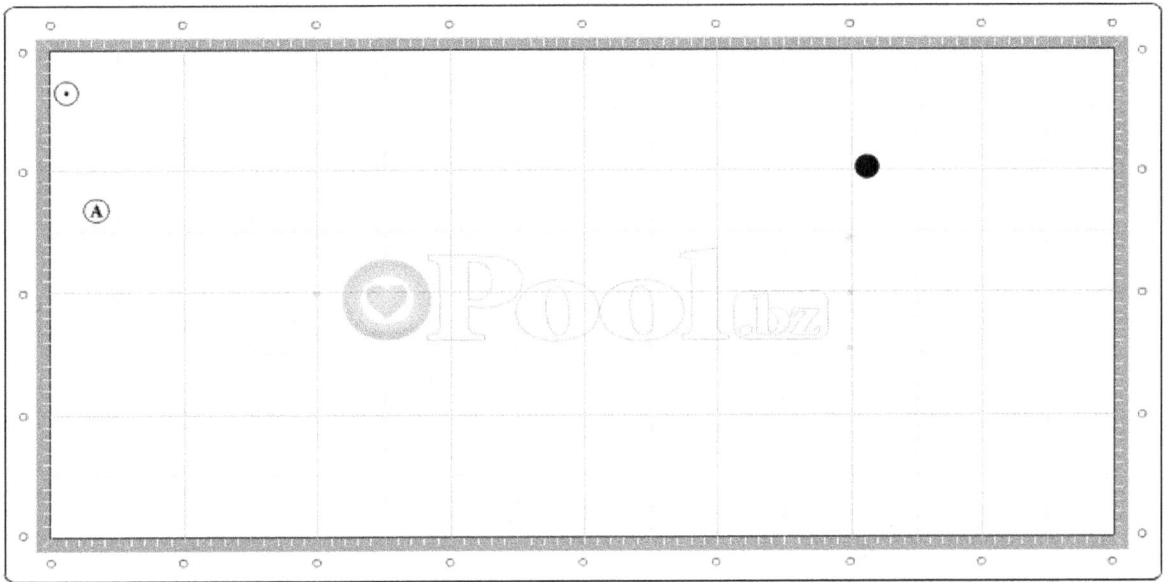

Notas e ideas:

Patrón de disparo

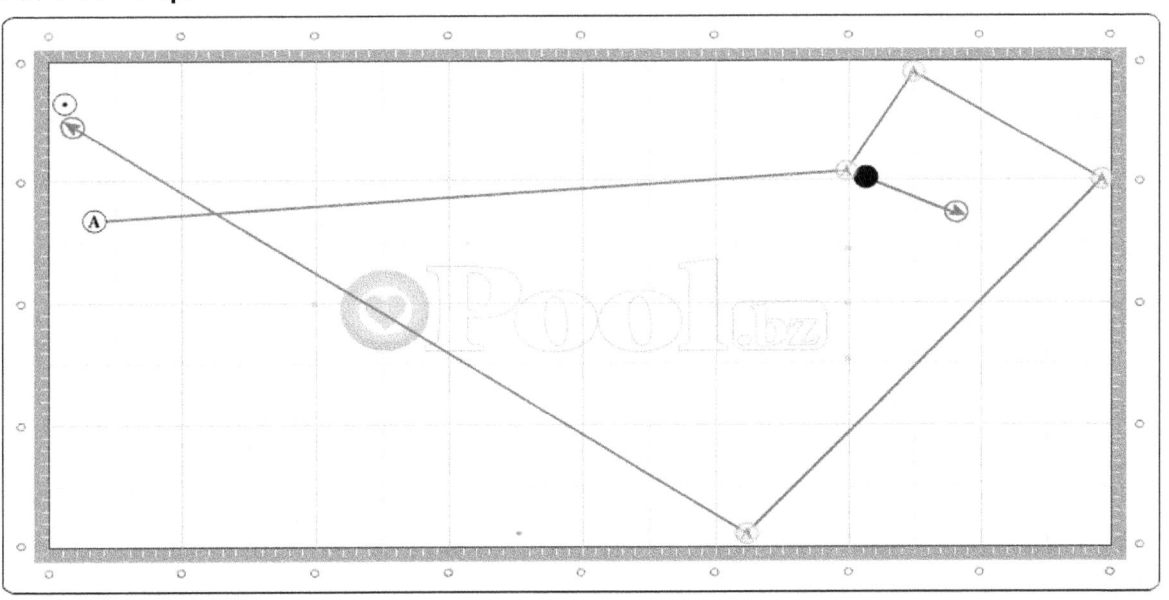

D: Grupo 4

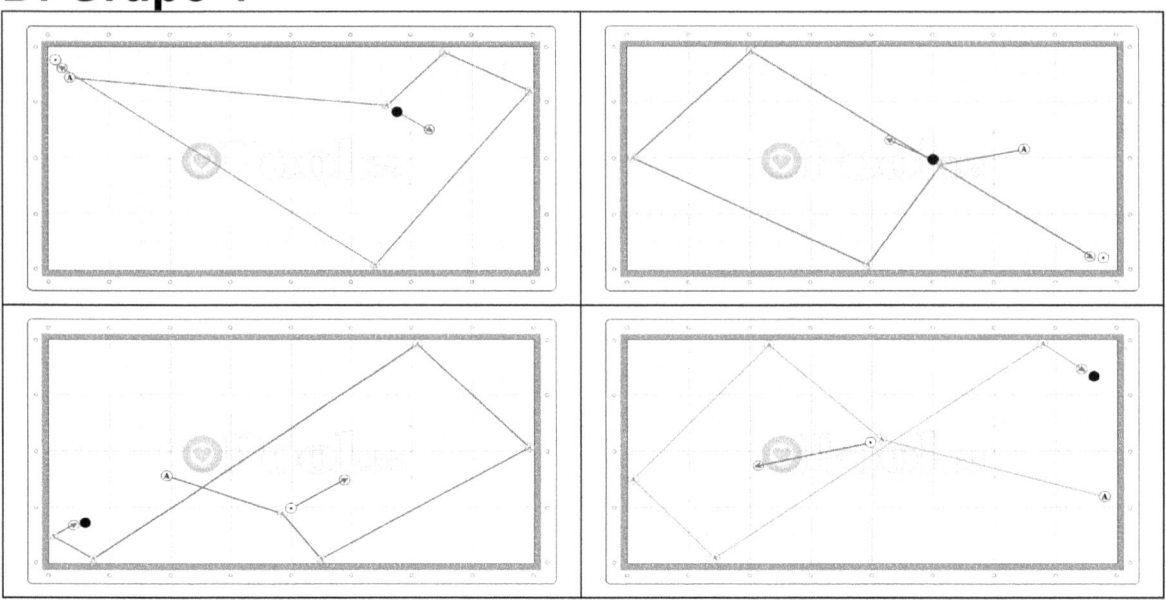

Análisis:

D:4a. _____

D:4b. _____

D:4c. _____

D:4d. _____

D:4a – Preparar

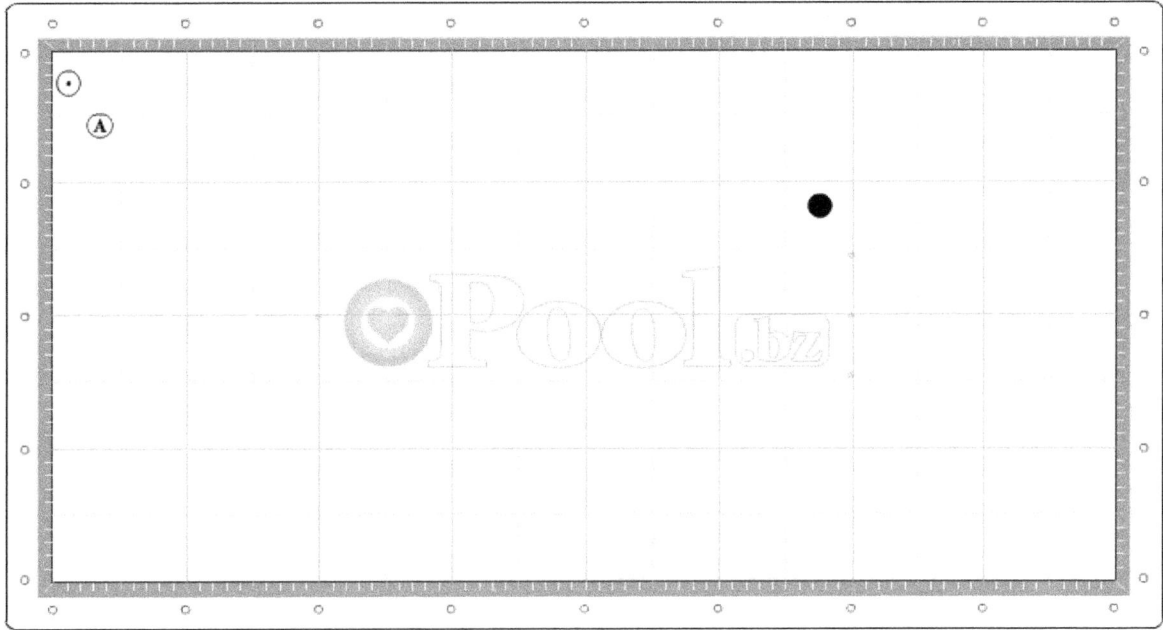

Notas e ideas:

Patrón de disparo

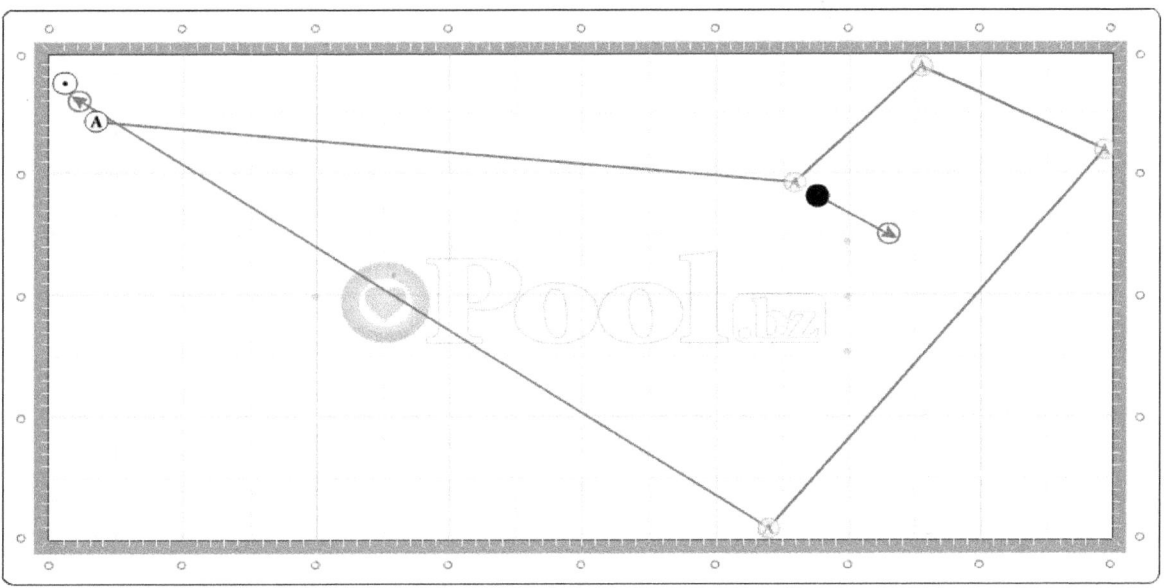

D:4b – Preparar

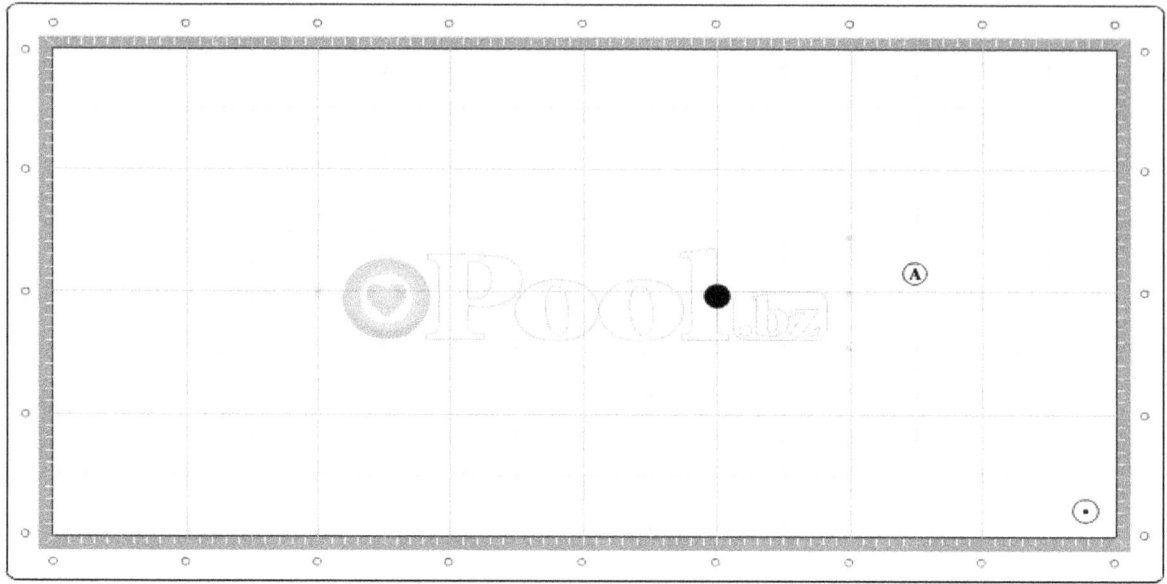

Notas e ideas:

Patrón de disparo

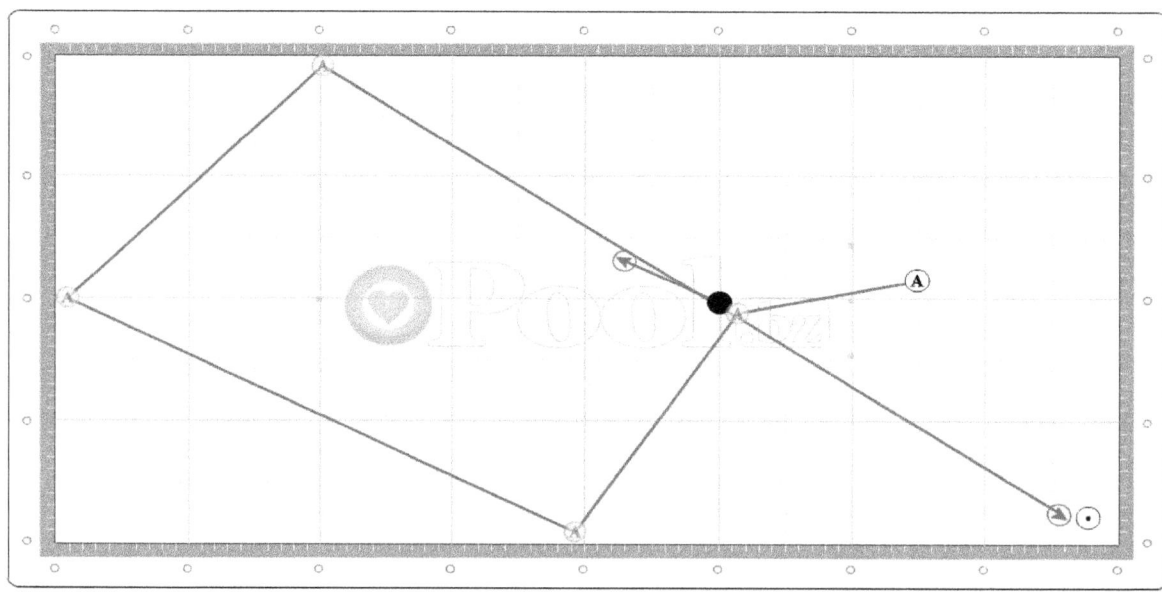

D:4c – Preparar

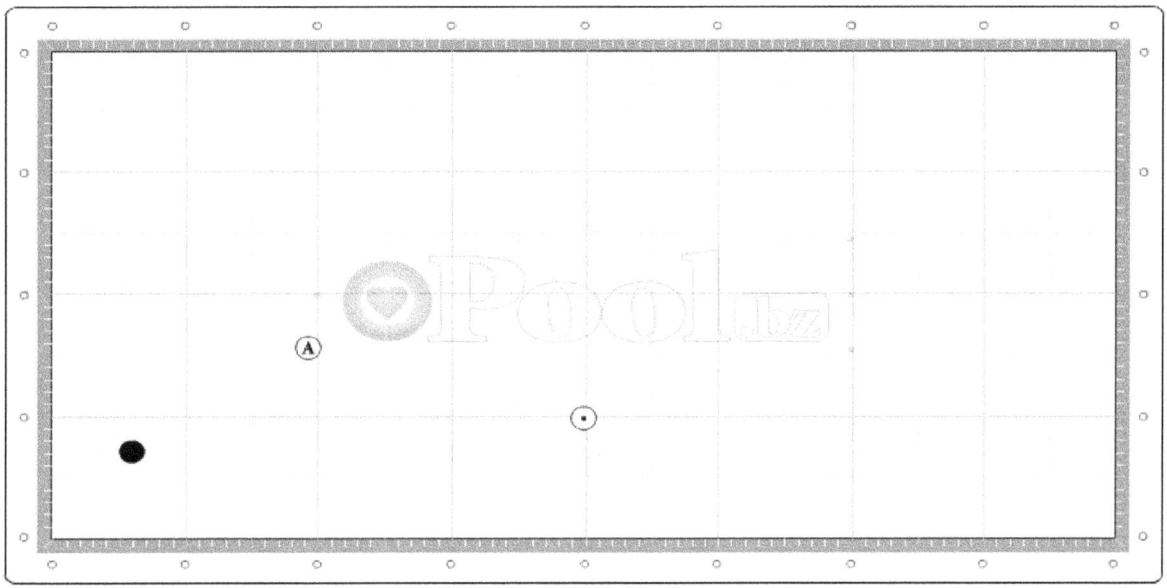

Notas e ideas:

Patrón de disparo

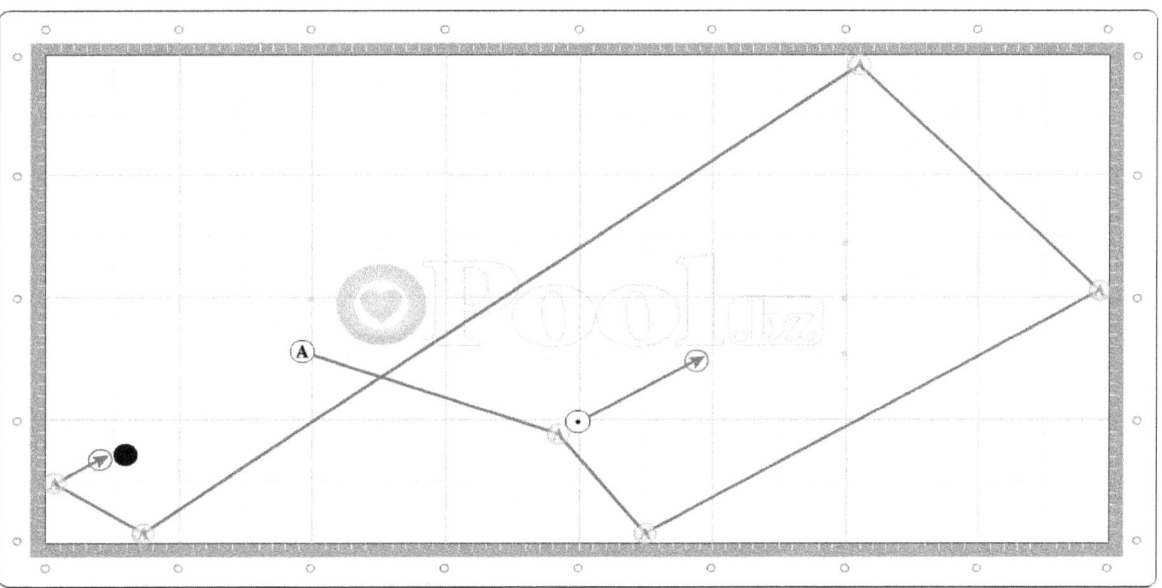

D:4d – Preparar

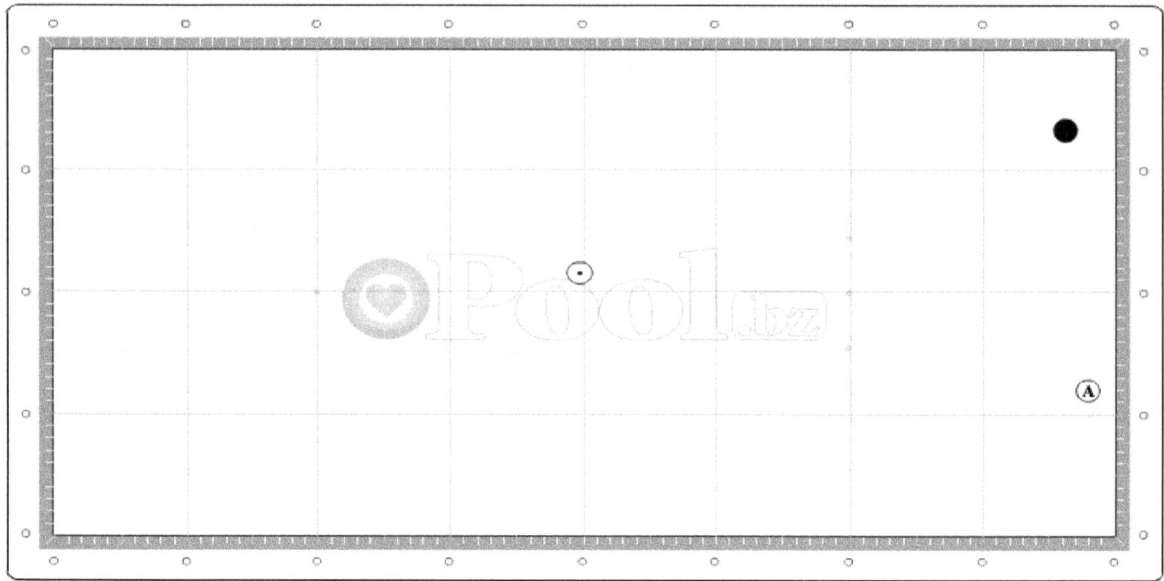

Notas e ideas:

Patrón de disparo

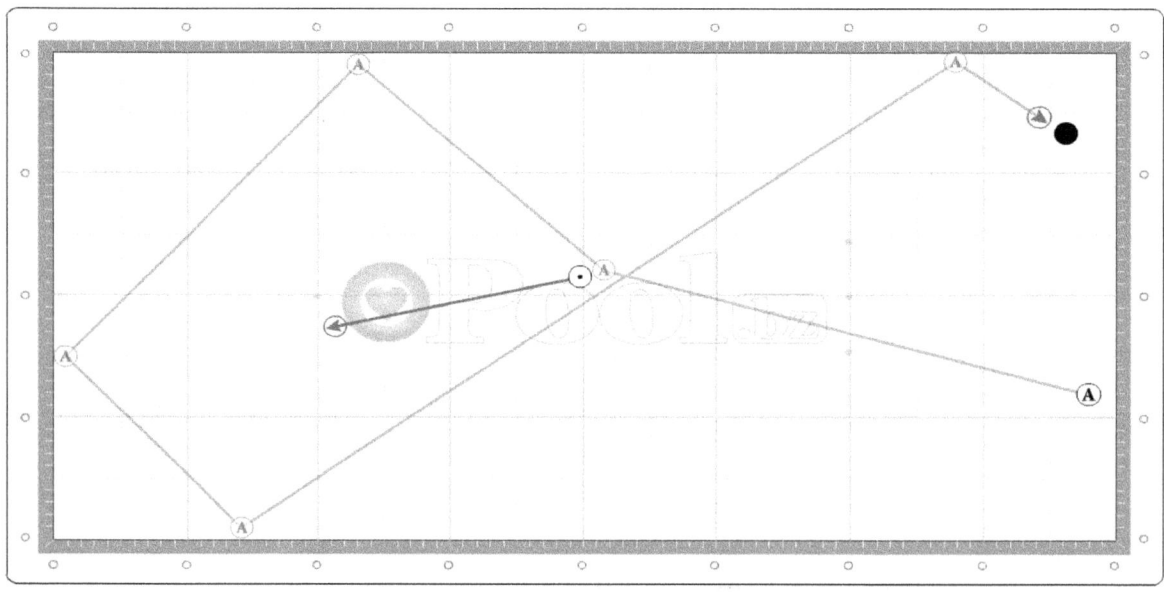

D: Grupo 5

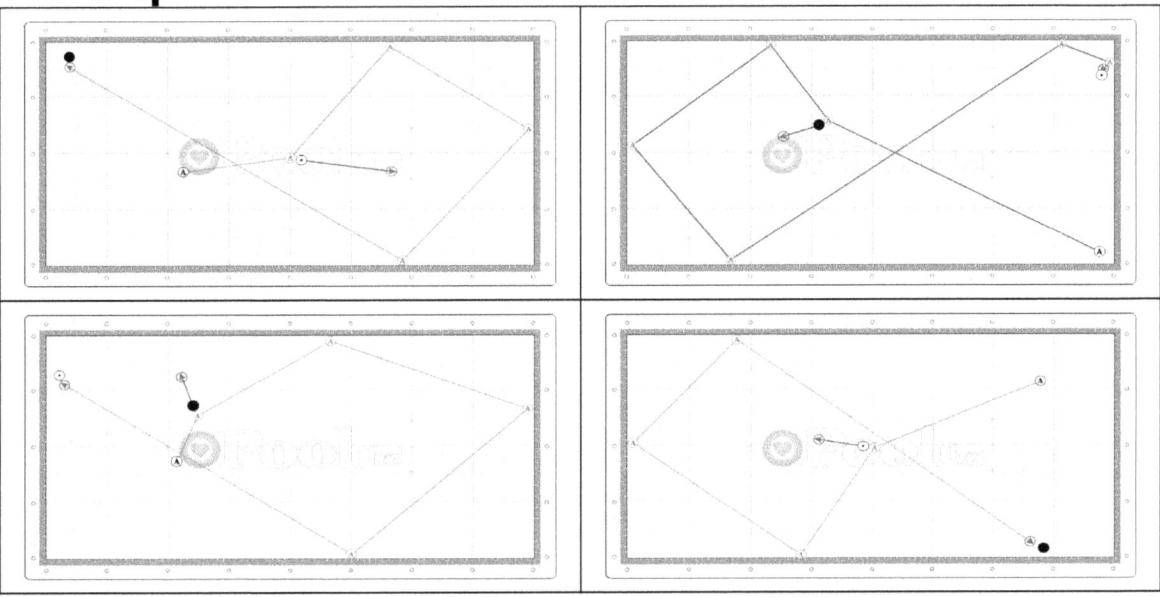

Análisis:

D:5a. _____

D:5b. _____

D:5c. _____

D:5d. _____

D:5a – Preparar

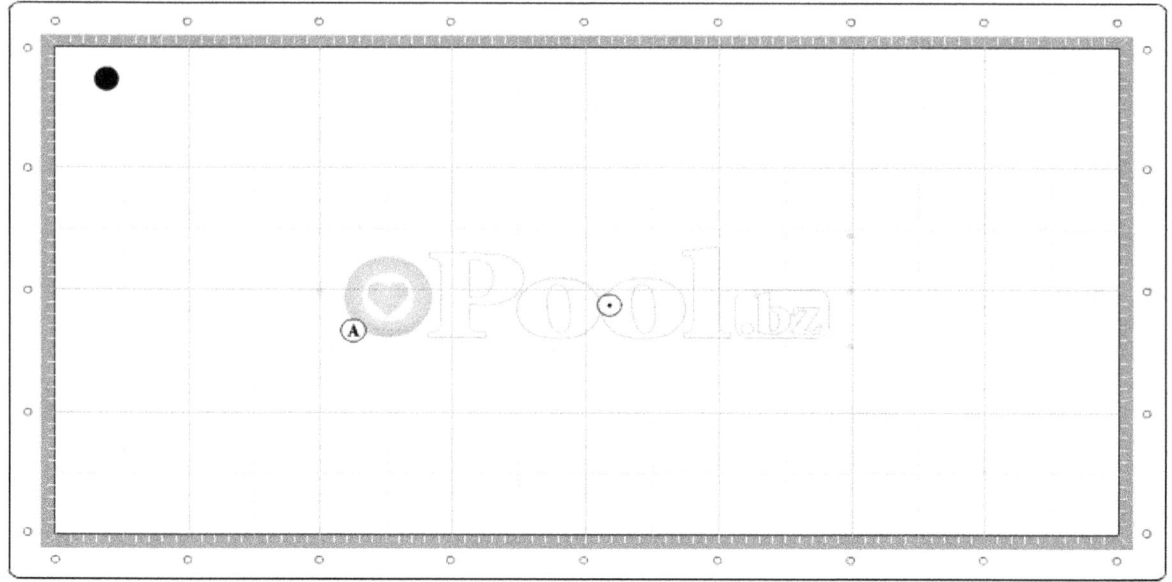

Notas e ideas:

Patrón de disparo

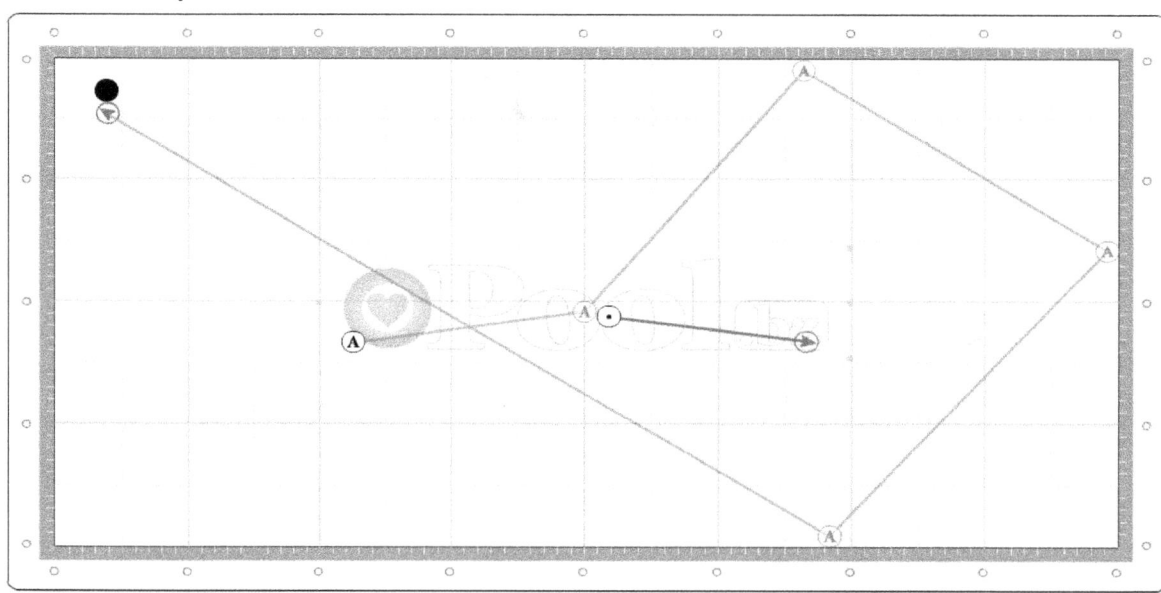

D:5b – Preparar

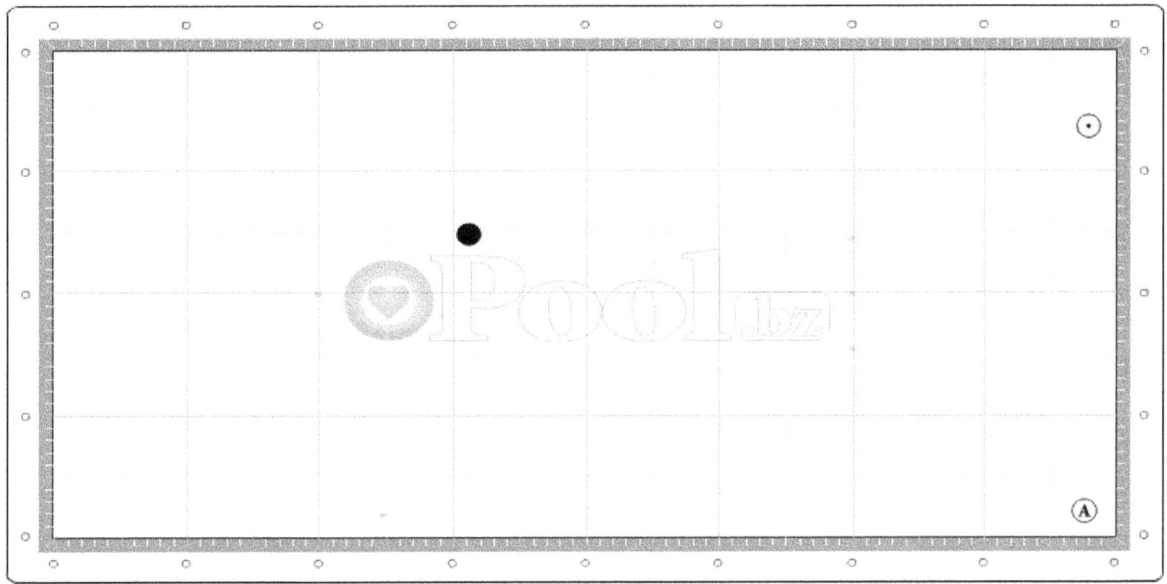

Notas e ideas:

Patrón de disparo

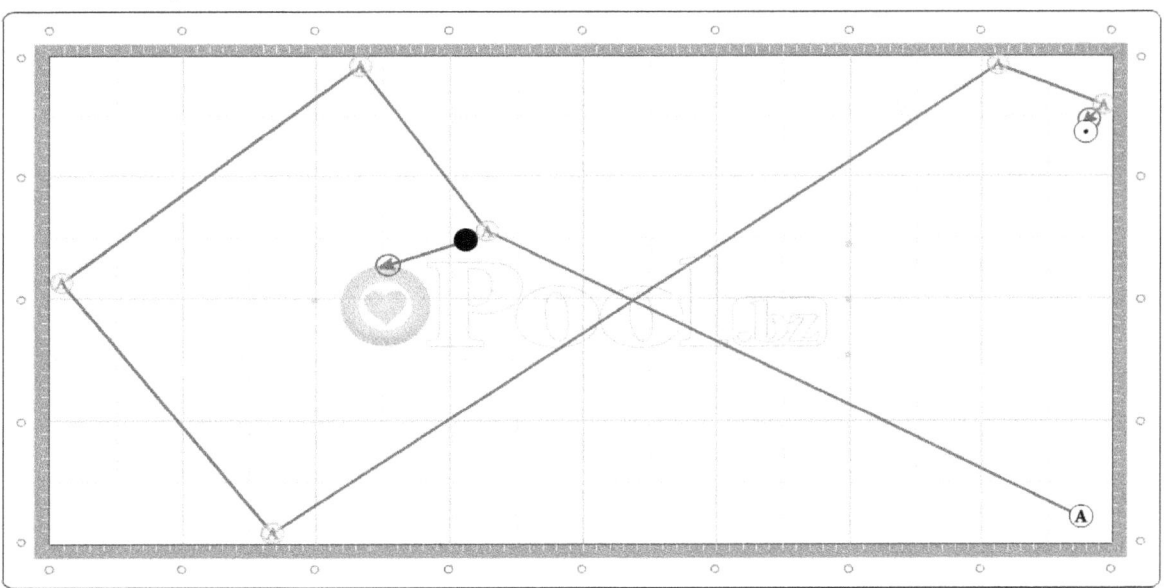

D:5c – Preparar

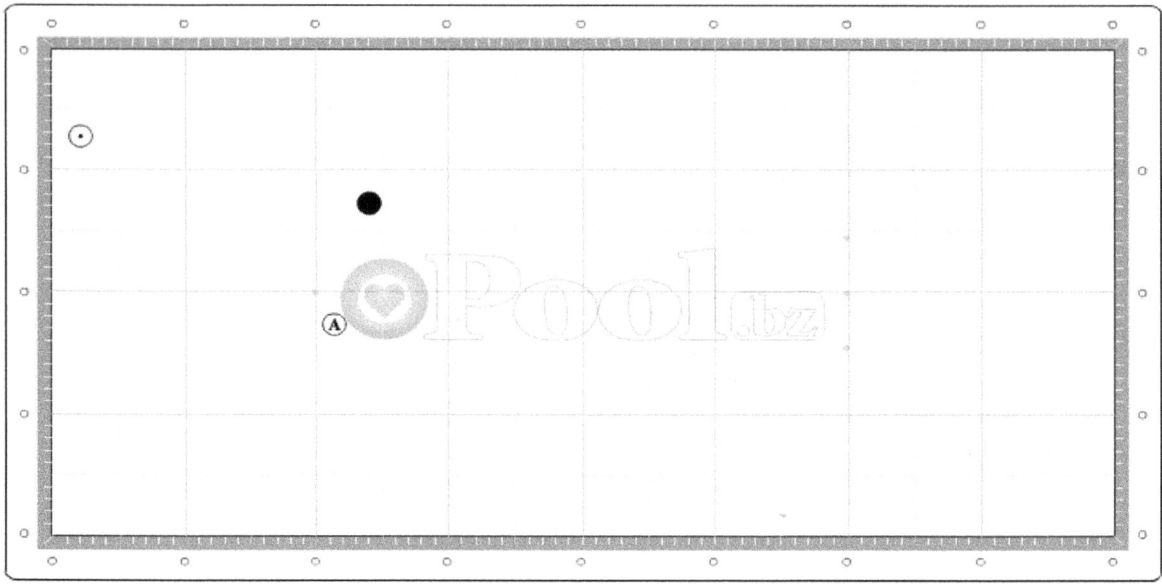

Notas e ideas:

Patrón de disparo

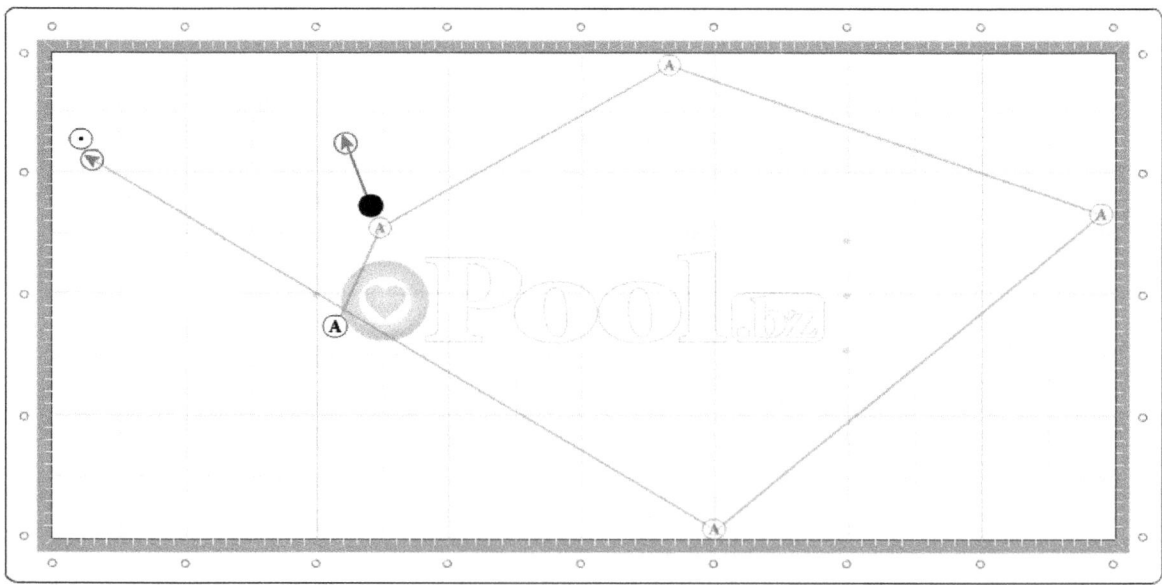

D:5d – Preparar

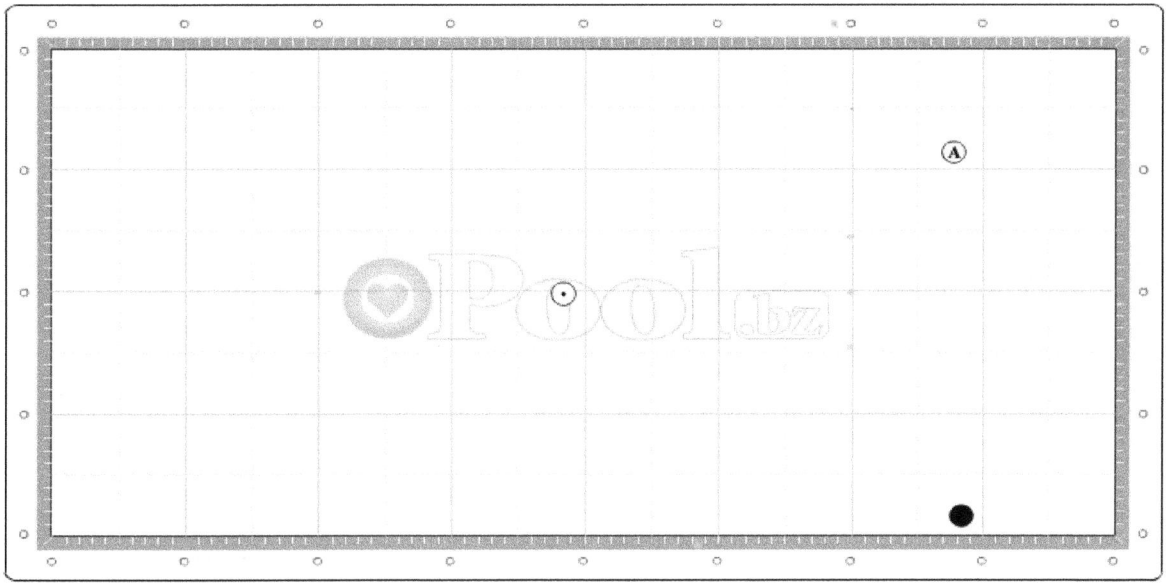

Notas e ideas:

Patrón de disparo

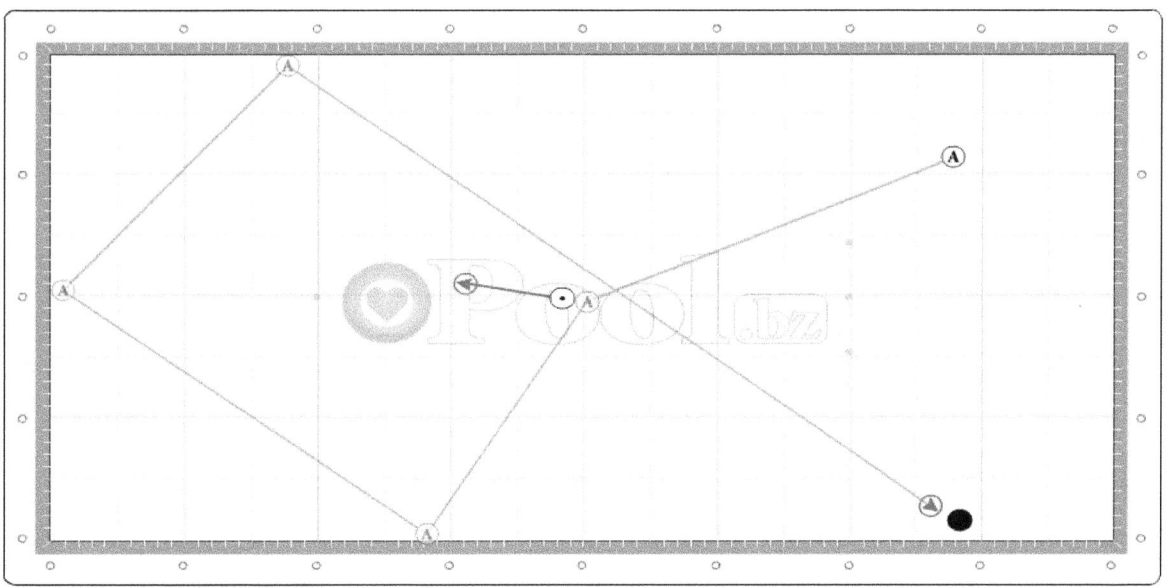

D: Grupo 6

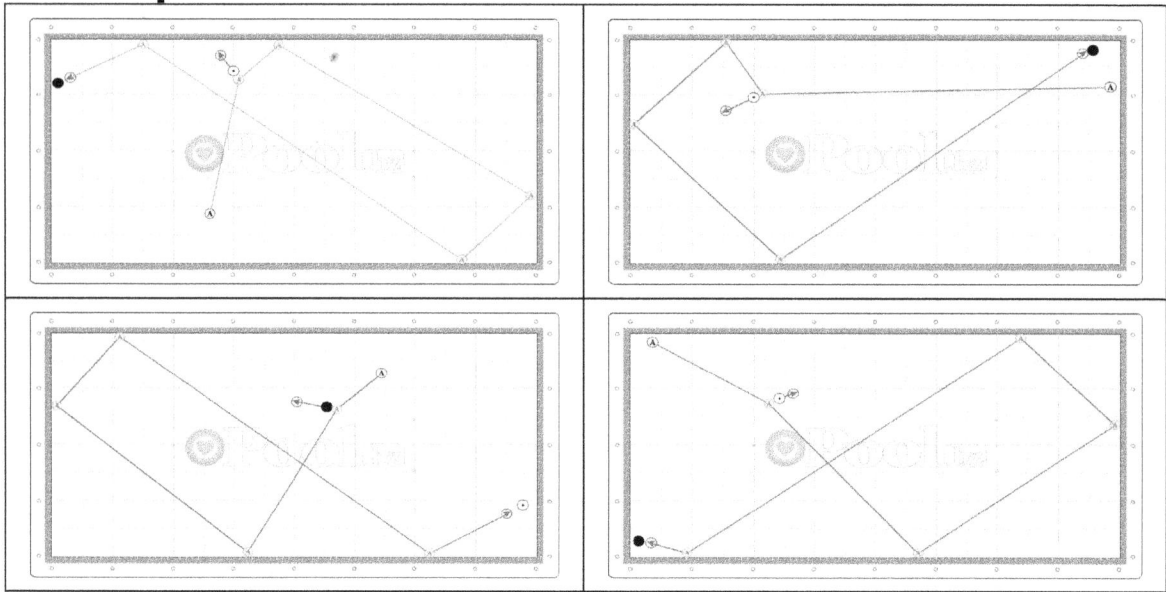

Análisis:

D:6a. _____

D:6b. _____

D:6c. _____

D:6d. _____

D:6a – Preparar

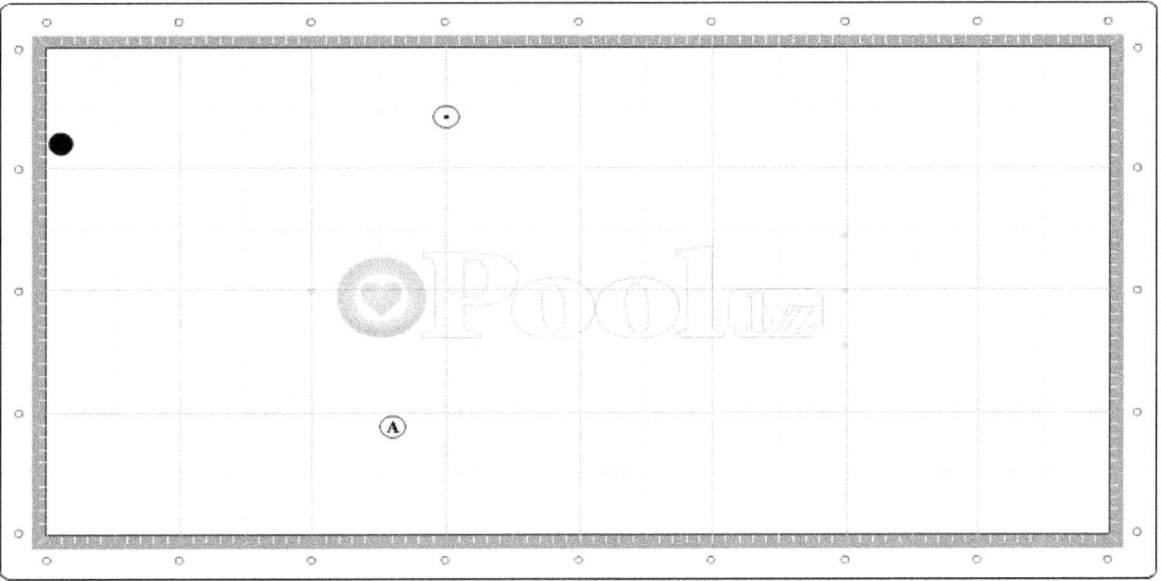

Notas e ideas:

Patrón de disparo

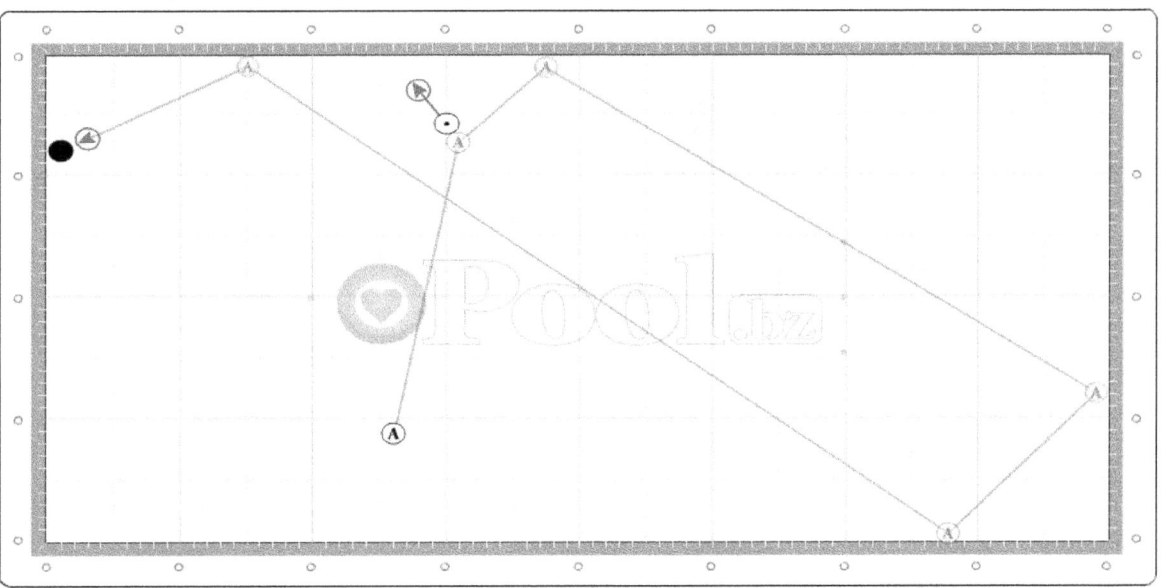

D:6b – Preparar

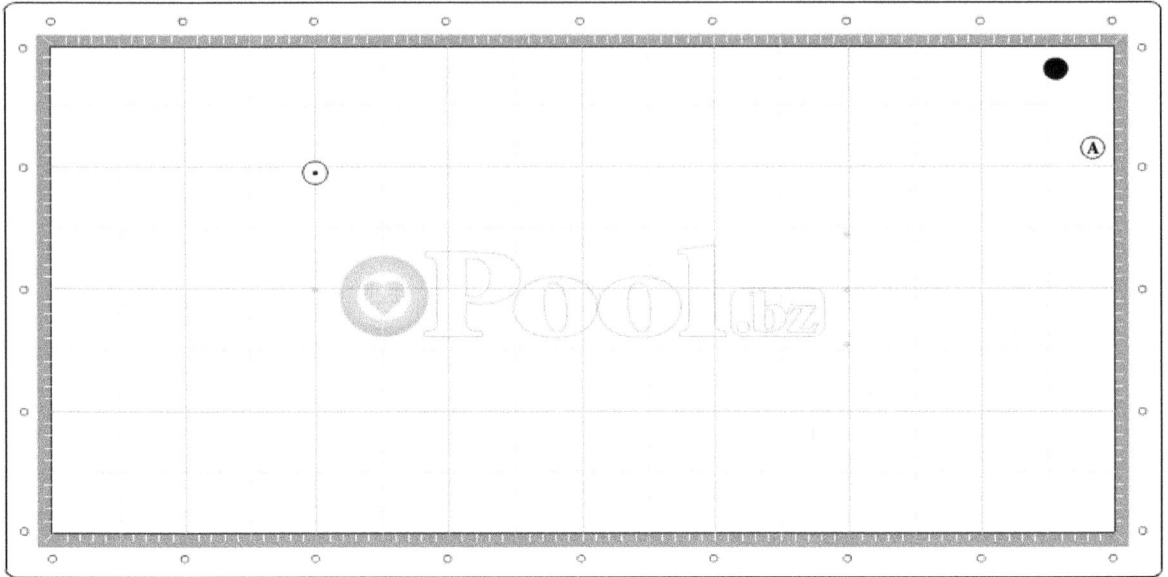

Notas e ideas:

Patrón de disparo

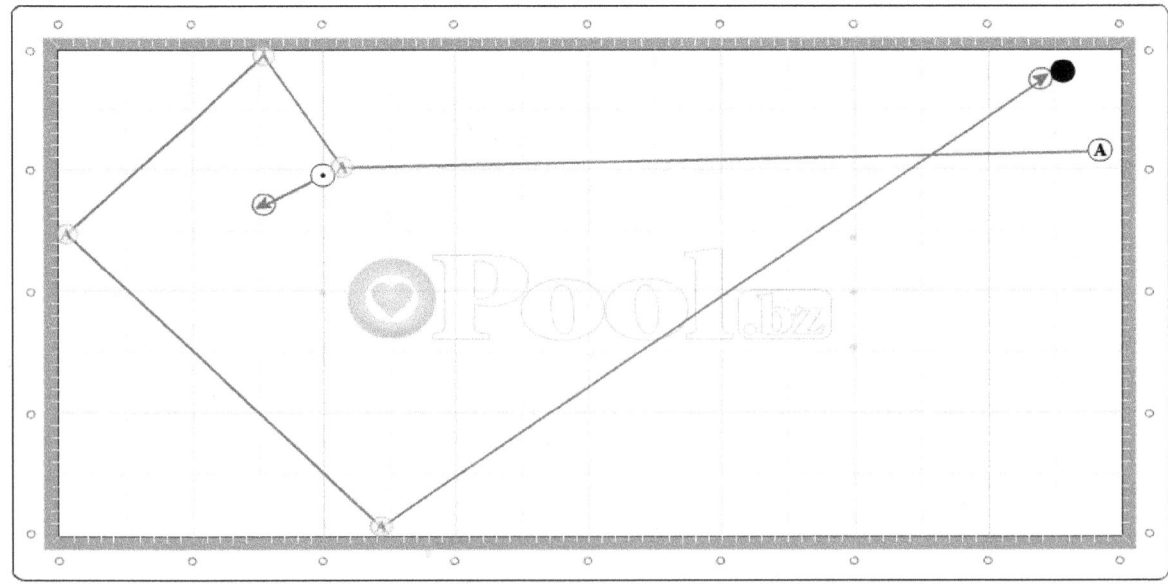

D:6c – Preparar

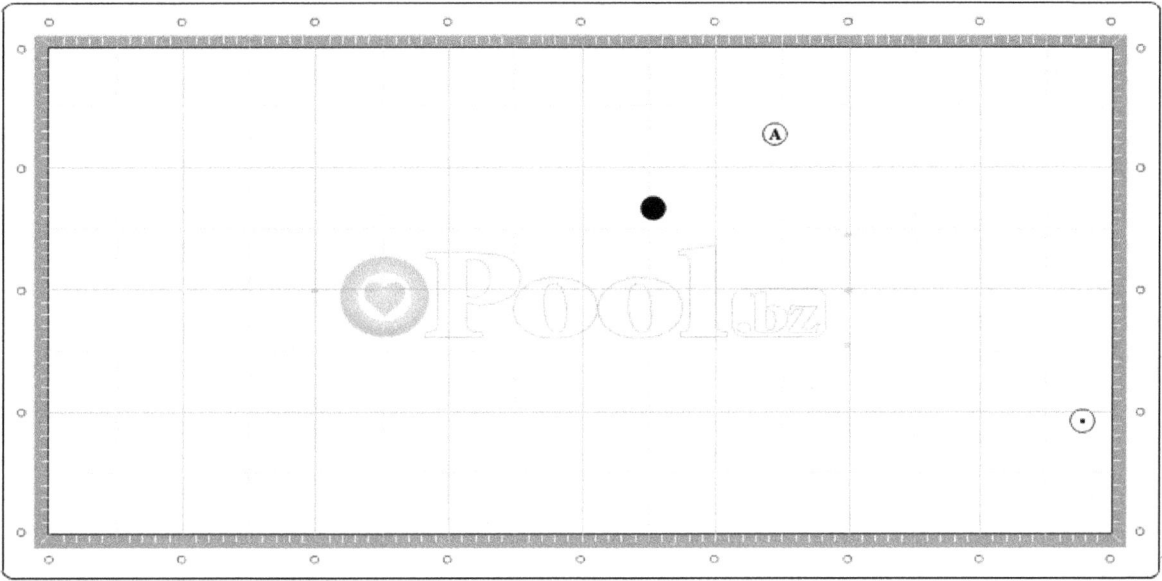

Notas e ideas:

Patrón de disparo

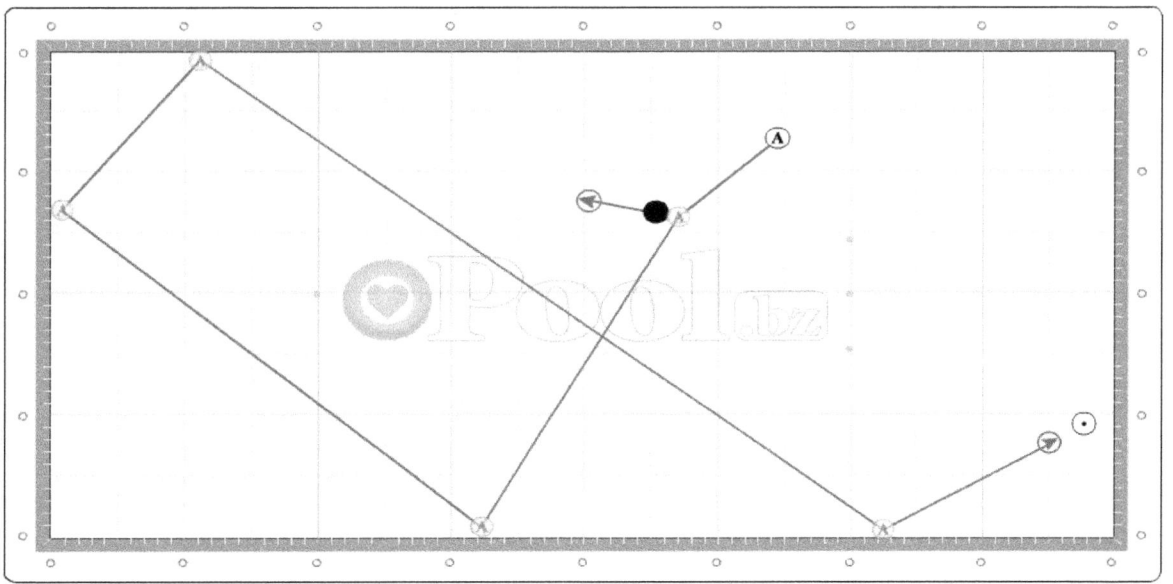

D:6d – Preparar

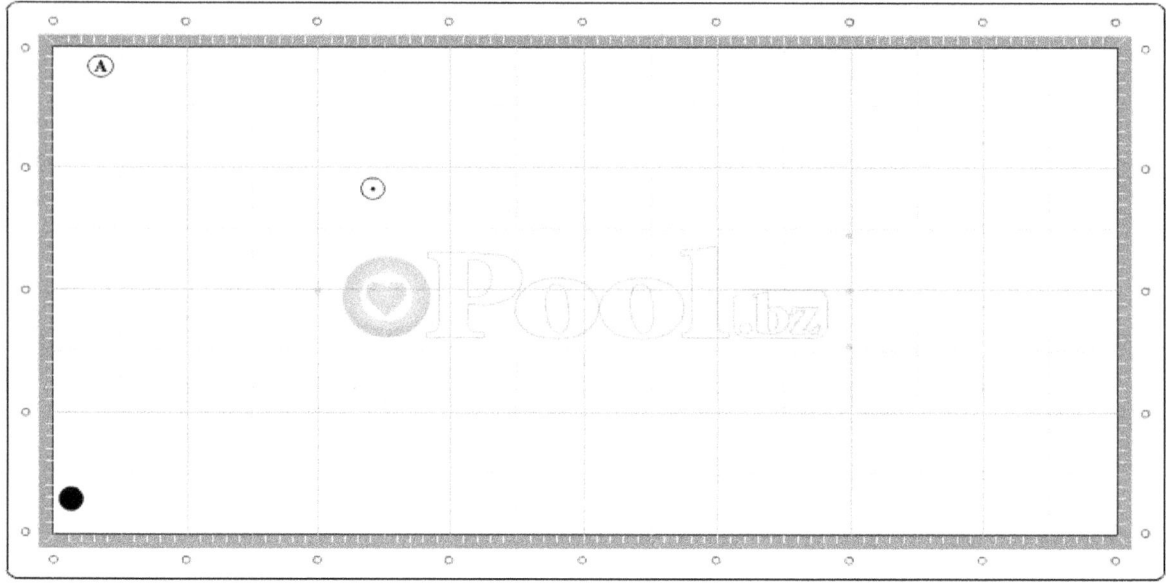

Notas e ideas:

Patrón de disparo

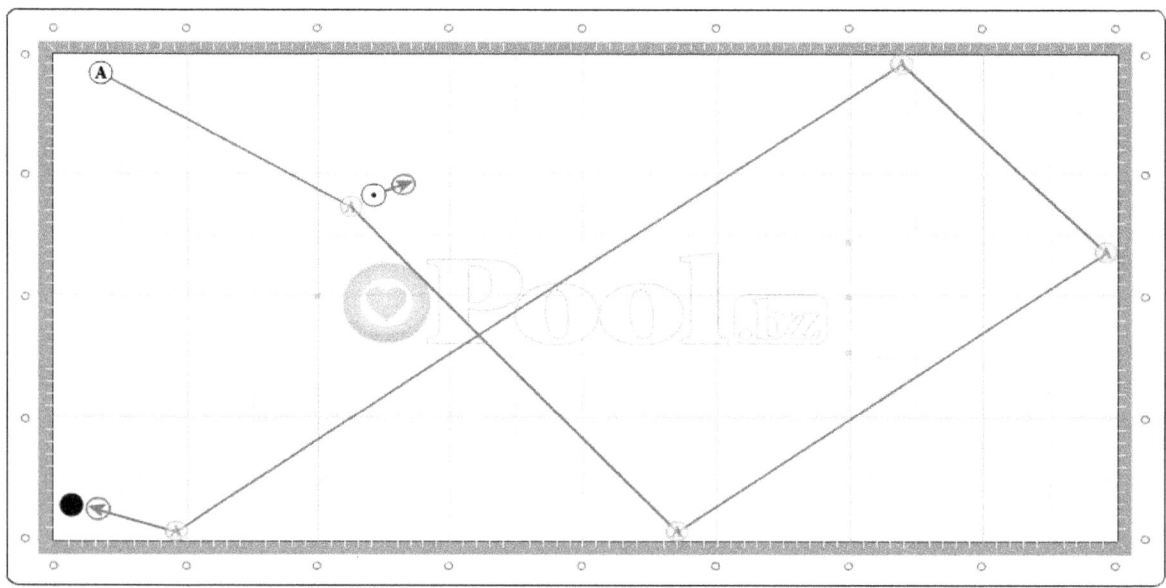

D: Grupo 7

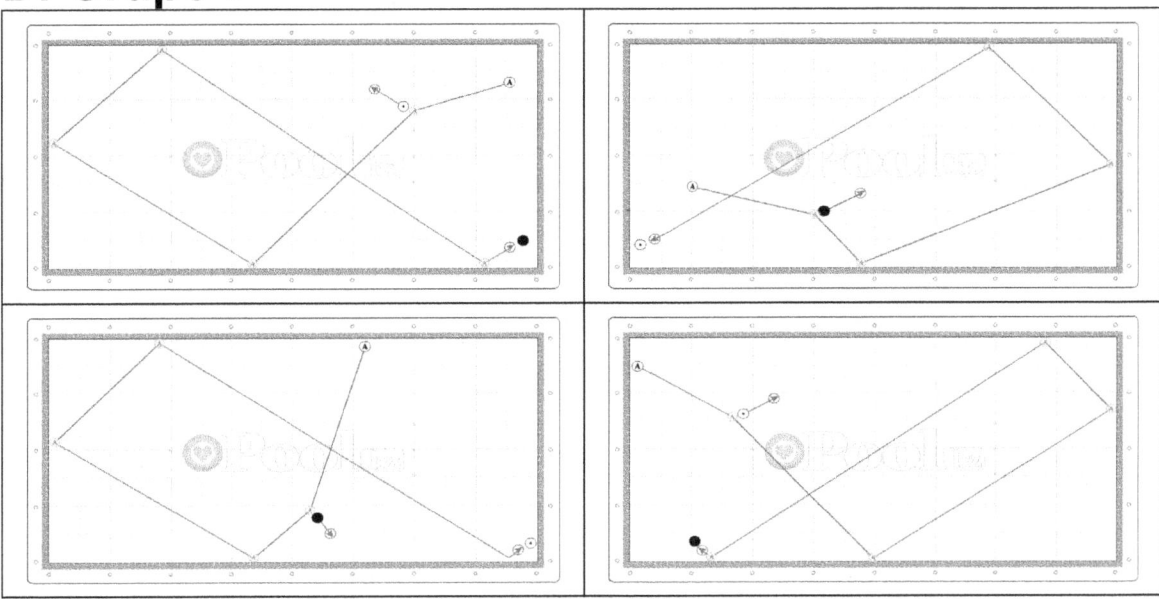

Análisis:

D:7a. _____

D:7b. _____

D:7c. _____

D:7d. _____

D:7a – Preparar

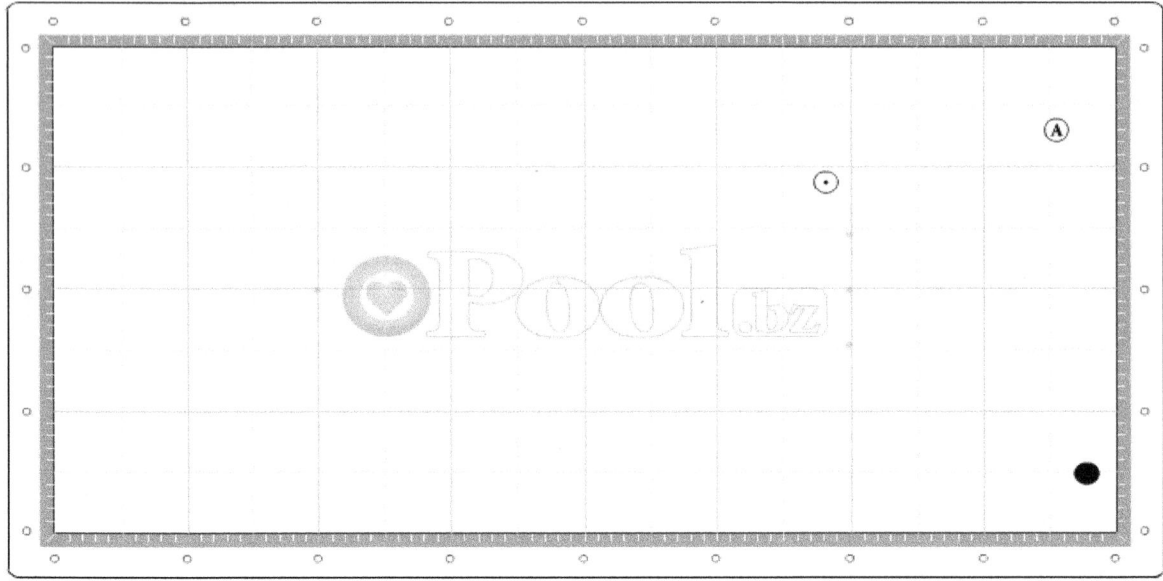

Notas e ideas:

Patrón de disparo

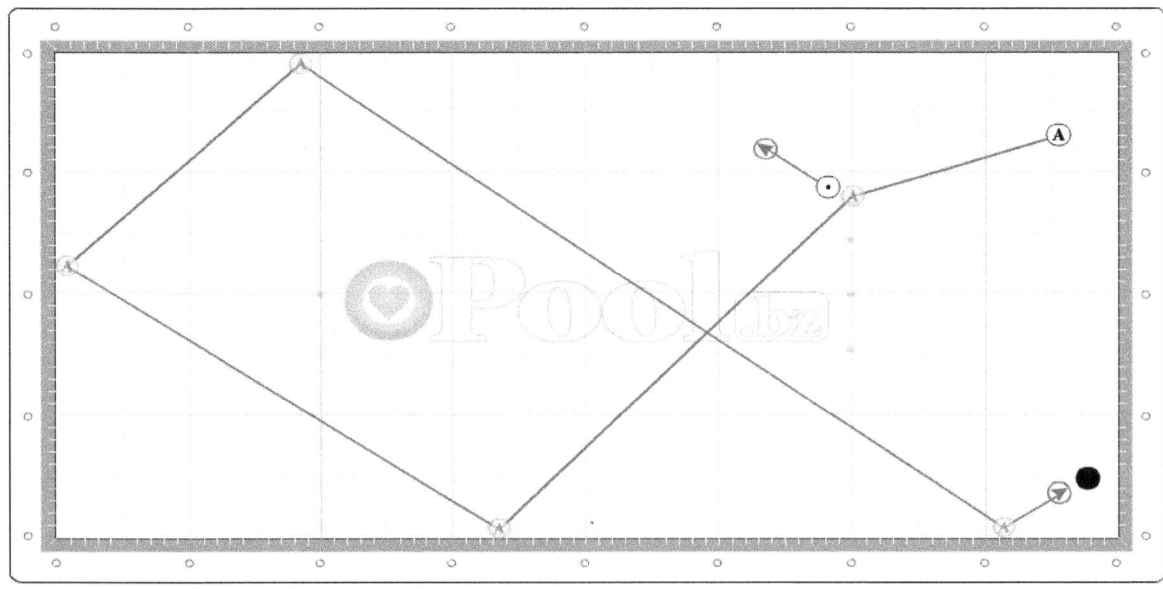

D:7b – Preparar

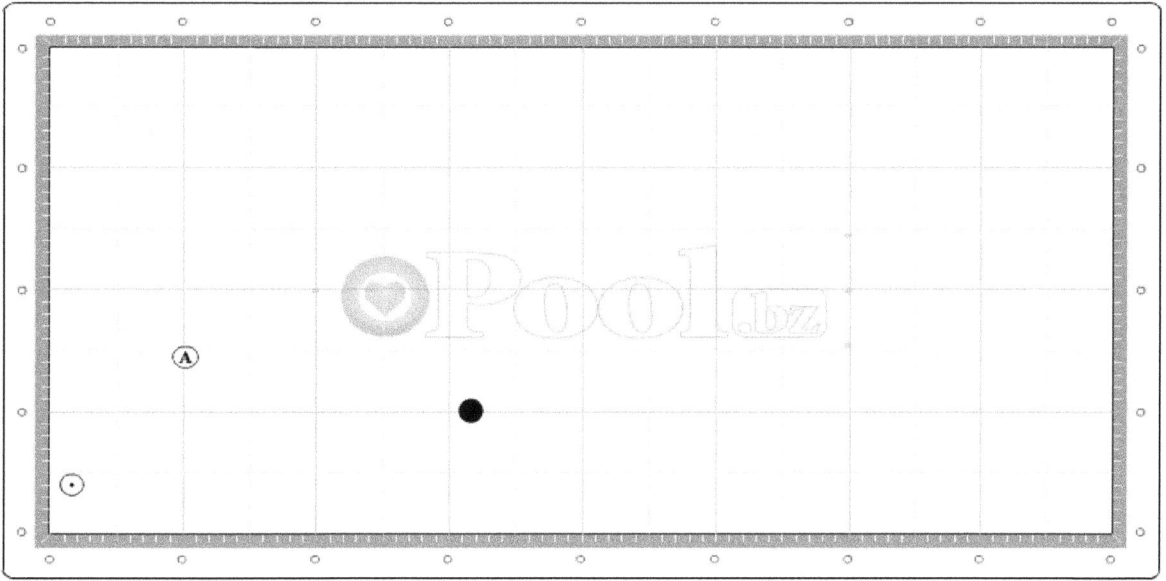

Notas e ideas:

Patrón de disparo

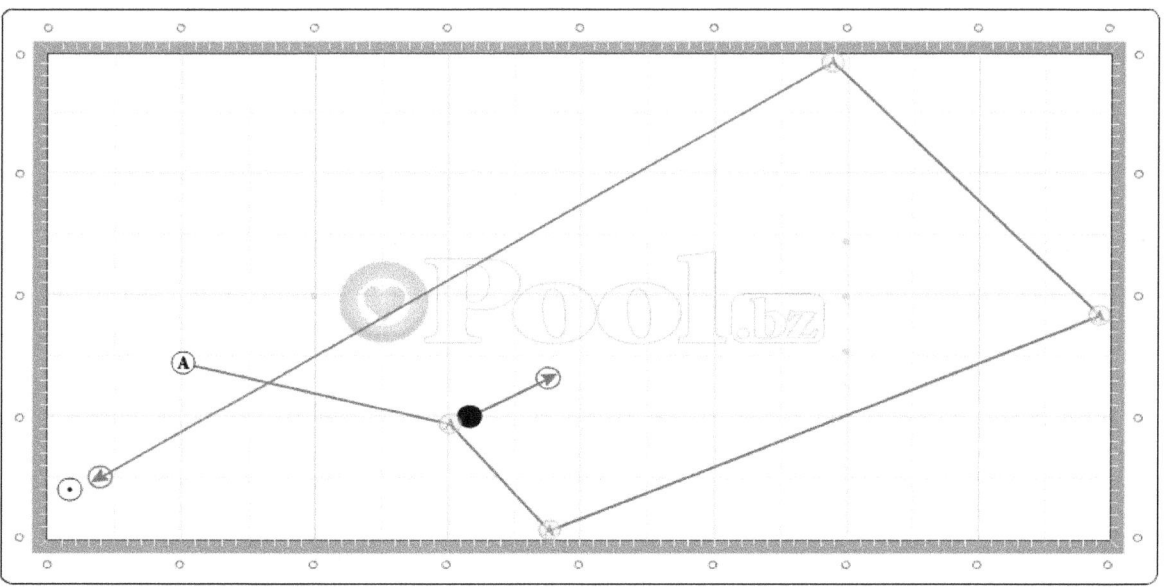

D:7c – Preparar

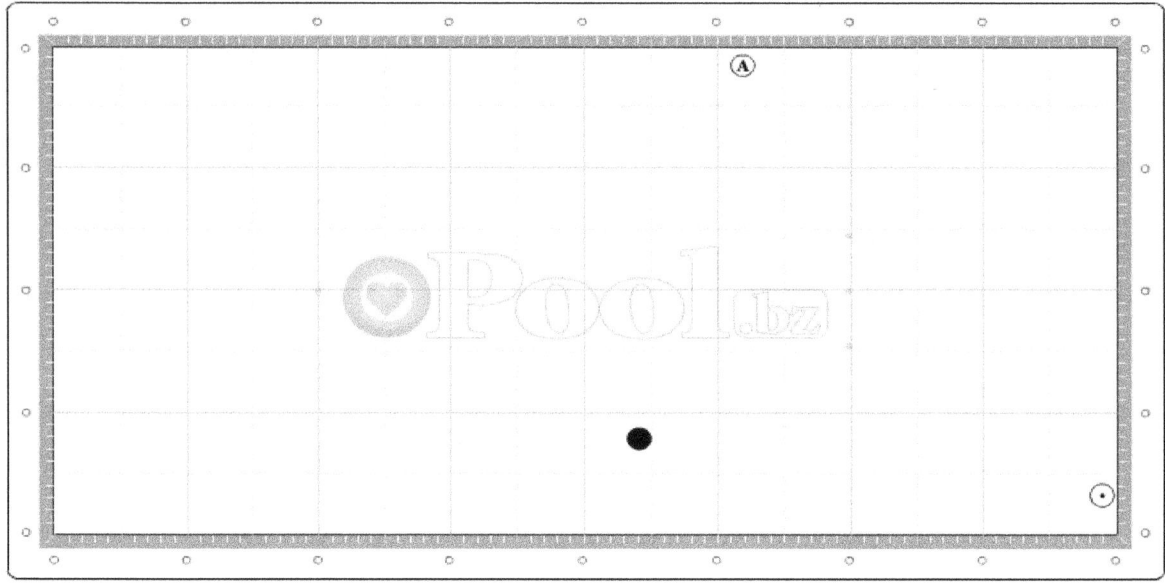

Notas e ideas:

Patrón de disparo

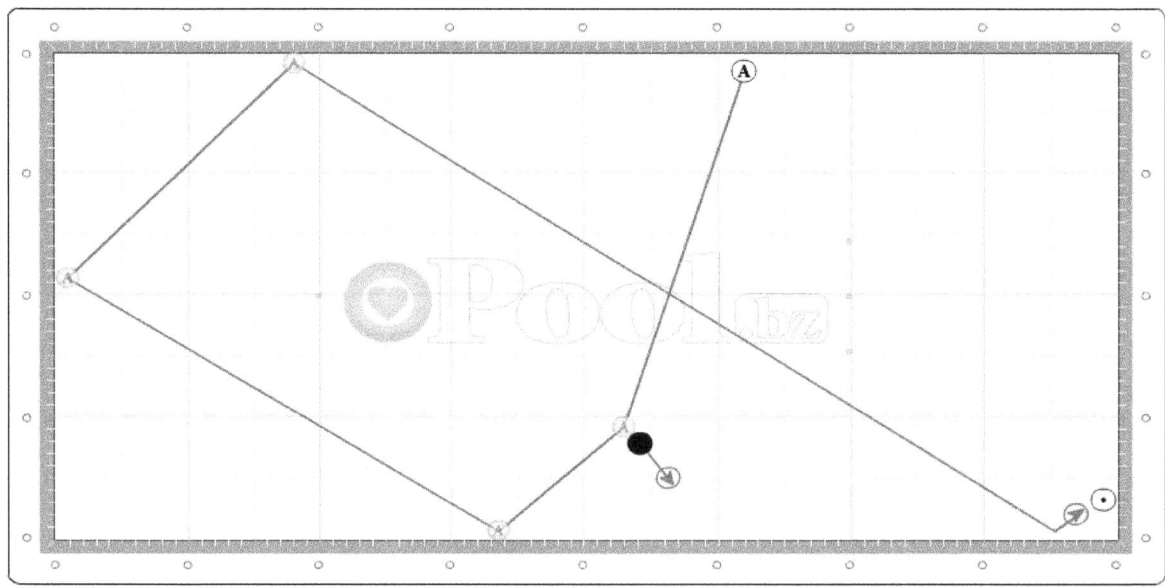

D:7d – Preparar

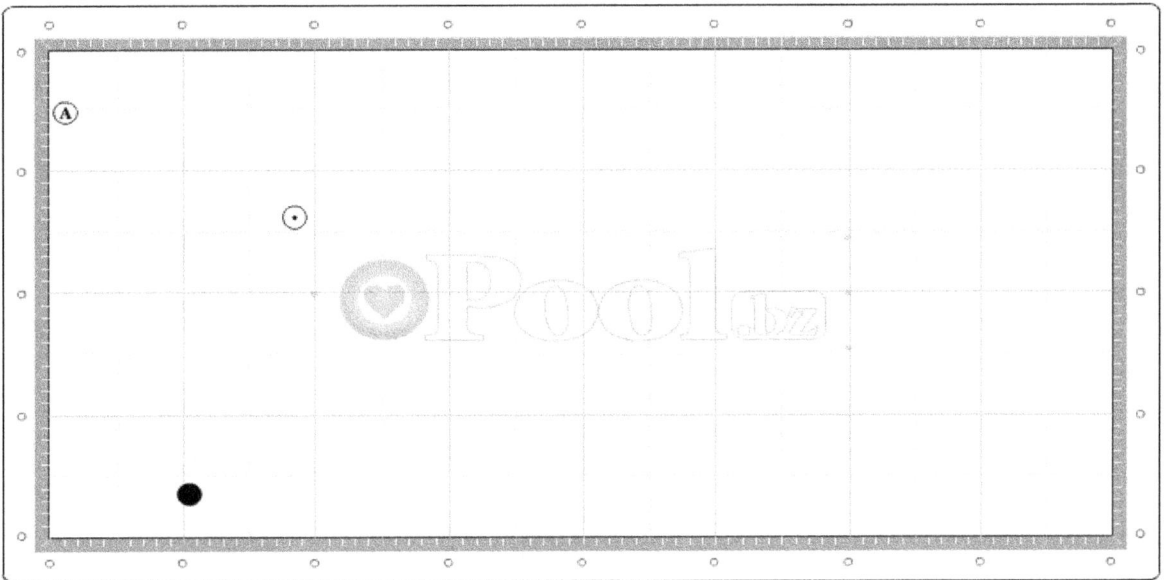

Notas e ideas:

Patrón de disparo

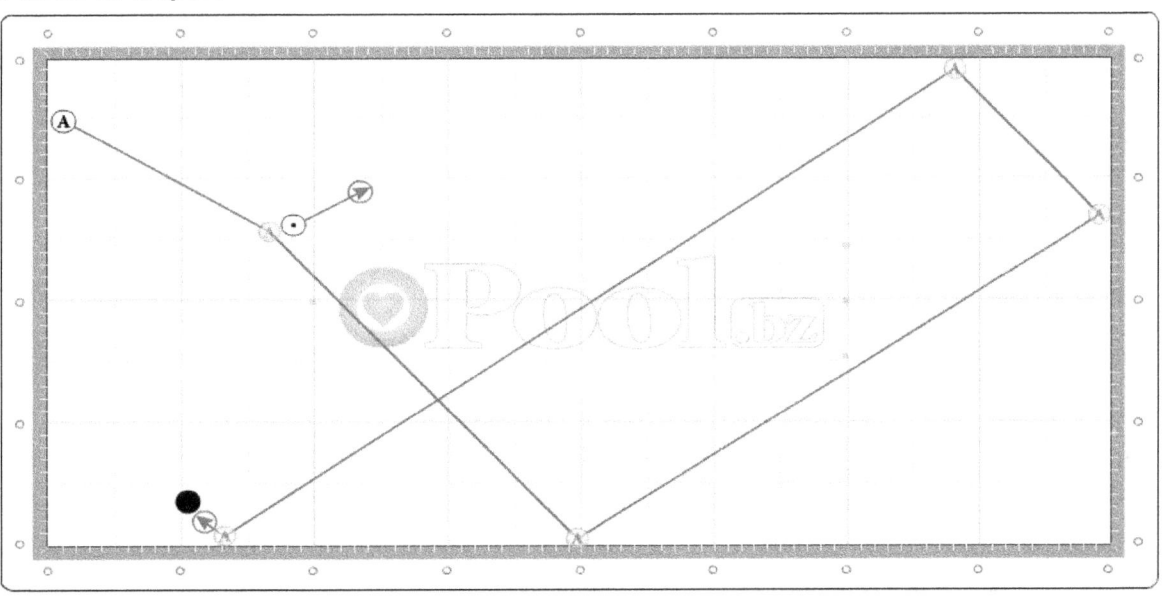

D: Grupo 8

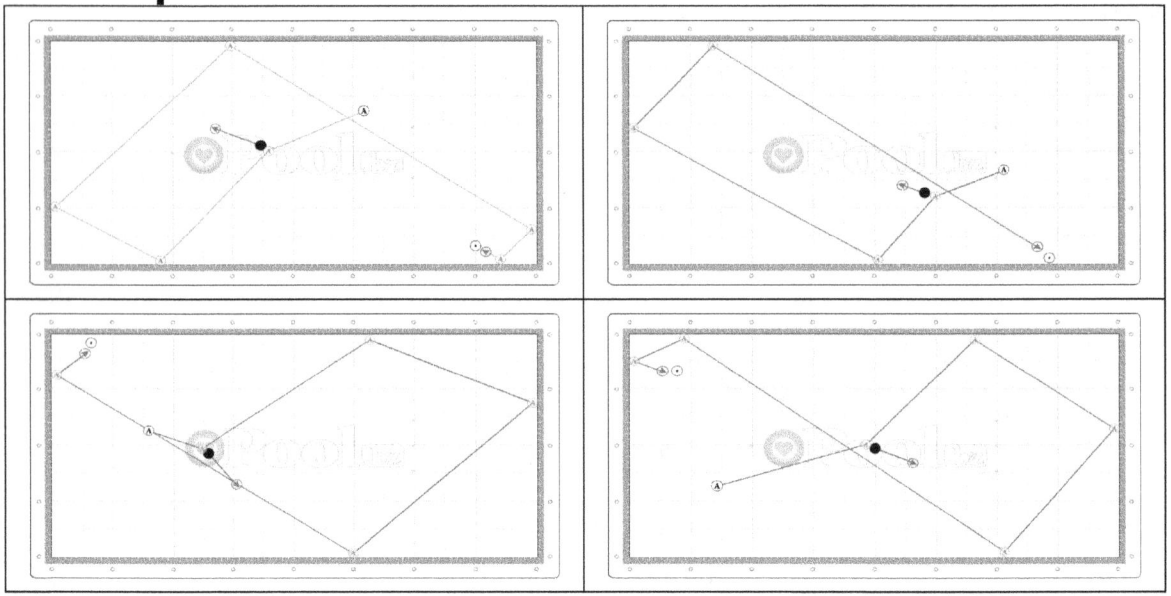

Análisis:

D:8a. _____

D:8b. _____

D:8c. _____

D:8d. _____

D:8a – Preparar

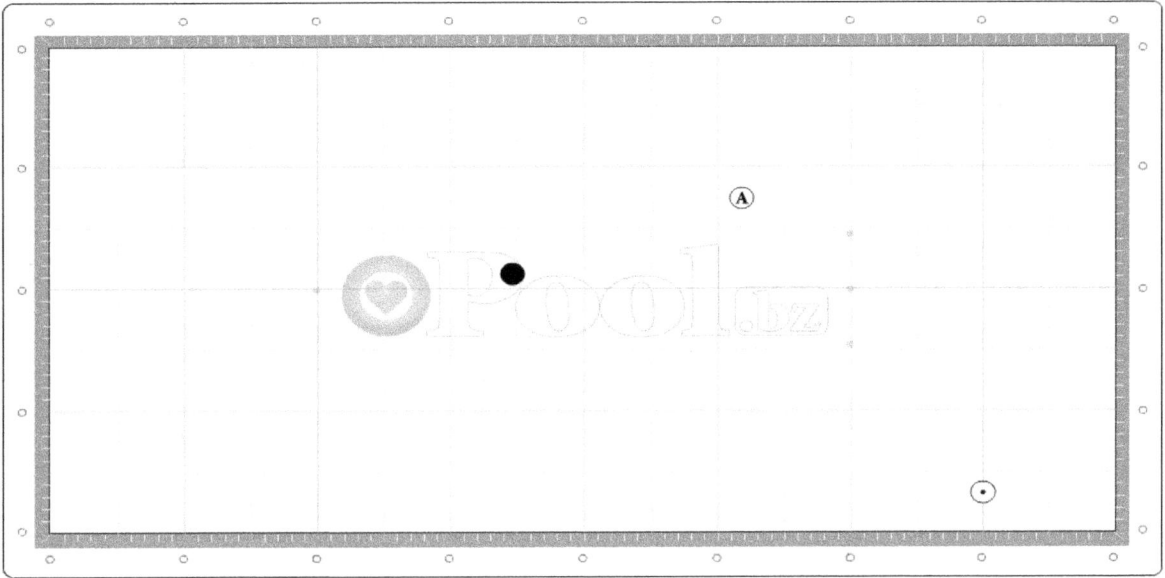

Notas e ideas:

Patrón de disparo

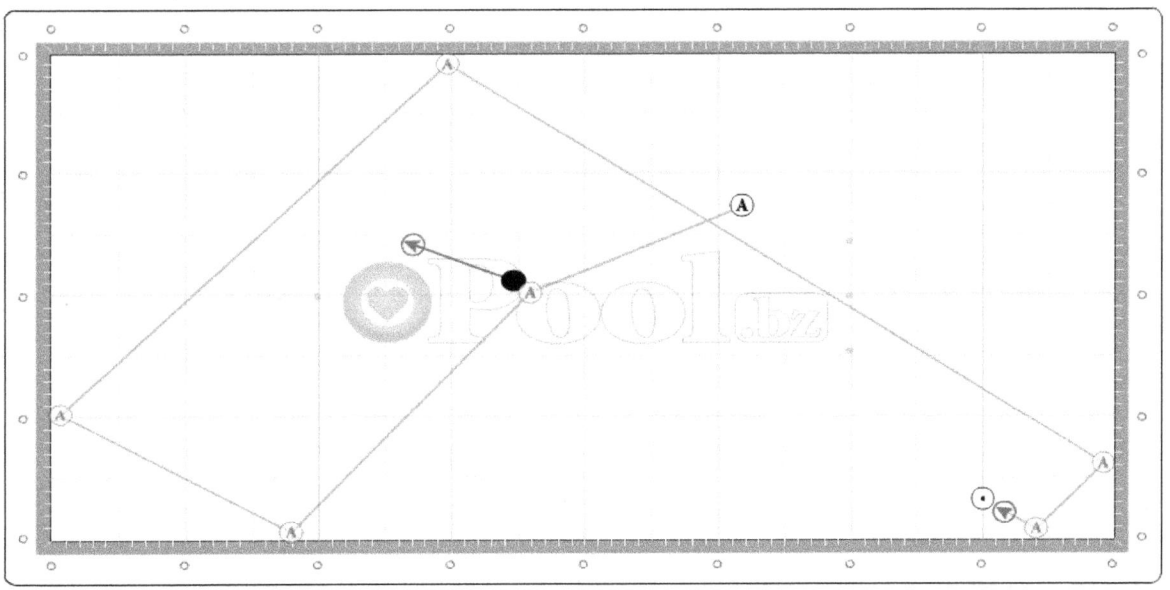

D:8b – Preparar

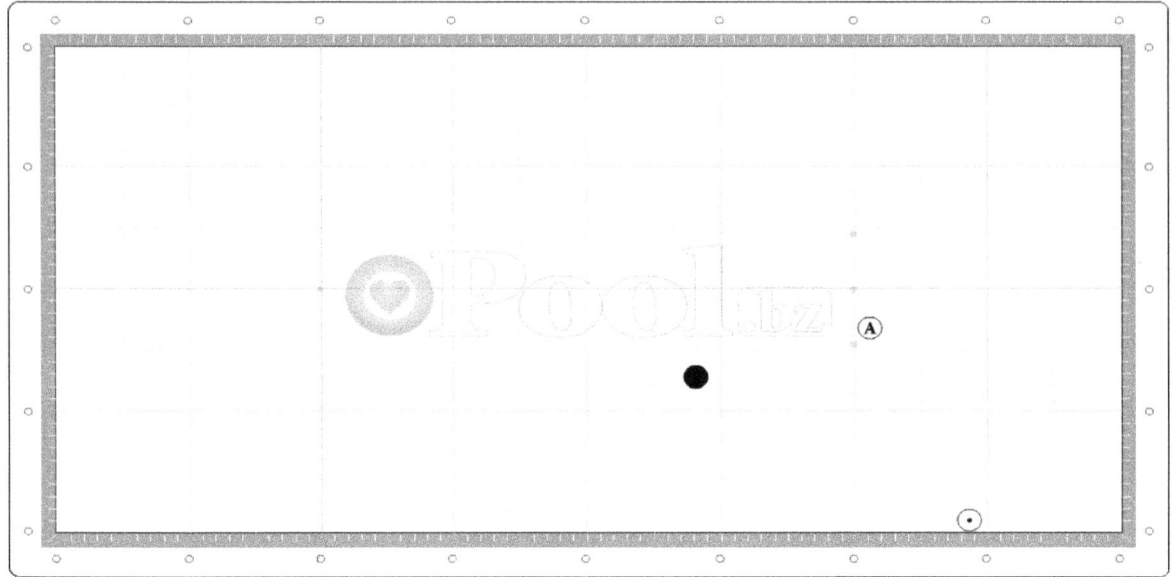

Notas e ideas:

Patrón de disparo

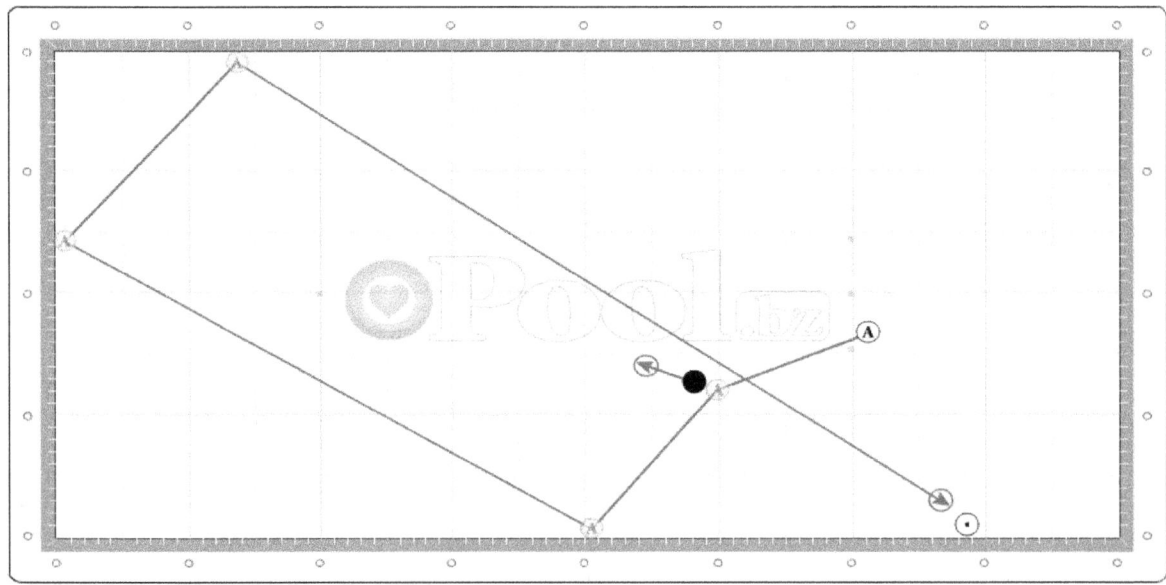

D:8c – Preparar

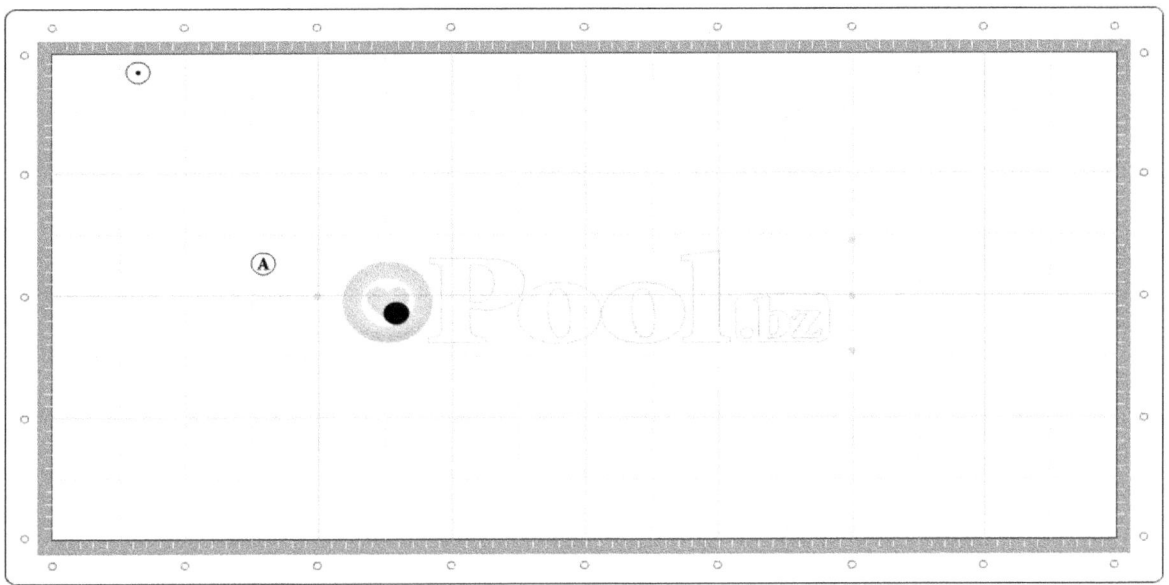

Notas e ideas:

Patrón de disparo

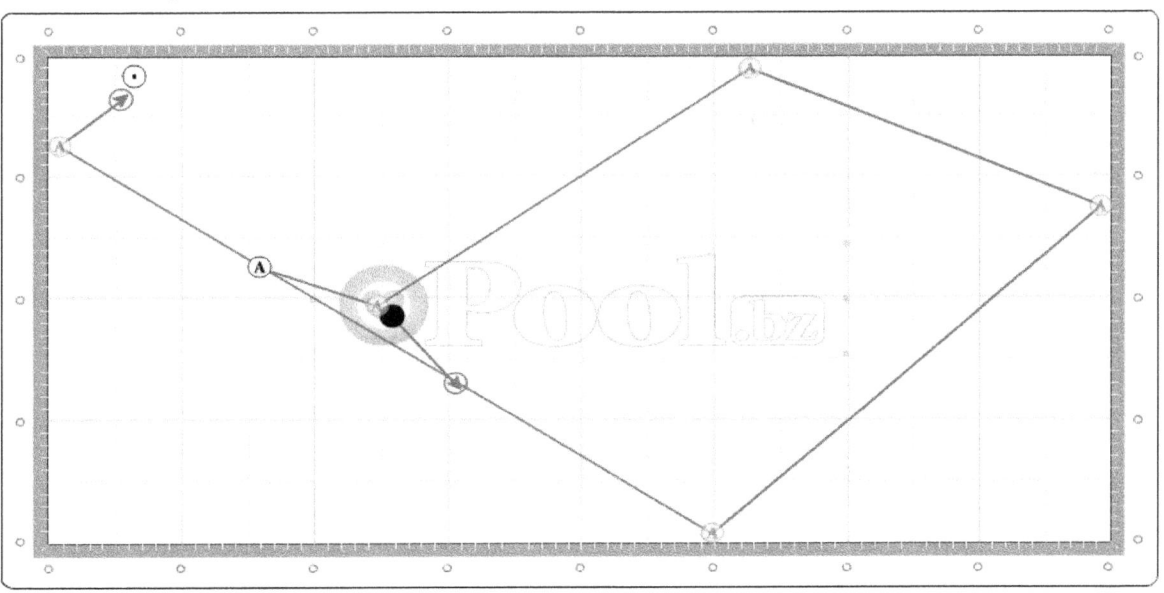

D:8d – Preparar

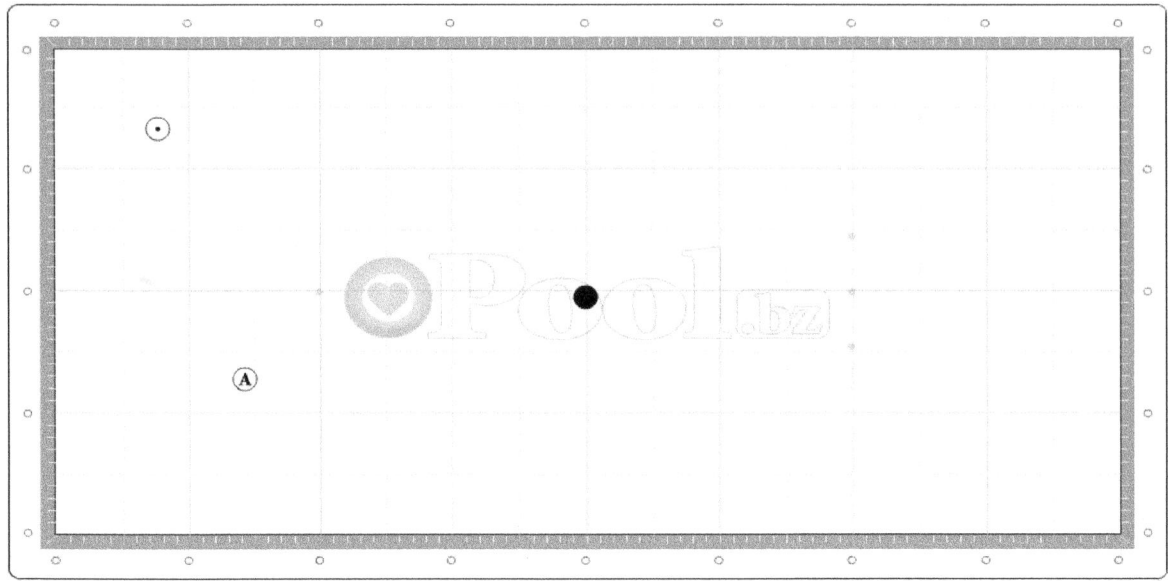

Notas e ideas:

Patrón de disparo

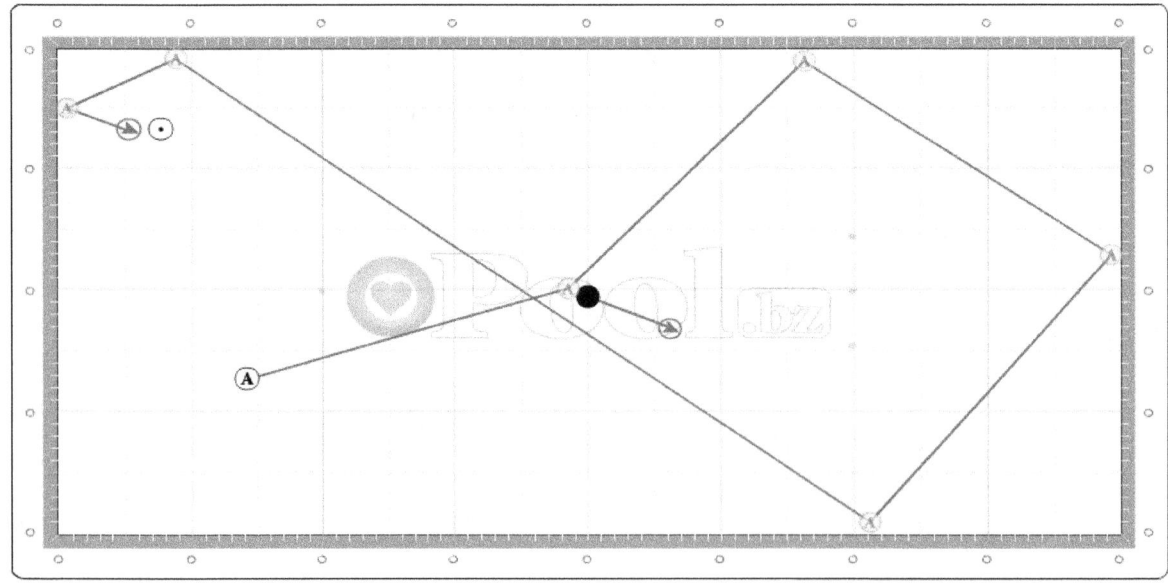

D: Grupo 9

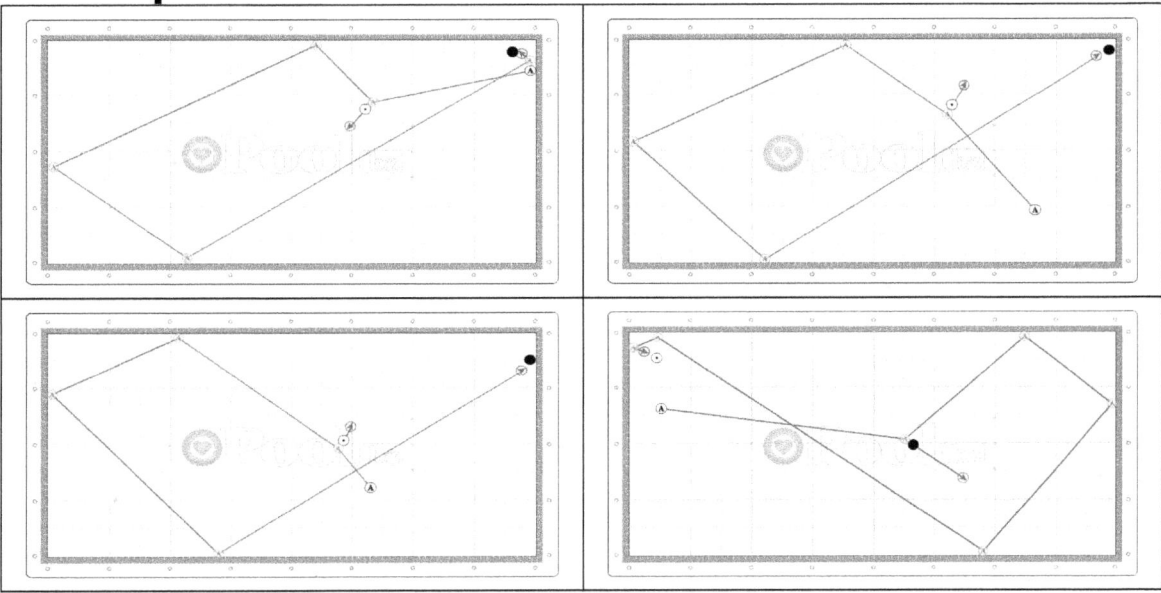

Análisis:

D:9a. _____

D:9b. _____

D:9c. _____

D:9d. _____

D:9a – Preparar

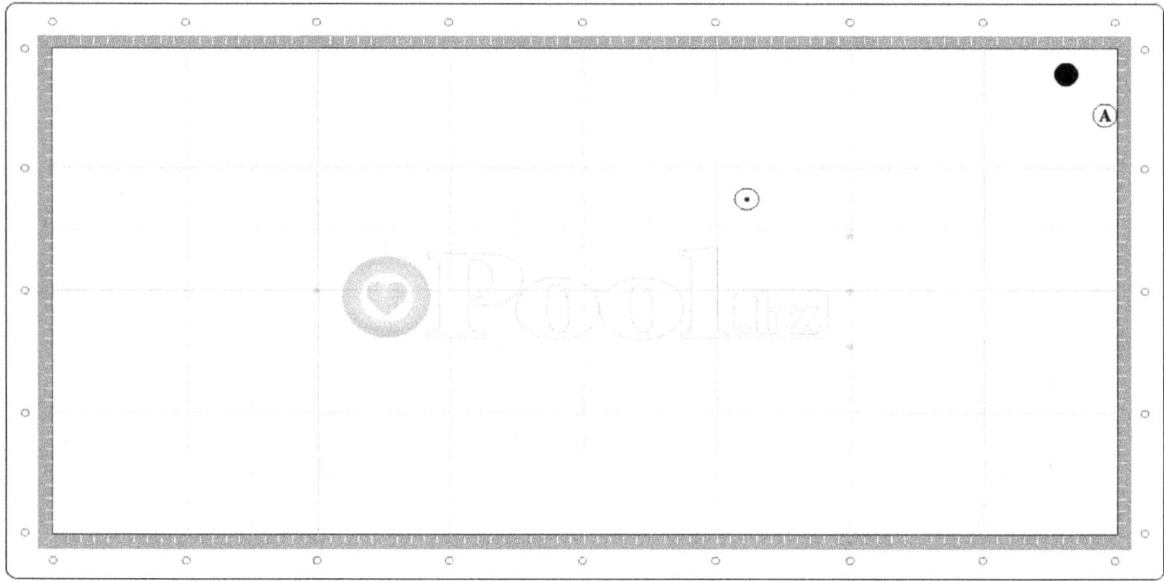

Notas e ideas:

Patrón de disparo

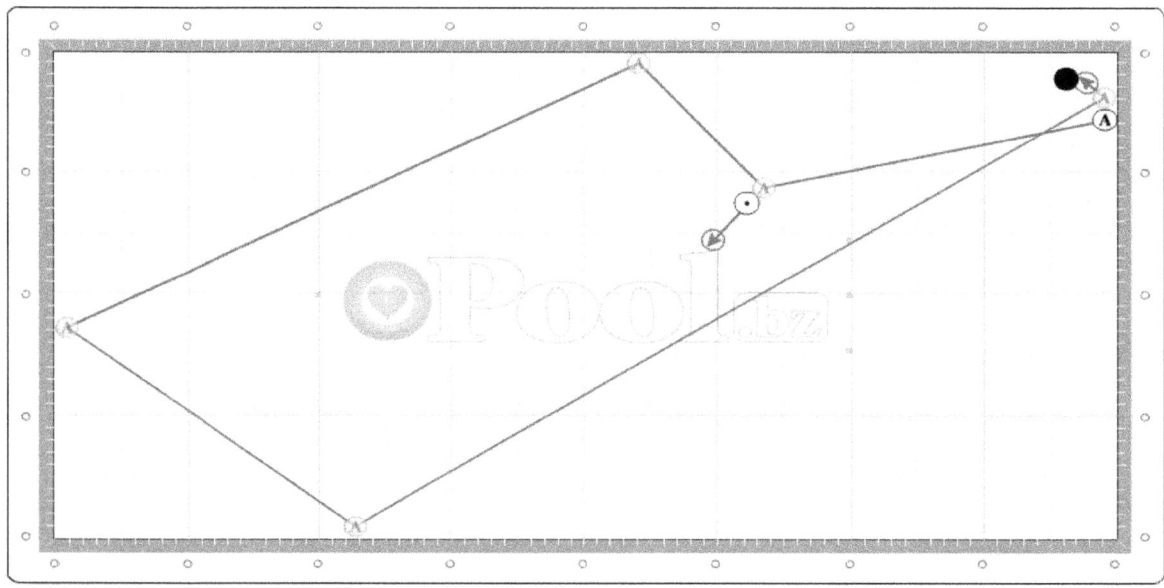

D:9b – Preparar

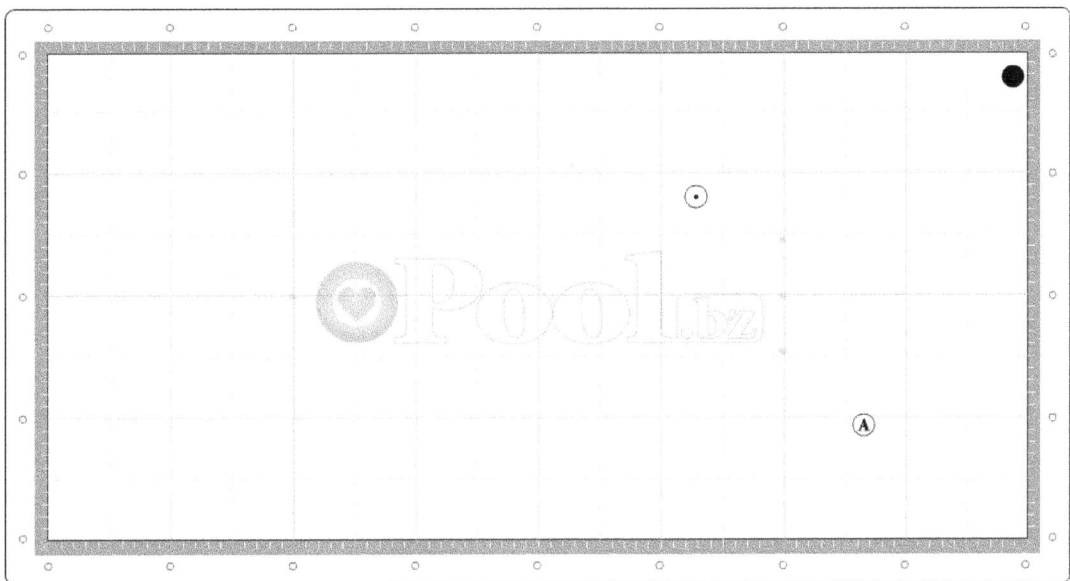

Notas e ideas:

Patrón de disparo

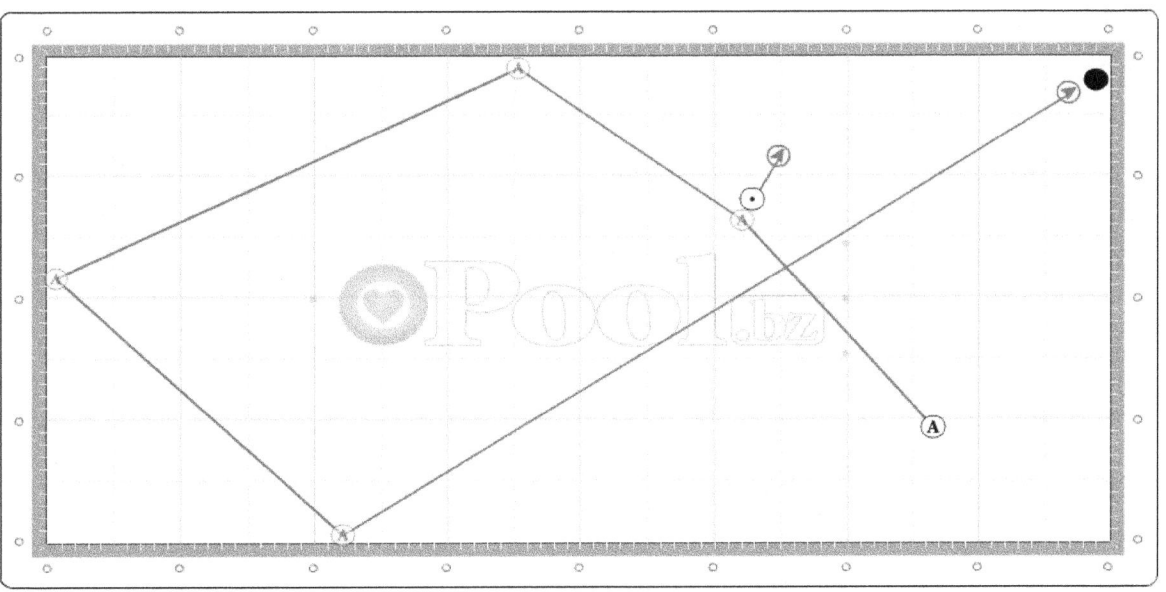

D:9c – Preparar

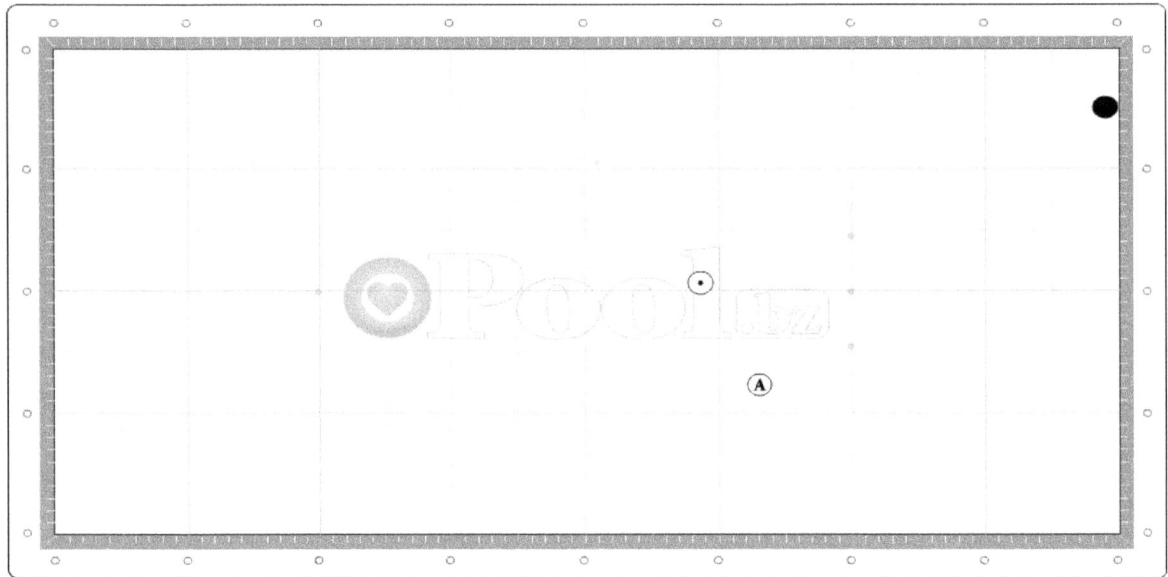

Notas e ideas:

Patrón de disparo

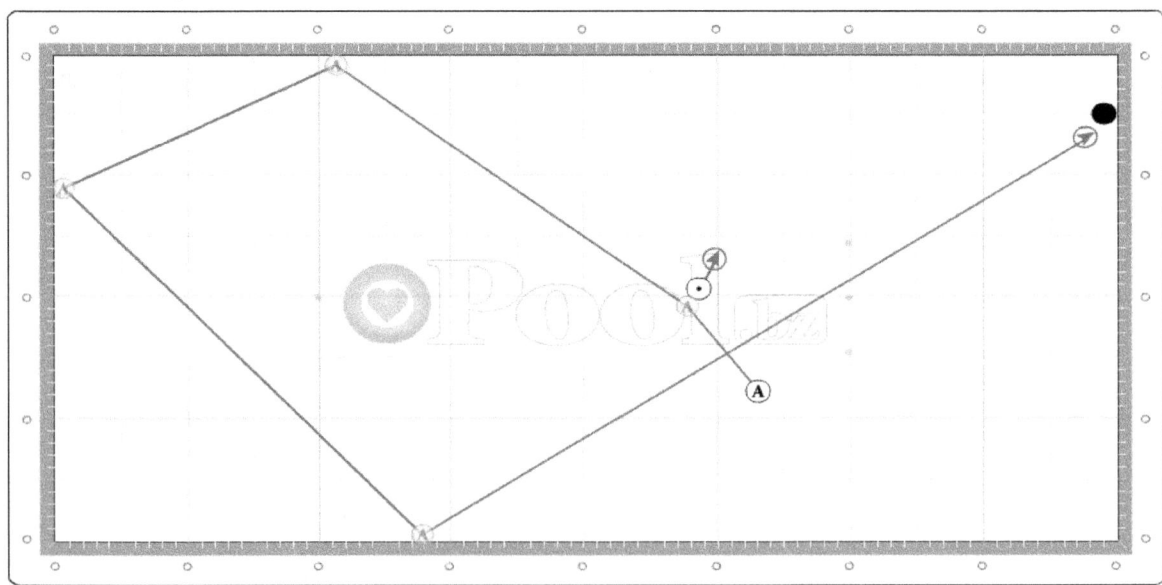

D:9d – Preparar

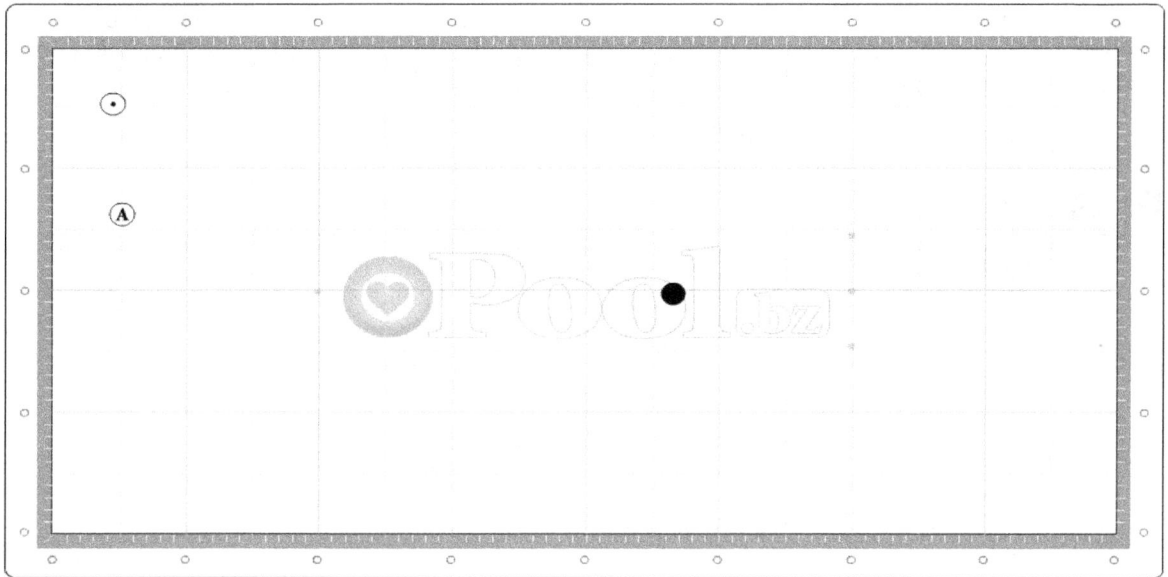

Notas e ideas:

Patrón de disparo

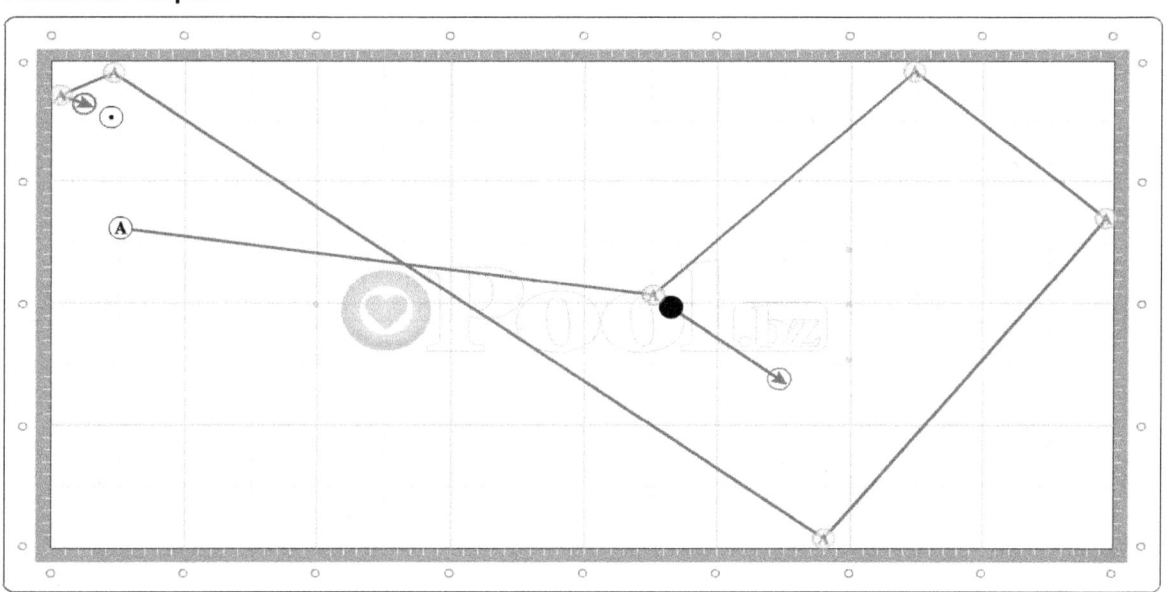

E: Sigue en la esquina

El (CB) sale del primer (OB) y pasa a los tres bandos siguientes, siguiendo el patrón estándar alrededor del mundo. Debido a que el otro (OB) está en el camino del (CB) hacia la esquina de la casa, el (CB) puede golpear al otro (OB) para obtener una puntuación.

Ⓐ (CB) (su bola de billar) - ⊙ (OB) (bola de billar oponente) - ● (OB) (bola de billar roja)

E: Grupo 1

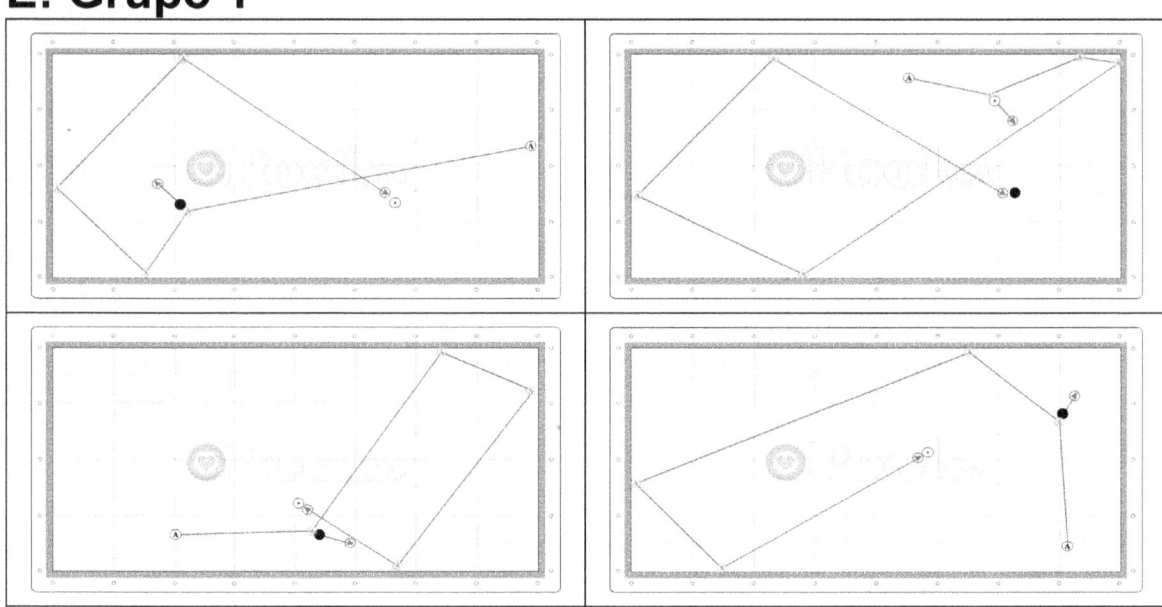

Análisis:

E:1a. _____

E:1b. _____

E:1c. _____

E:1d. _____

E:1a – Preparar

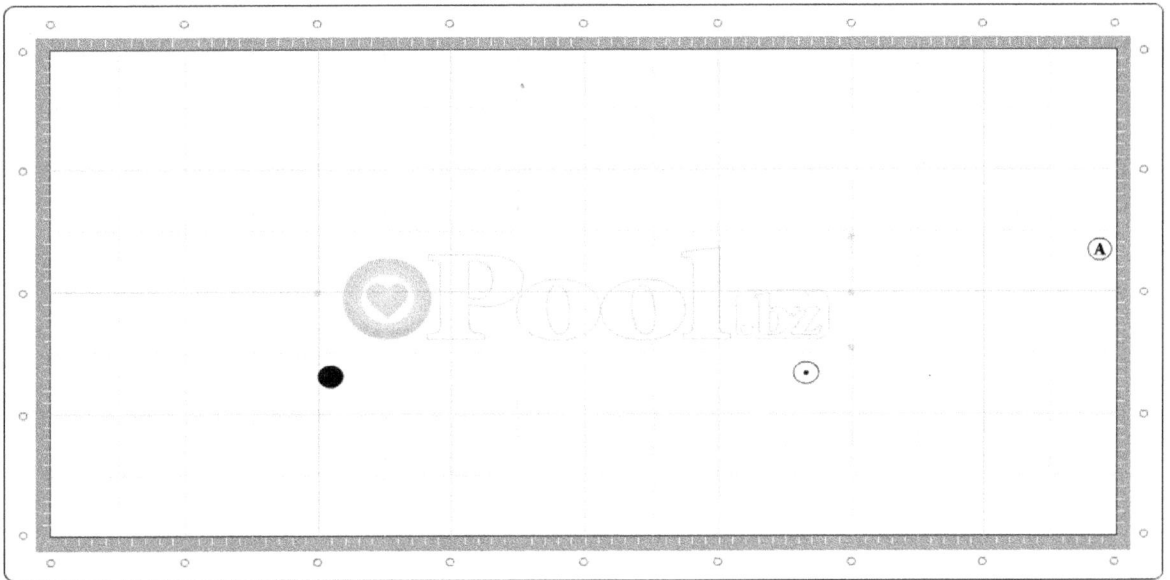

Notas e ideas:

Patrón de disparo

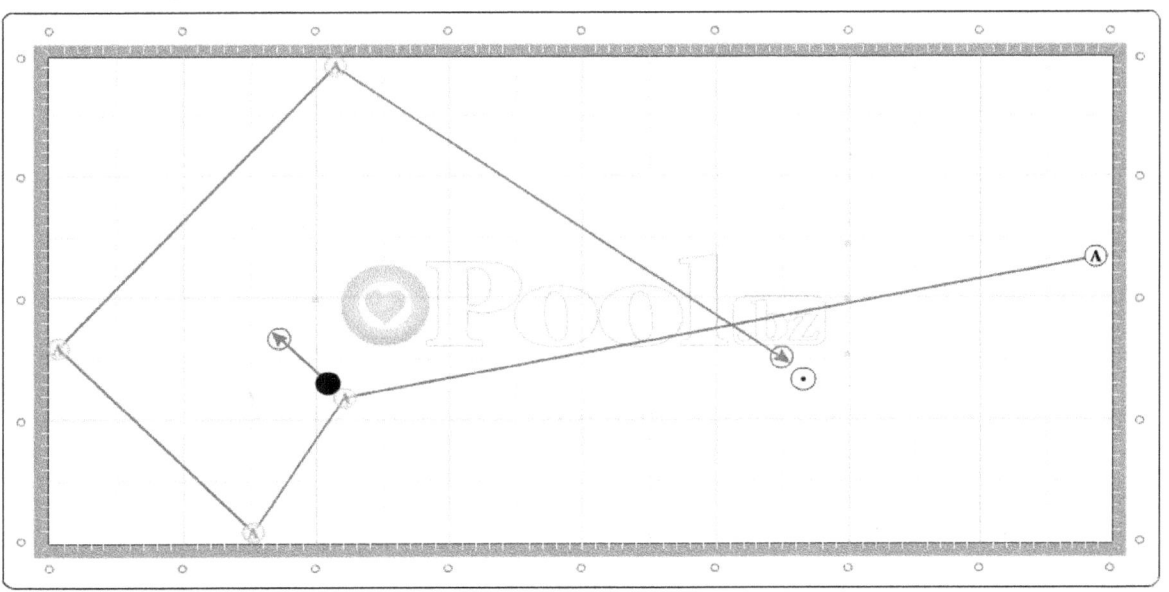

E:1b – Preparar

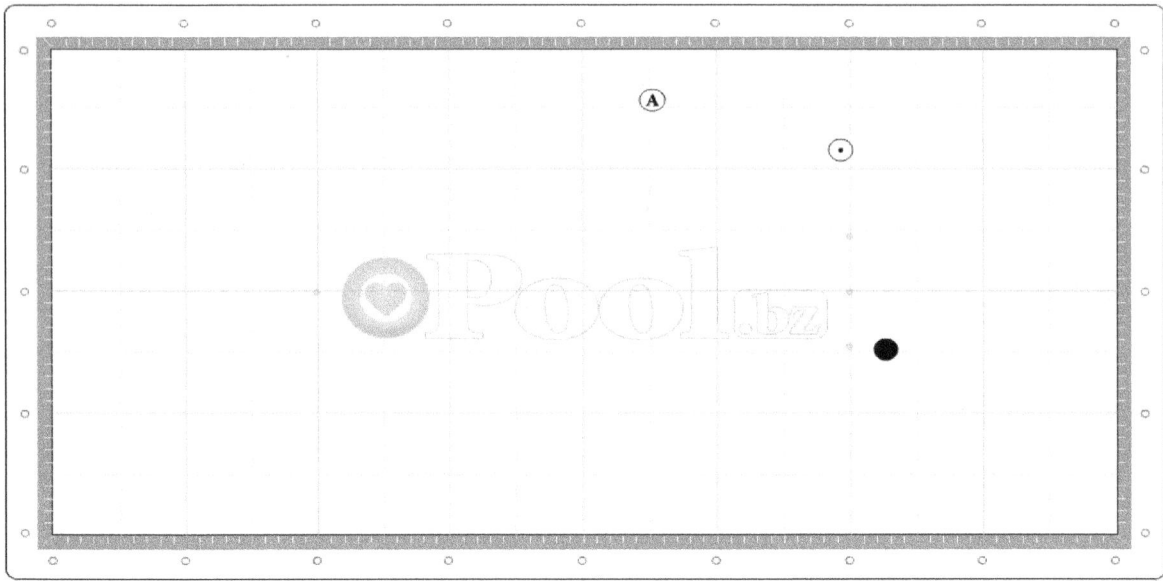

Notas e ideas:

Patrón de disparo

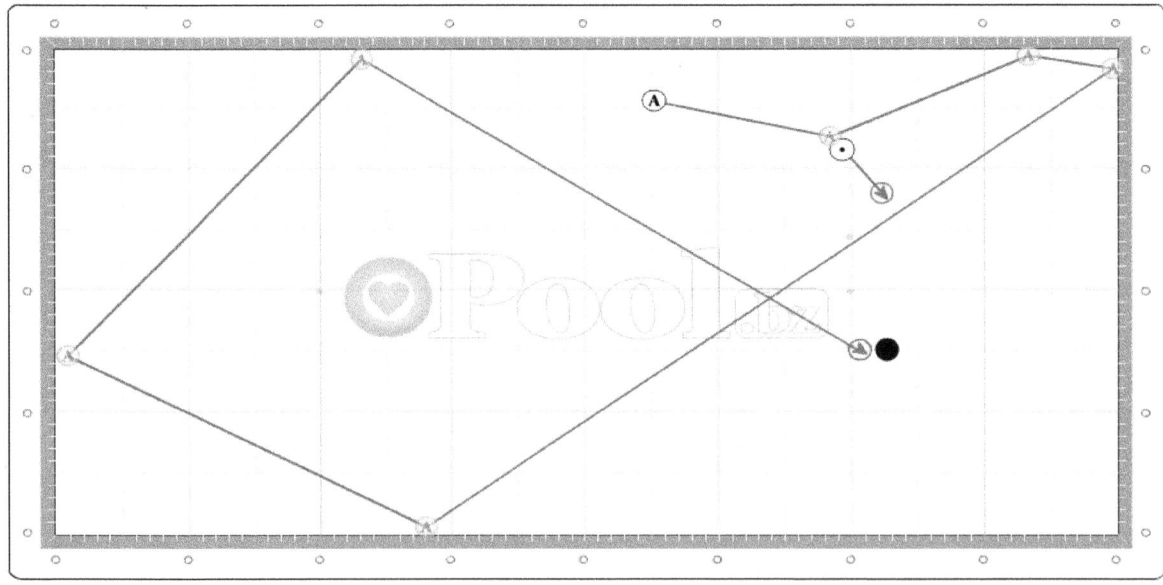

E:1c – **Preparar**

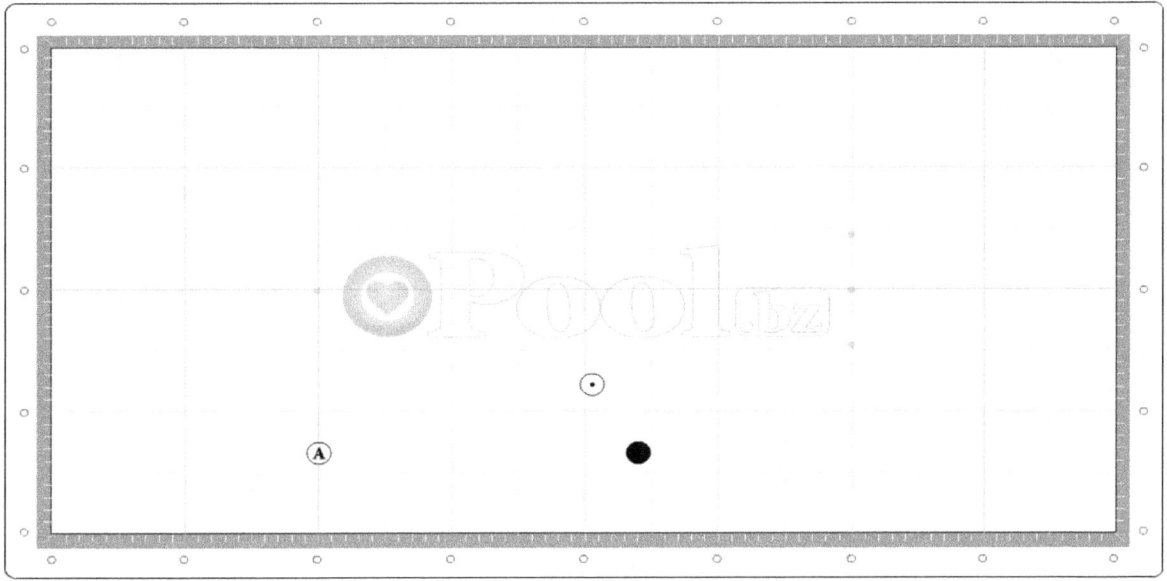

Notas e ideas:

Patrón de disparo

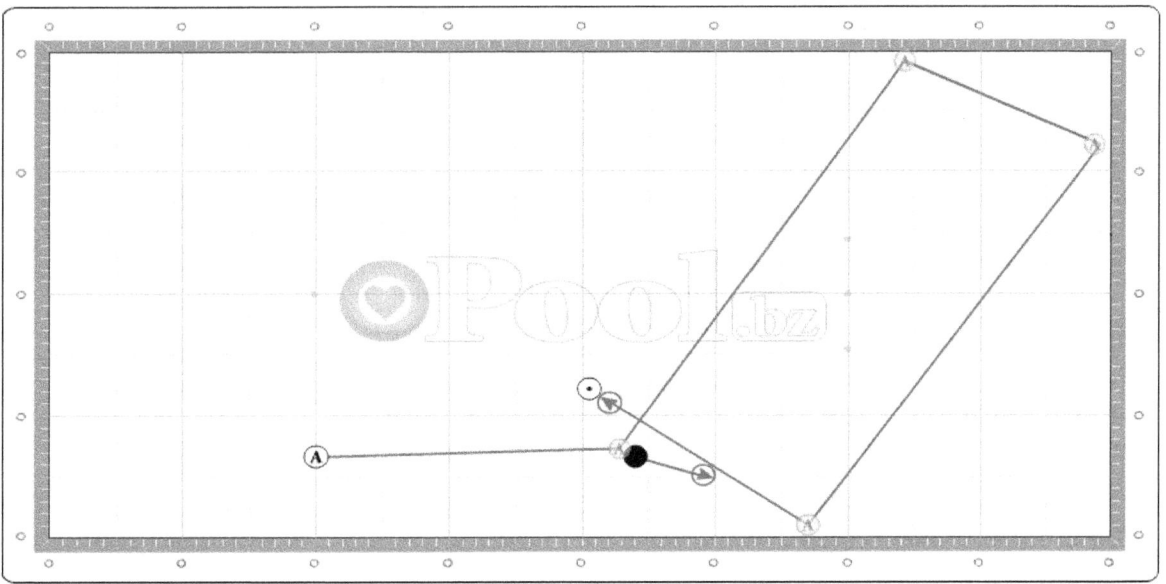

E:1d – Preparar

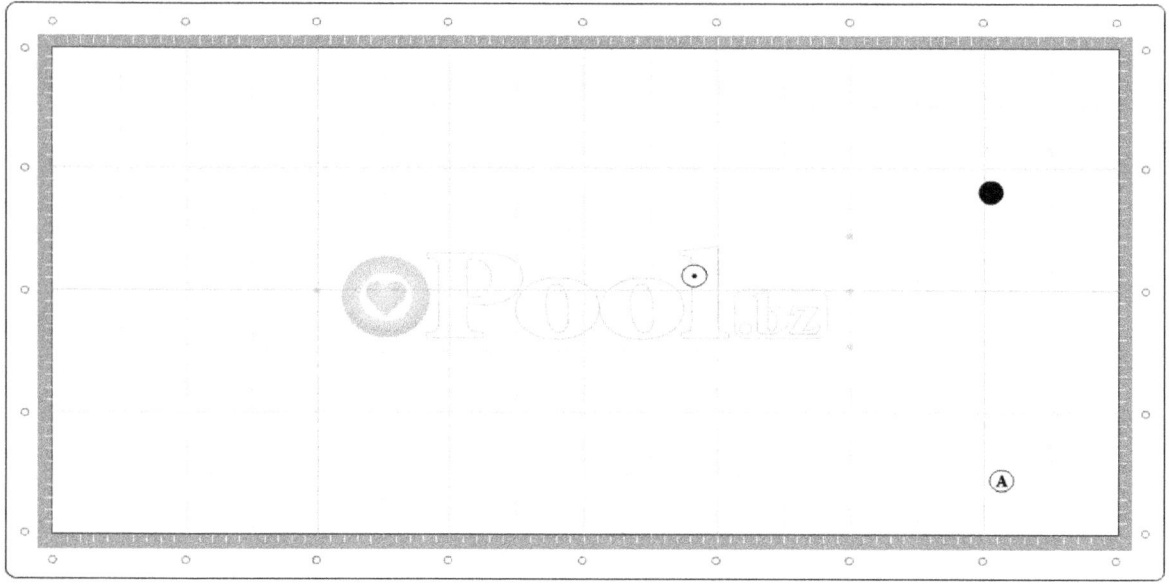

Notas e ideas:

Patrón de disparo

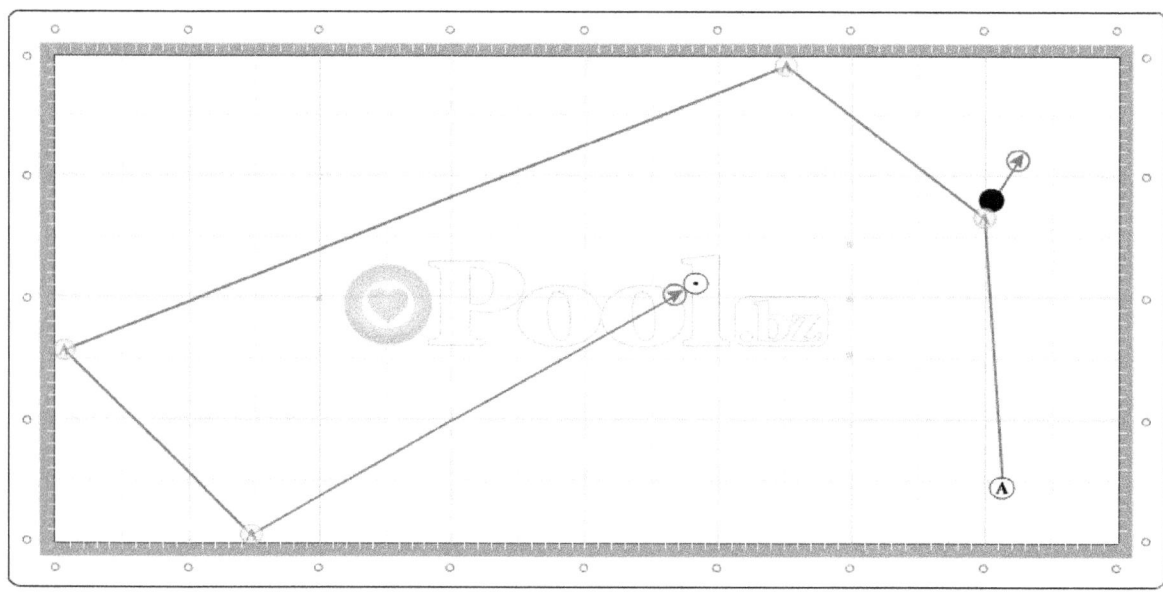

E: Grupo 2

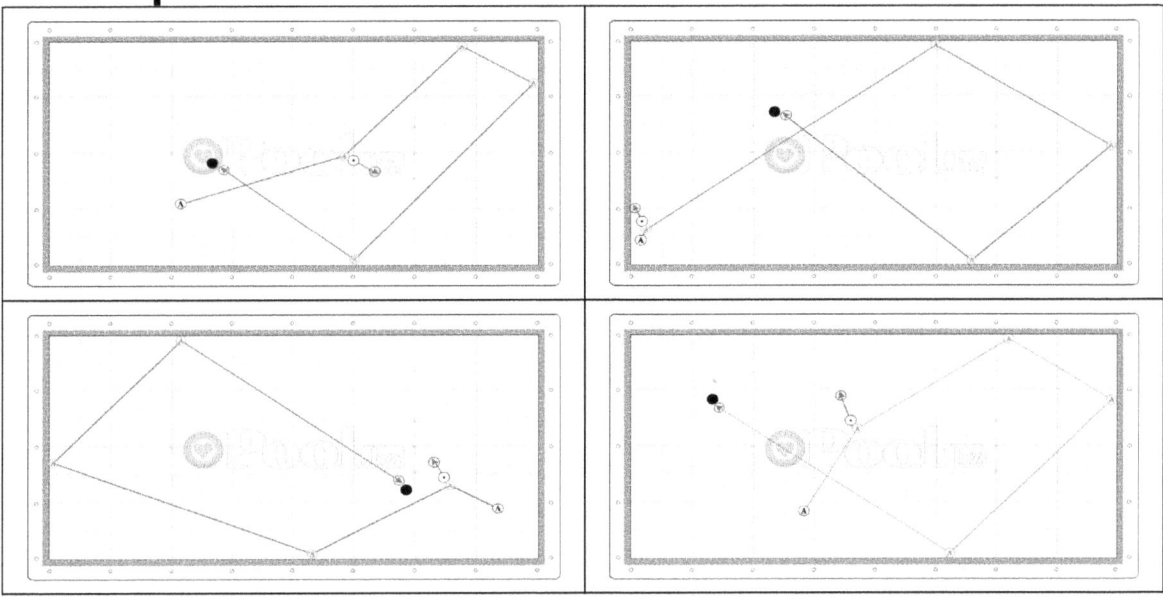

Análisis:

E:2a. _____

E:2b. _____

E:2c. _____

E:2d. _____

E:2a – Preparar

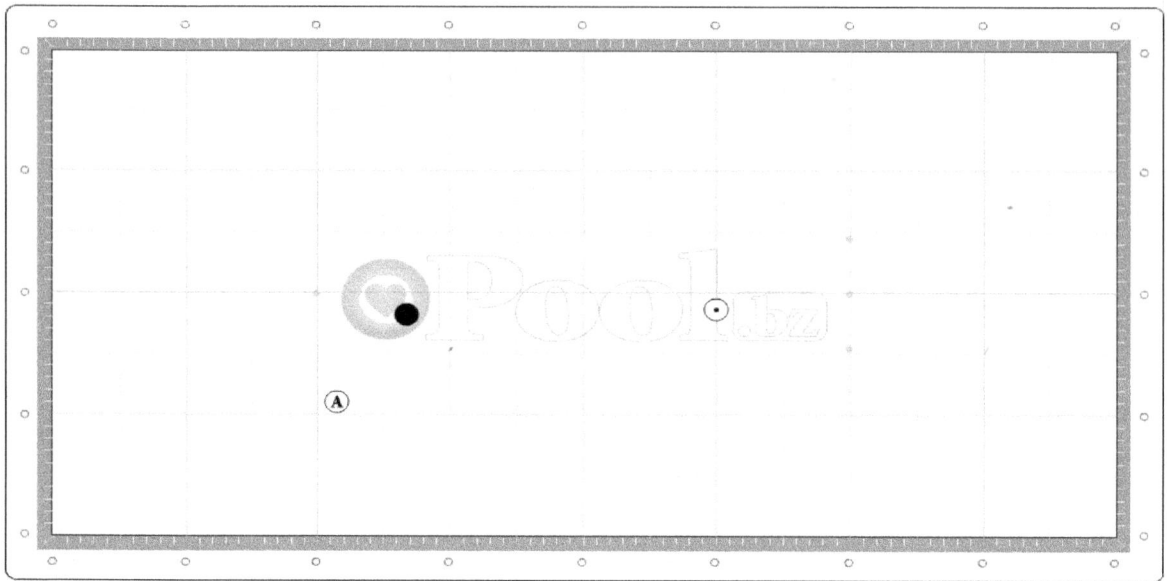

Notas e ideas:

Patrón de disparo

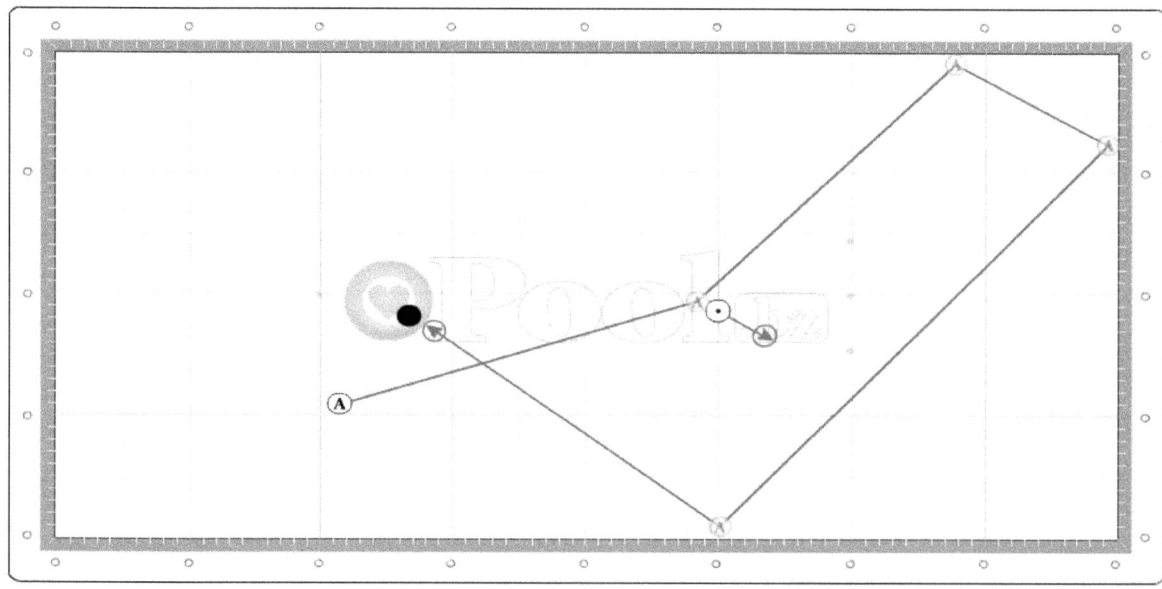

E:2b – Preparar

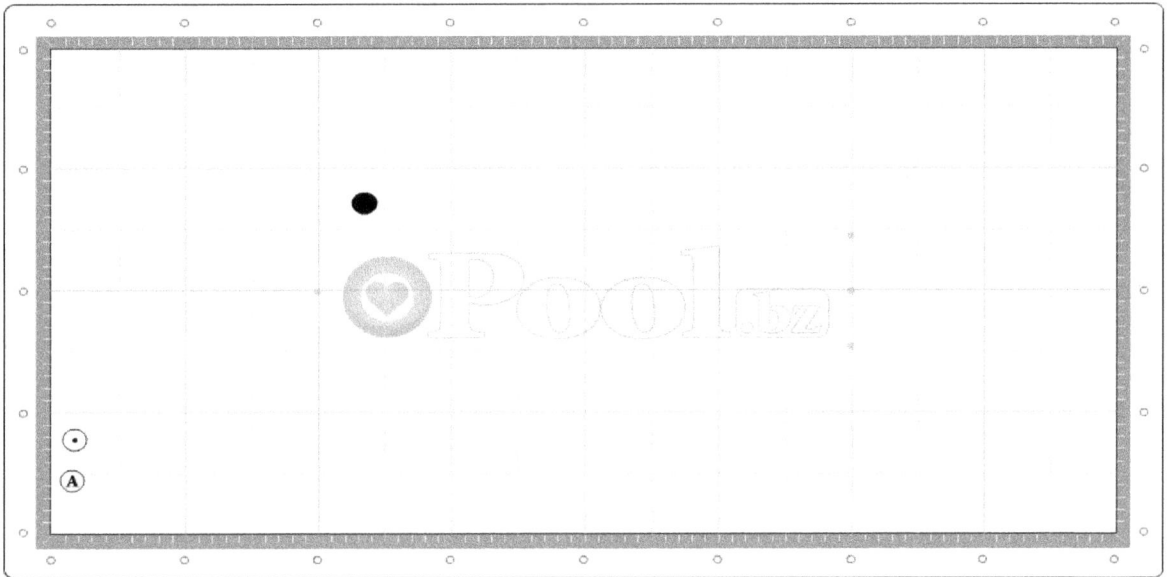

Notas e ideas:

Patrón de disparo

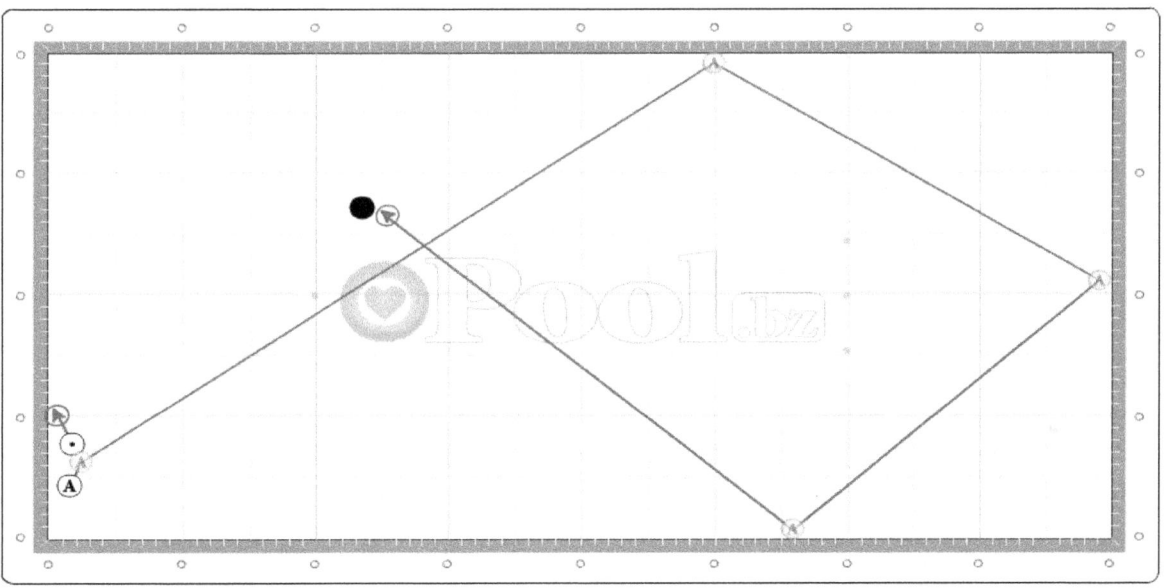

E:2c – Preparar

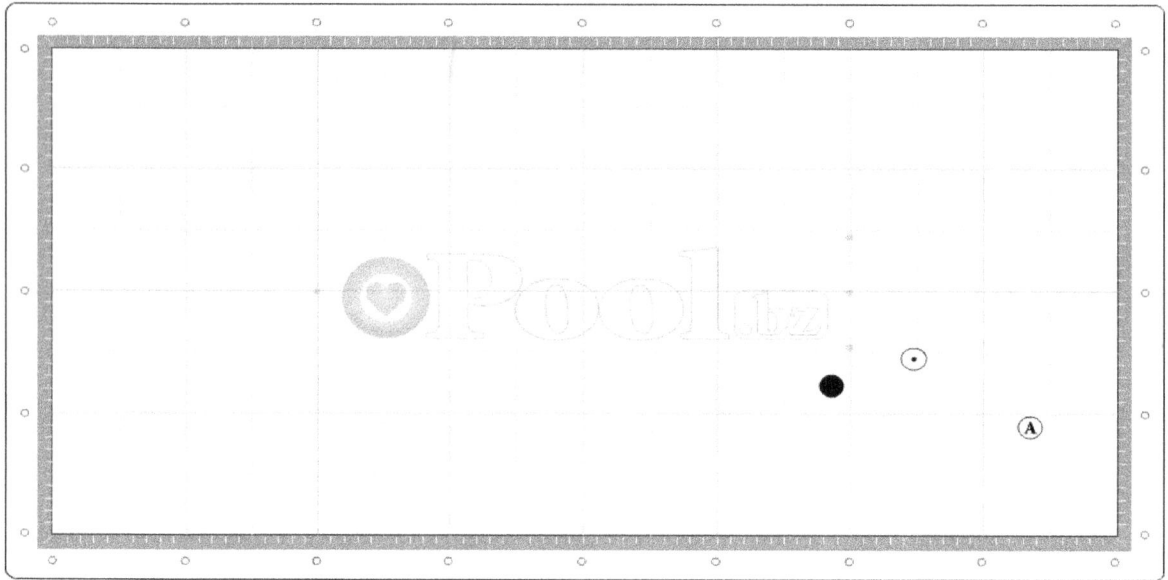

Notas e ideas:

Patrón de disparo

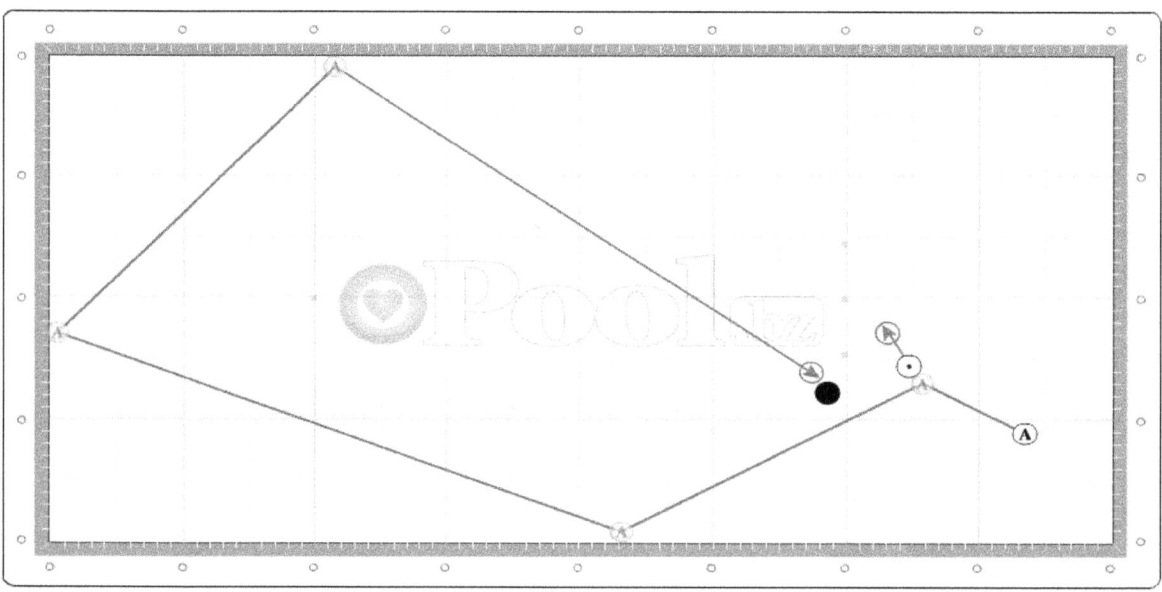

E:2d – Preparar

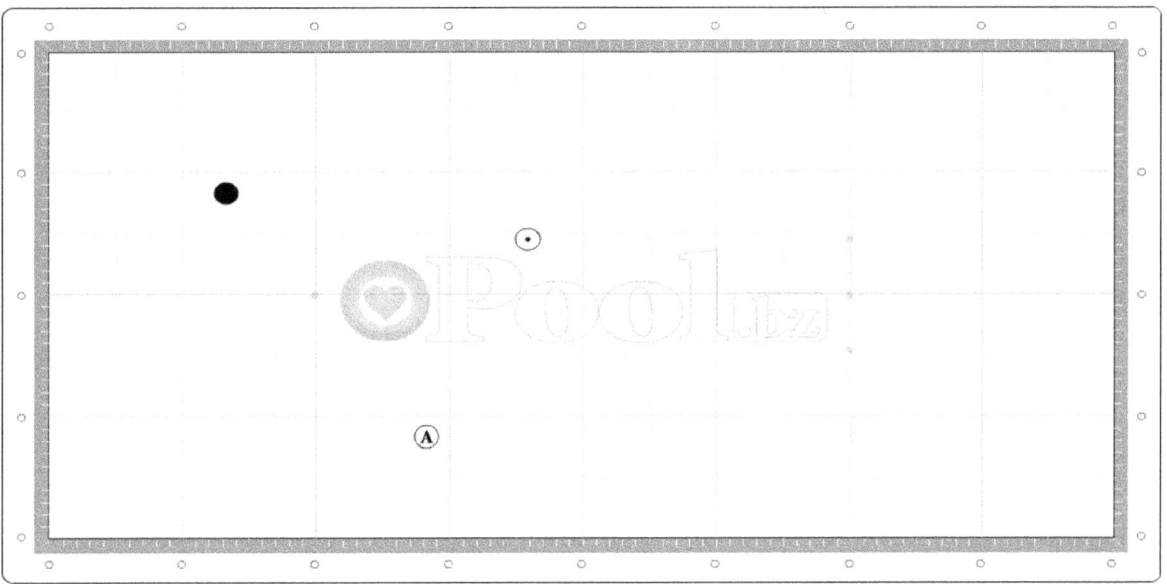

Notas e ideas:

Patrón de disparo

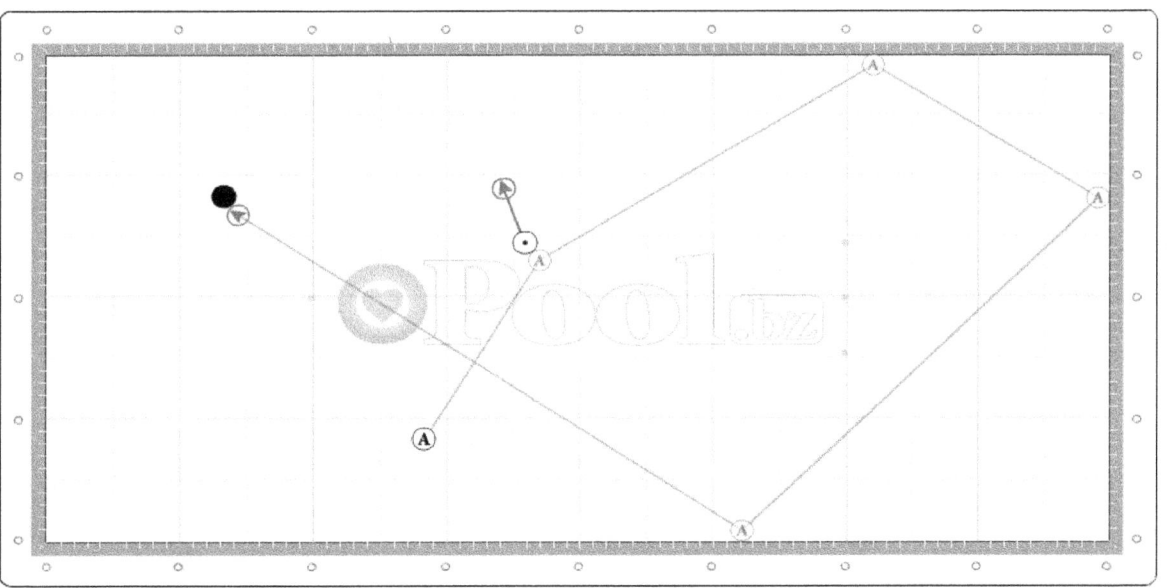

E: Grupo 3

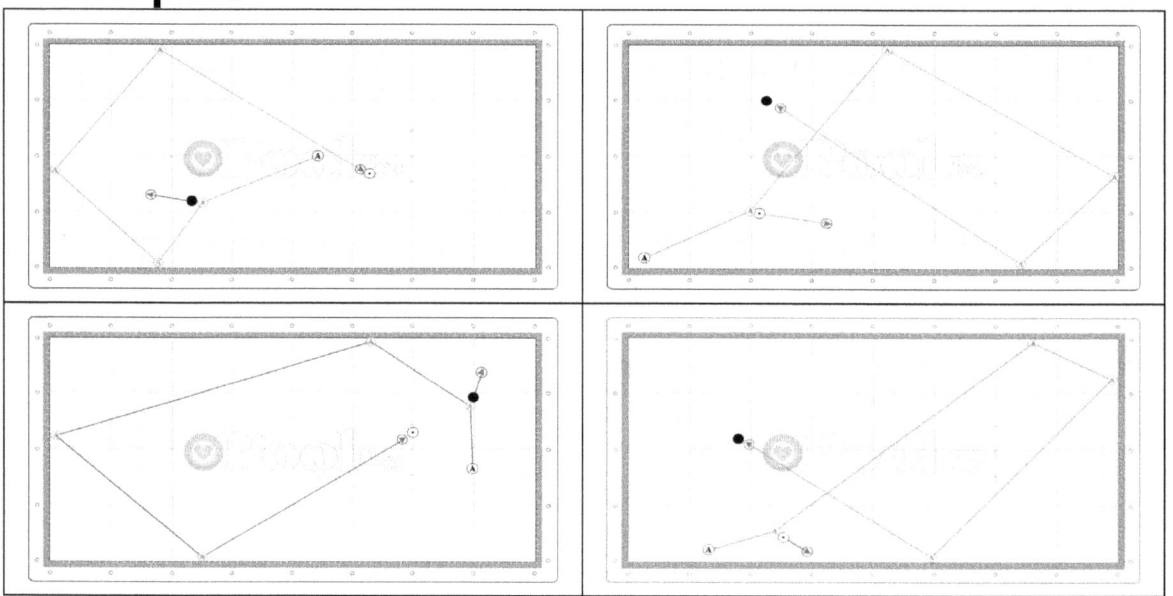

Análisis:

E:3a. _____

E:3b. _____

E:3c. _____

E:3d. _____

E:3a – Preparar

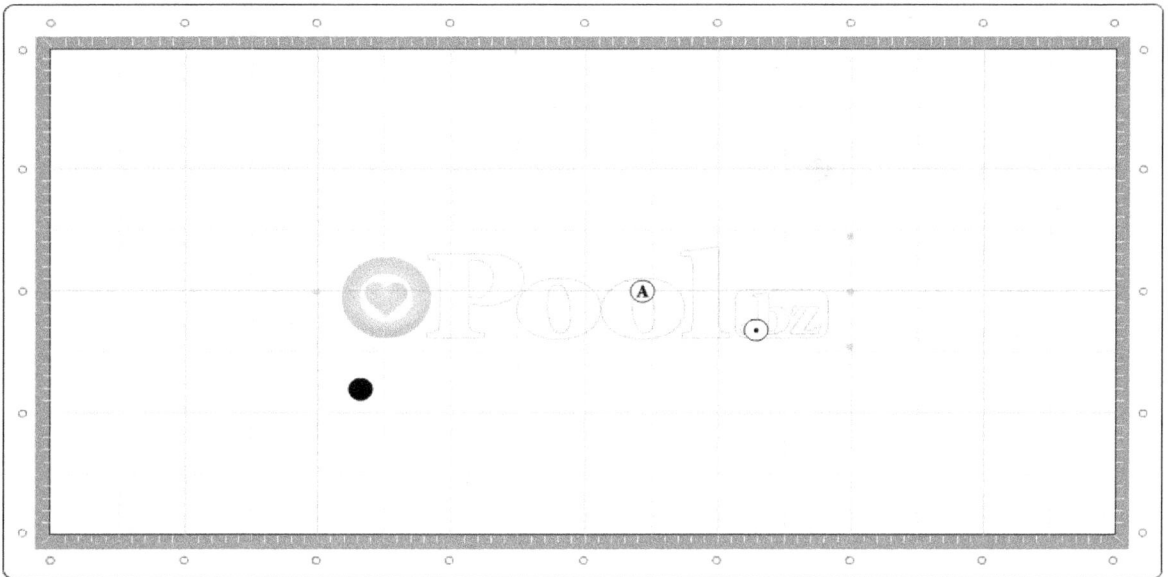

Notas e ideas:

Patrón de disparo

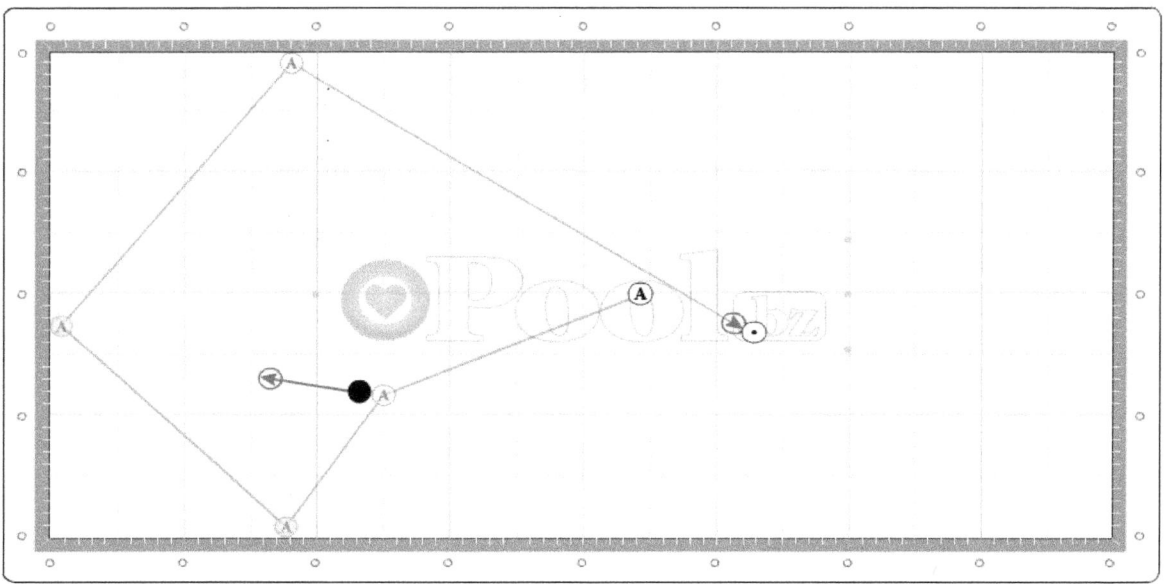

E:3b – Preparar

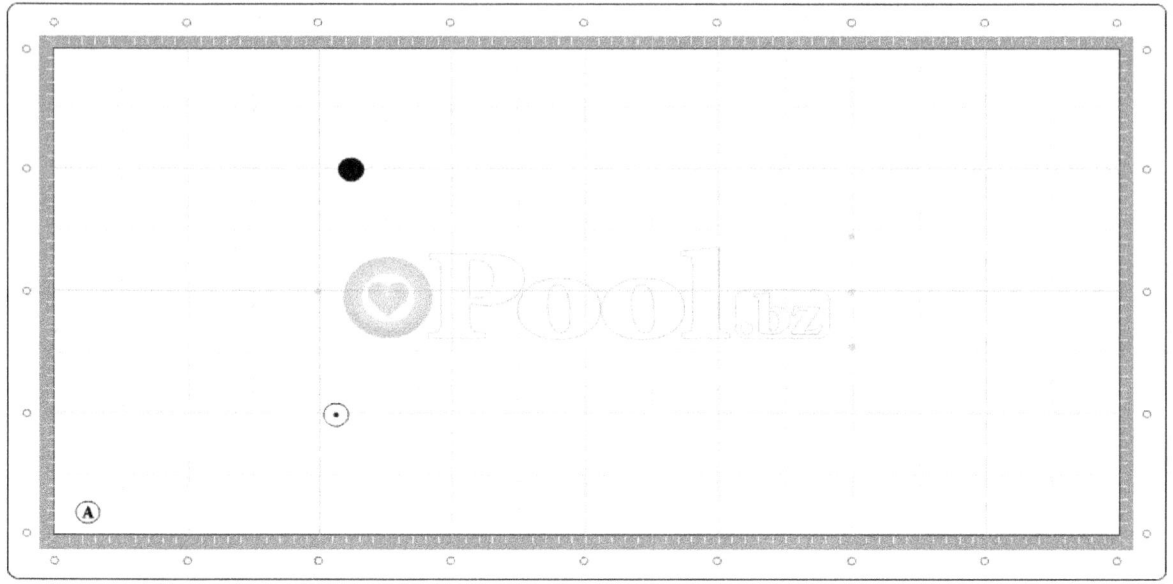

Notas e ideas:

Patrón de disparo

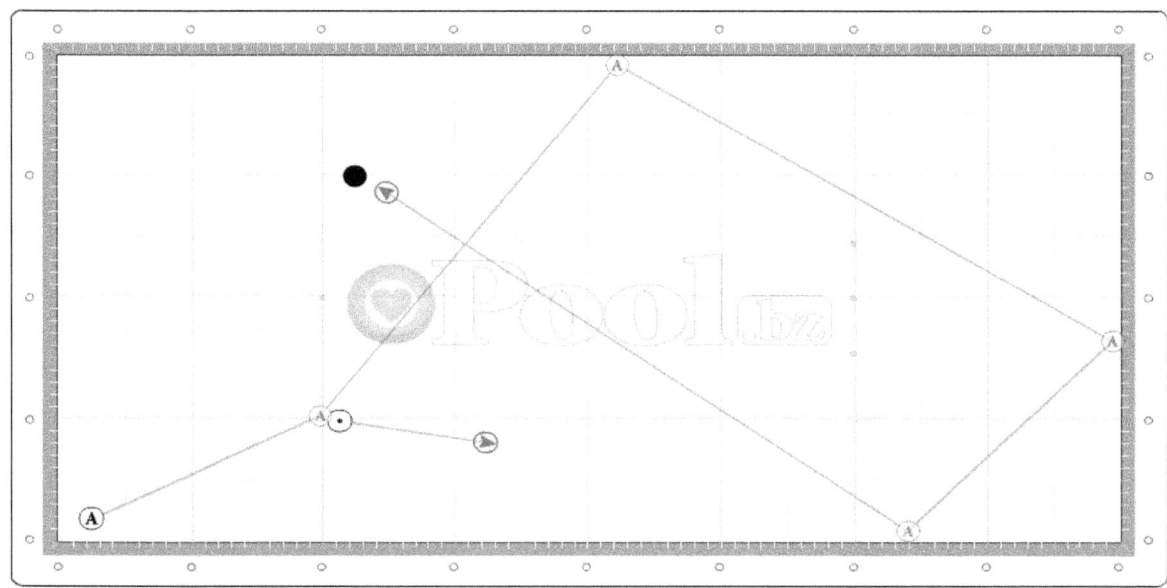

E:3c – Preparar

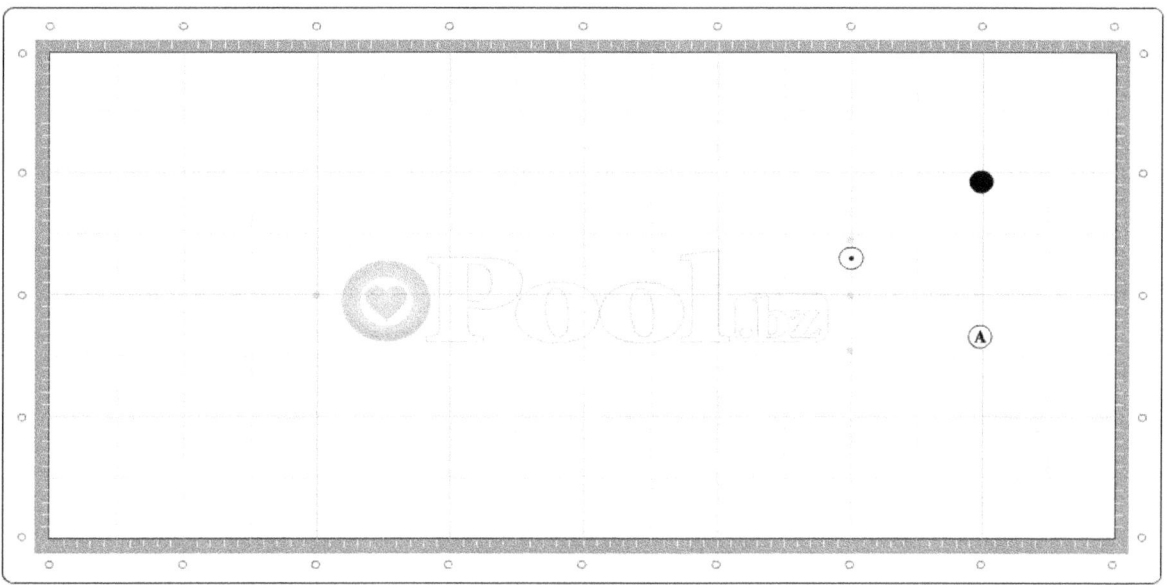

Notas e ideas:

Patrón de disparo

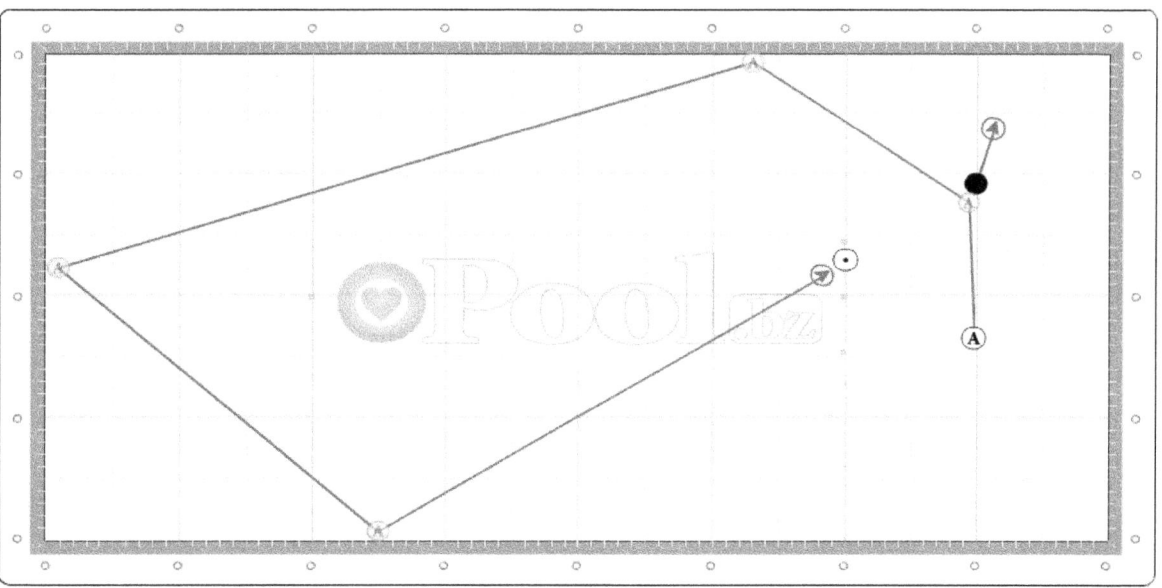

E:3d – Preparar

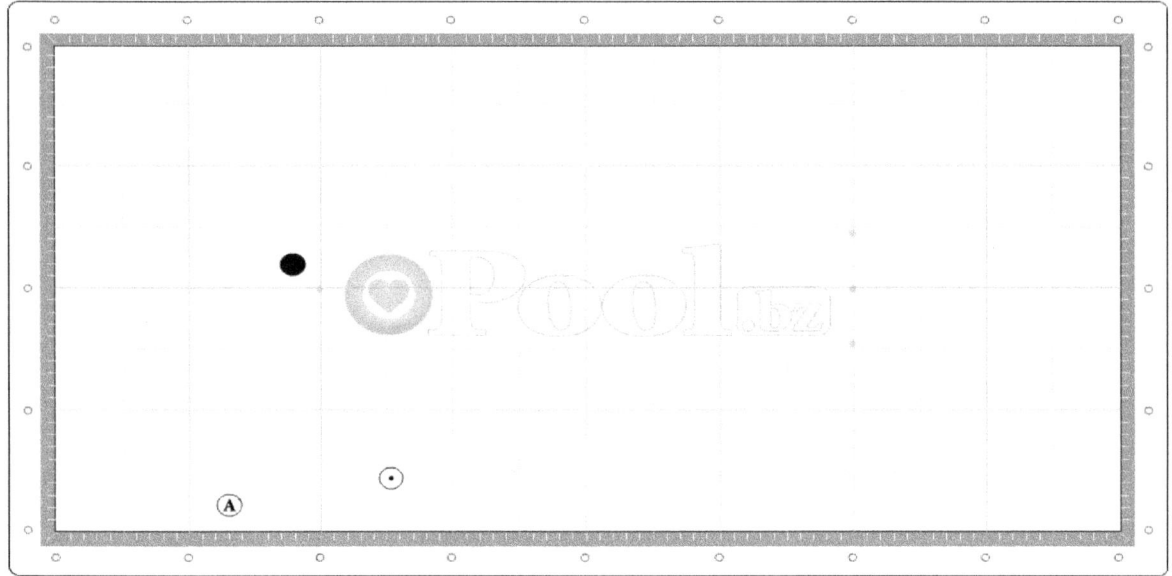

Notas e ideas:

Patrón de disparo

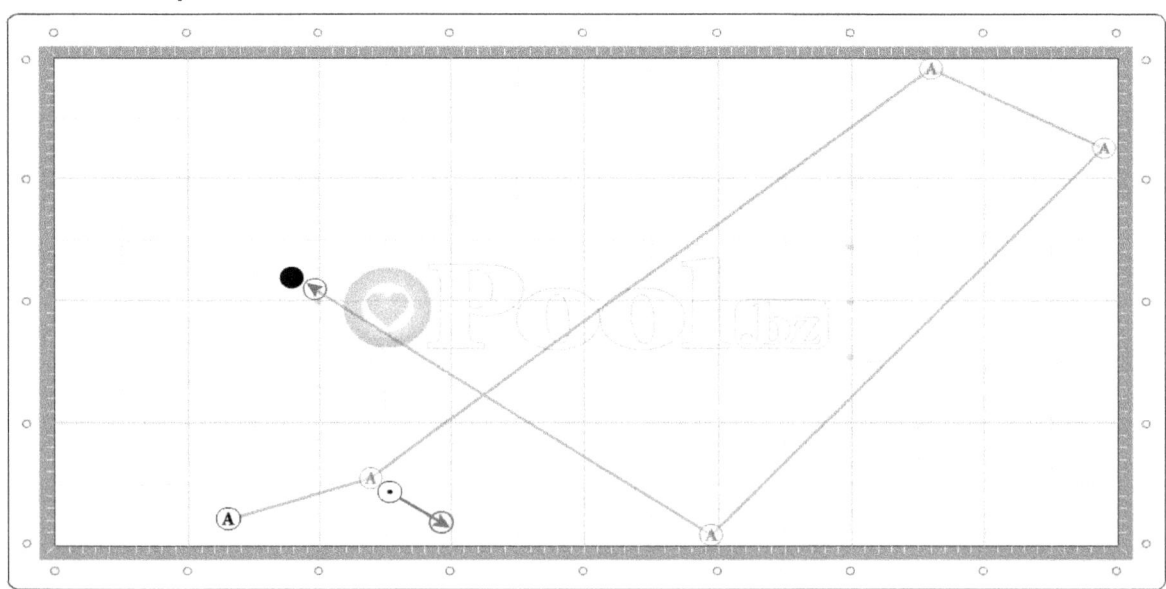

F: Pierna corta (modificada)

El (CB) entra en el primer (OB) y sigue el patrón alrededor del mundo. Sin embargo, el patrón se modifica, porque el otro (OB) no está en el camino normal hacia la esquina de la casa. Esto significa que los ángulos deben ajustarse para lograr un golpe en el otro (OB).

Ⓐ (CB) (su bola de billar) - ⊙ (OB) (bola de billar oponente) - ● (OB) (bola de billar roja)

F: Grupo 1

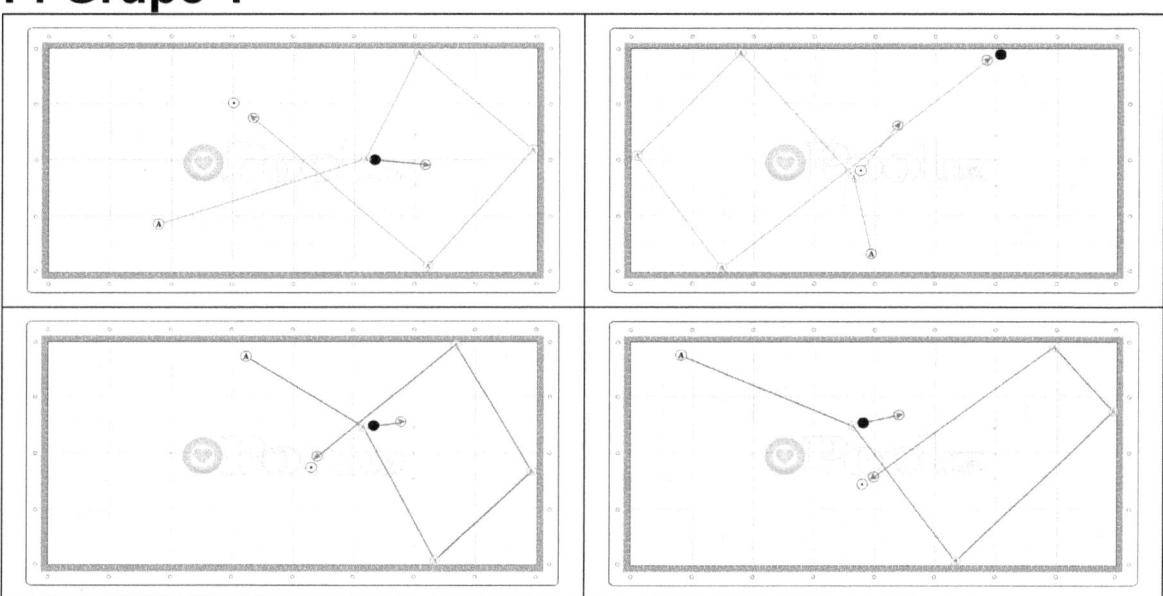

Análisis:

F:1a. _____

F:1b. _____

F:1c. _____

F:1d. _____

F:1a – Preparar

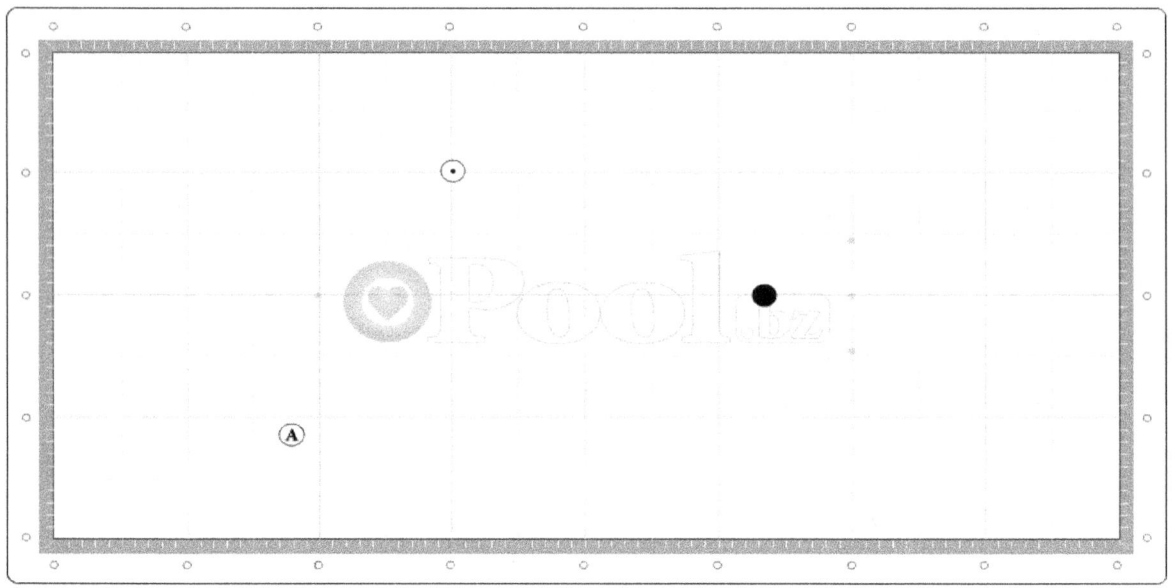

Notas e ideas:

Patrón de disparo

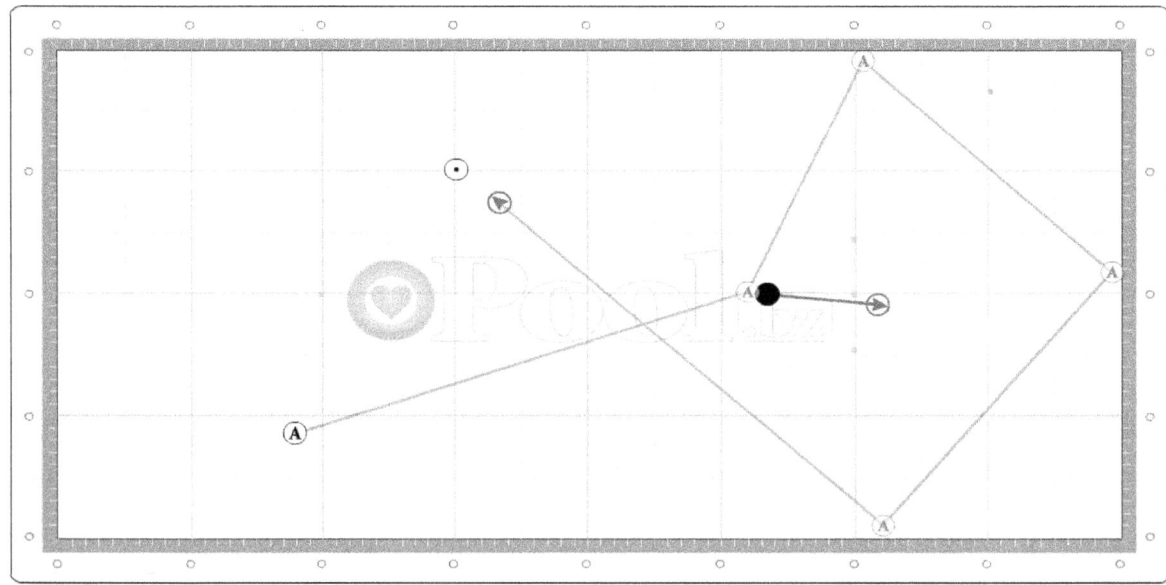

F:1b – Preparar

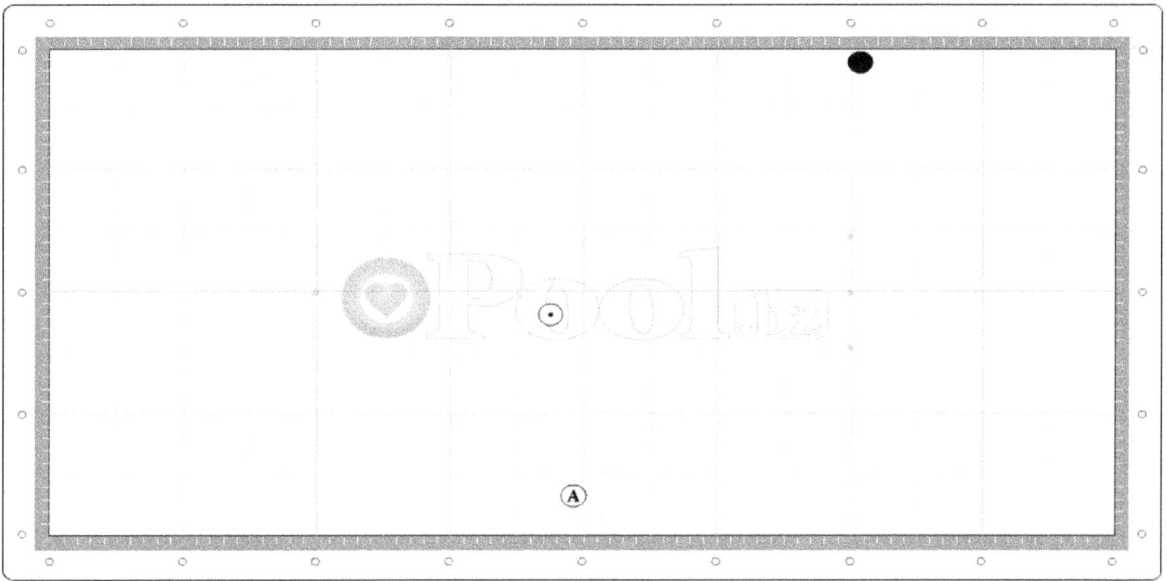

Notas e ideas:

Patrón de disparo

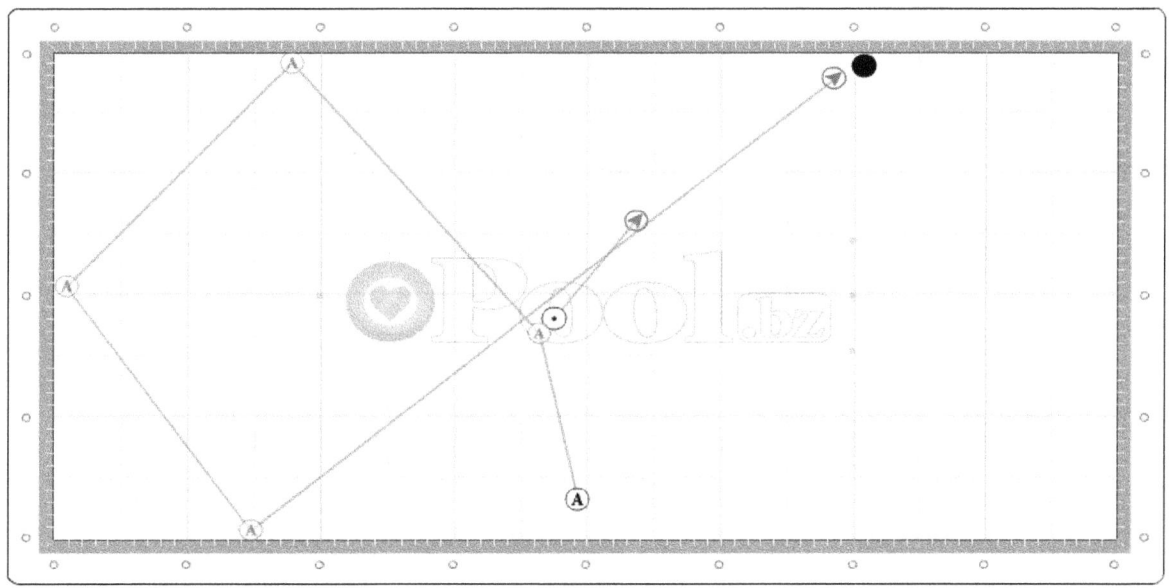

F:1c – Preparar

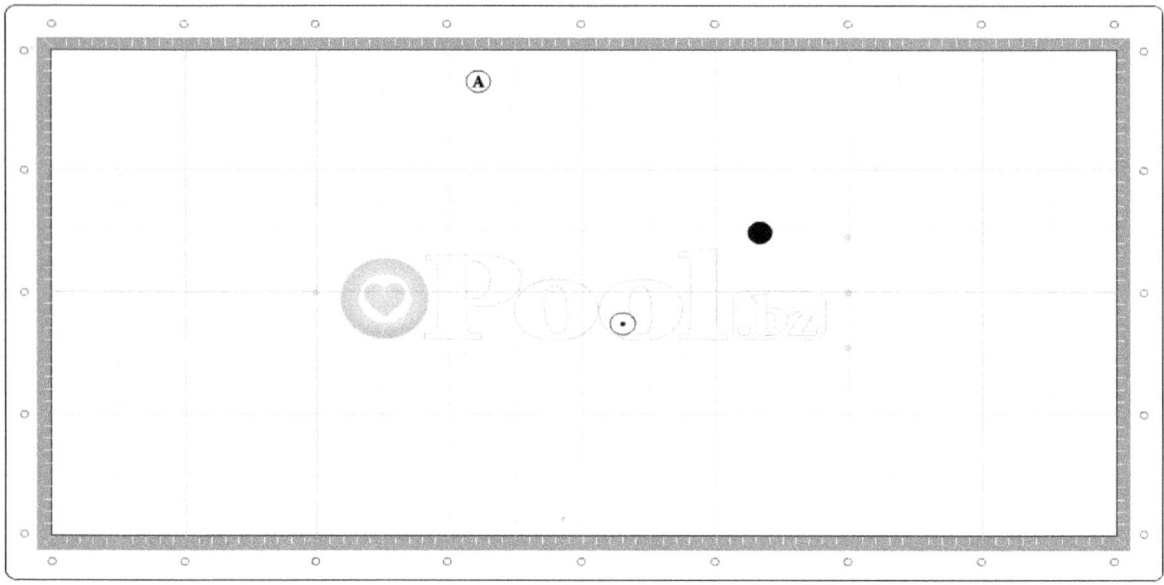

Notas e ideas:

Patrón de disparo

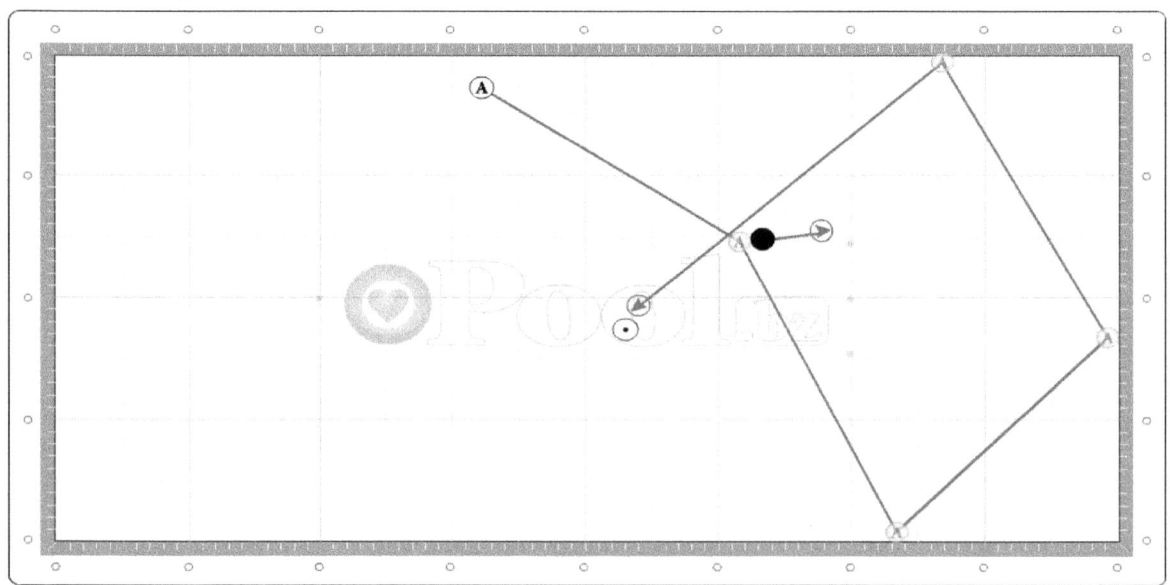

F:1d – Preparar

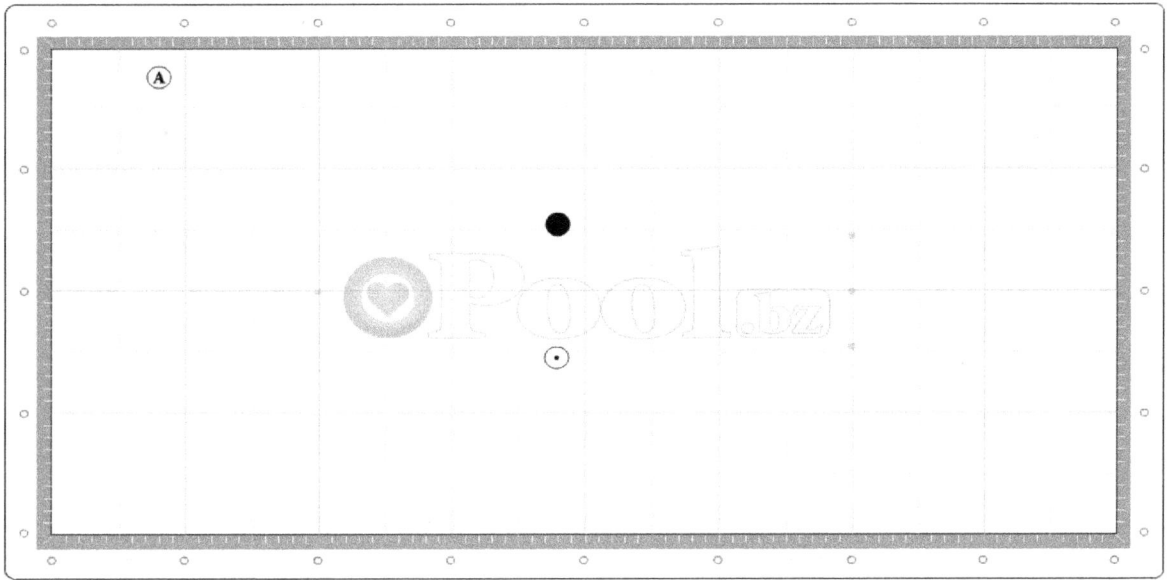

Notas e ideas:

Patrón de disparo

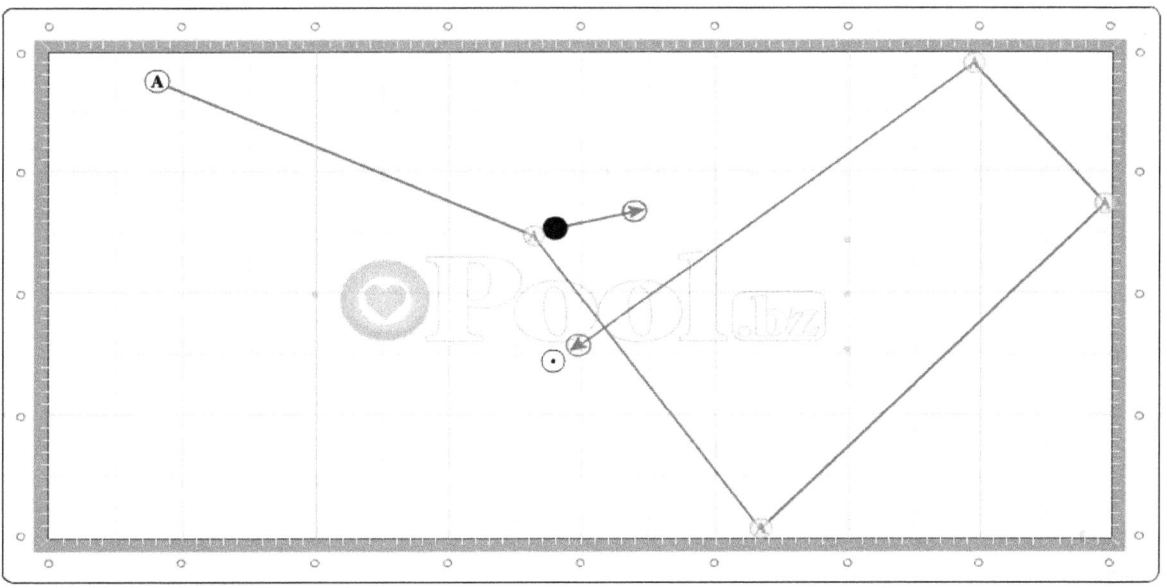

F: Grupo 2

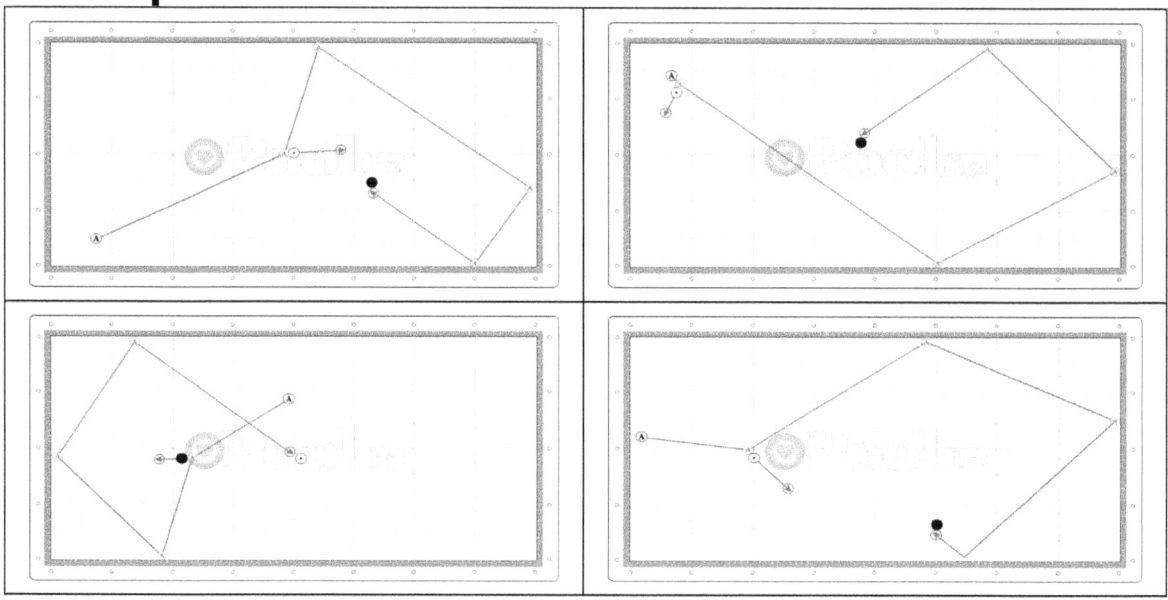

Análisis:

F:2a. _____

F:2b. _____

F:2c. _____

F:2d. _____

F:2a – Preparar

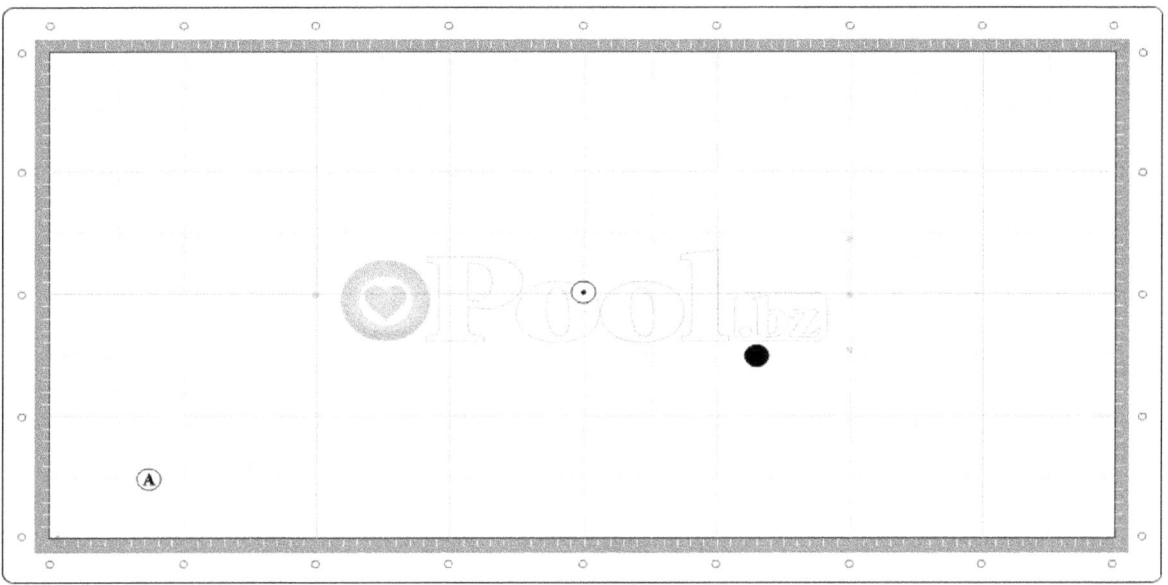

Notas e ideas:

Patrón de disparo

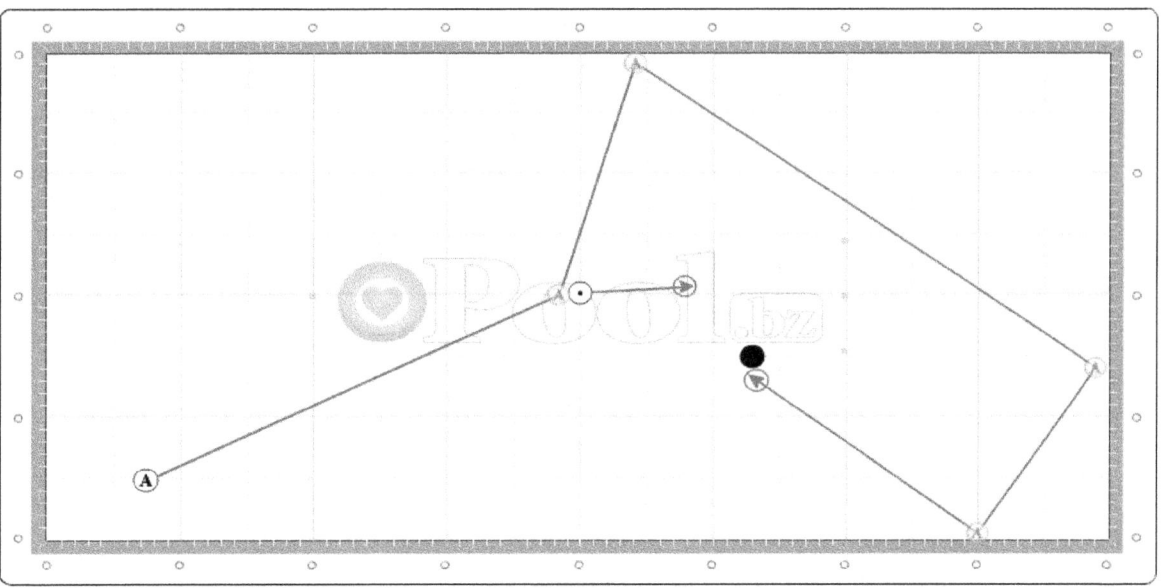

F:2b – Preparar

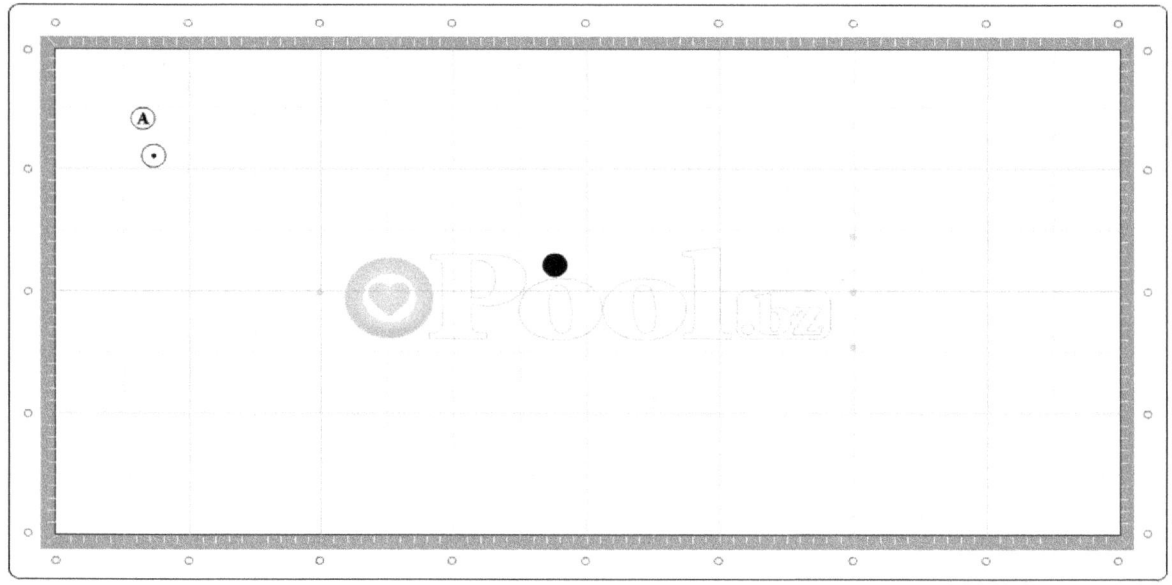

Notas e ideas:

Patrón de disparo

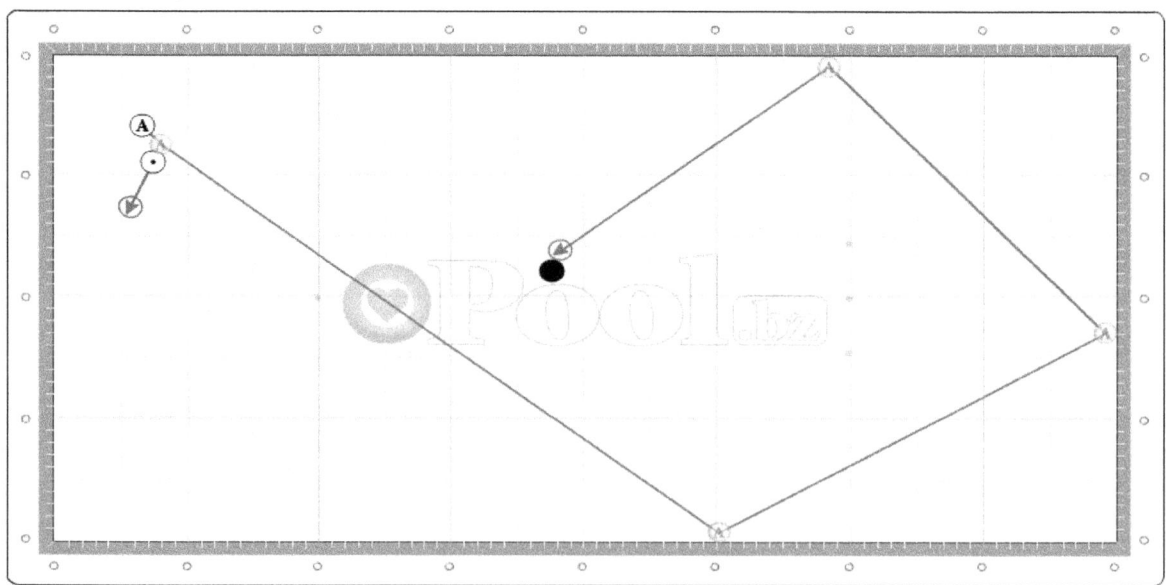

F:2c – Preparar

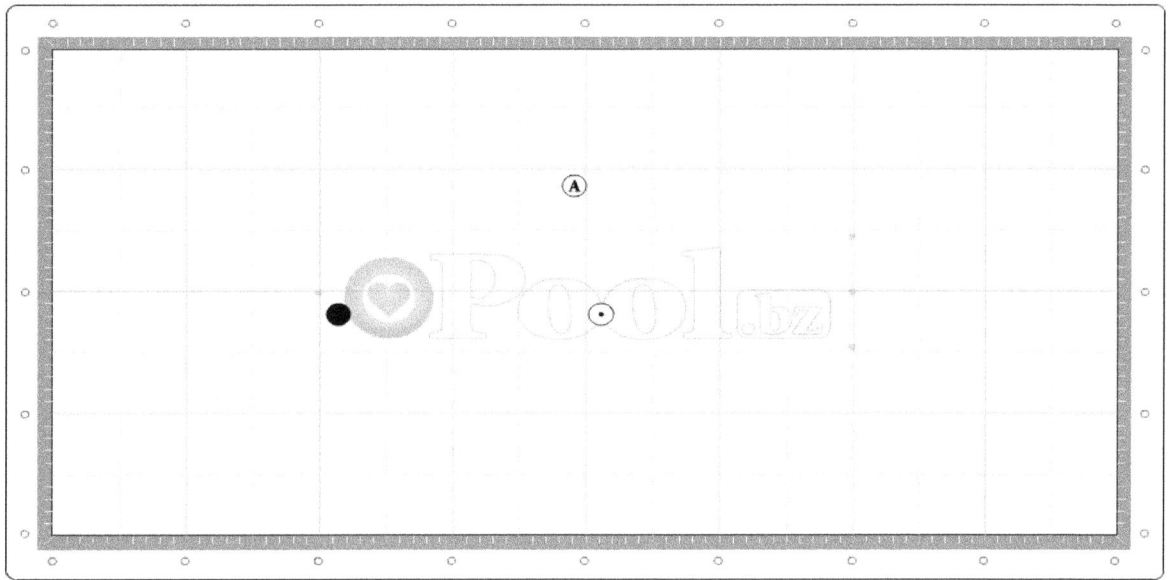

Notas e ideas:

Patrón de disparo

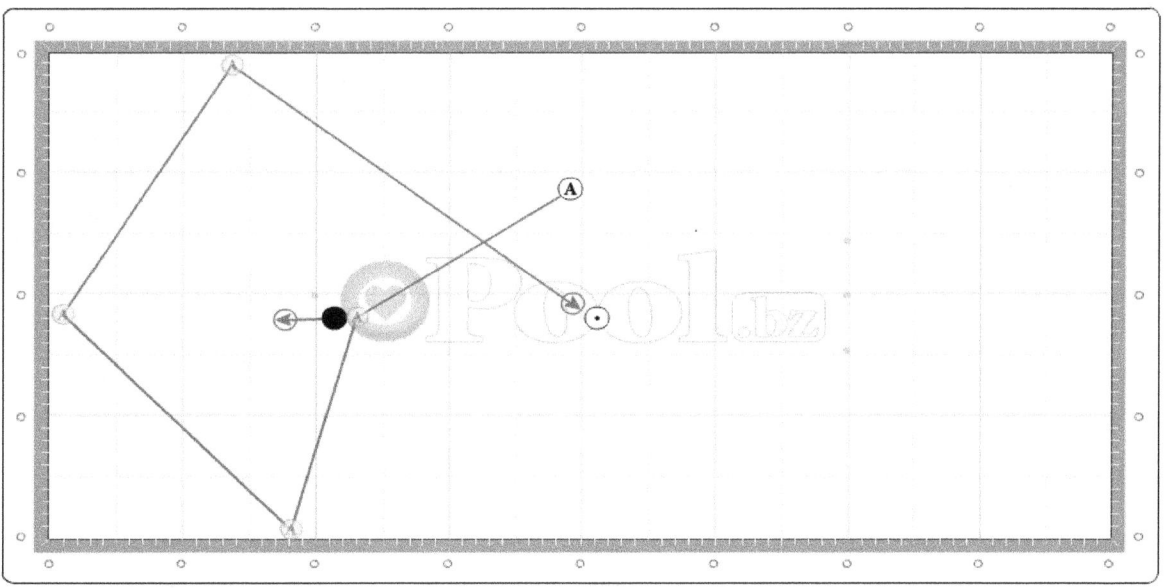

F:2d – Preparar

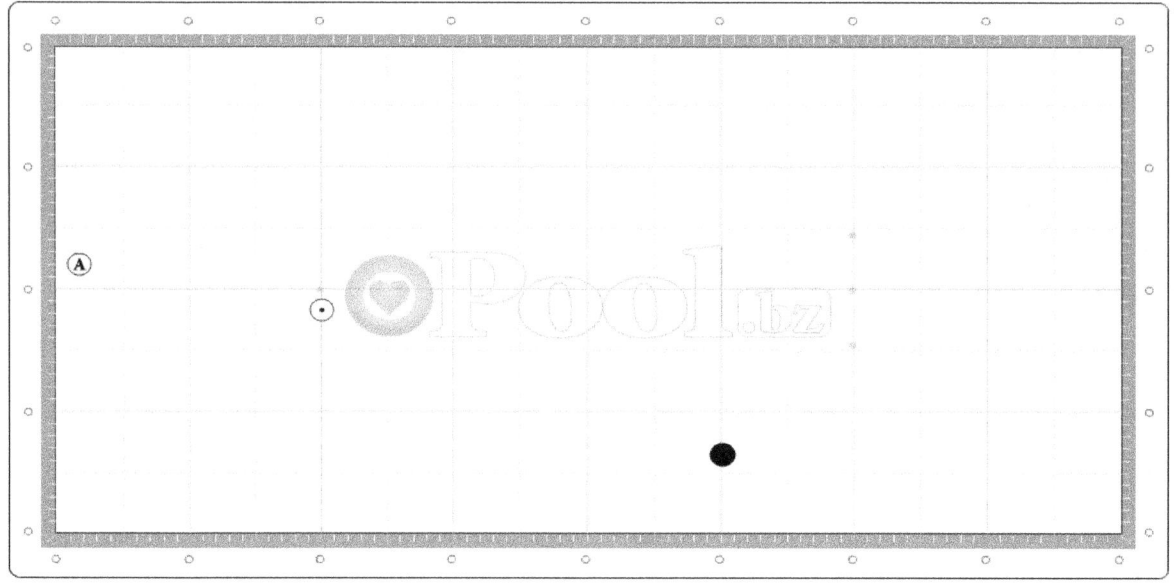

Notas e ideas:

Patrón de disparo

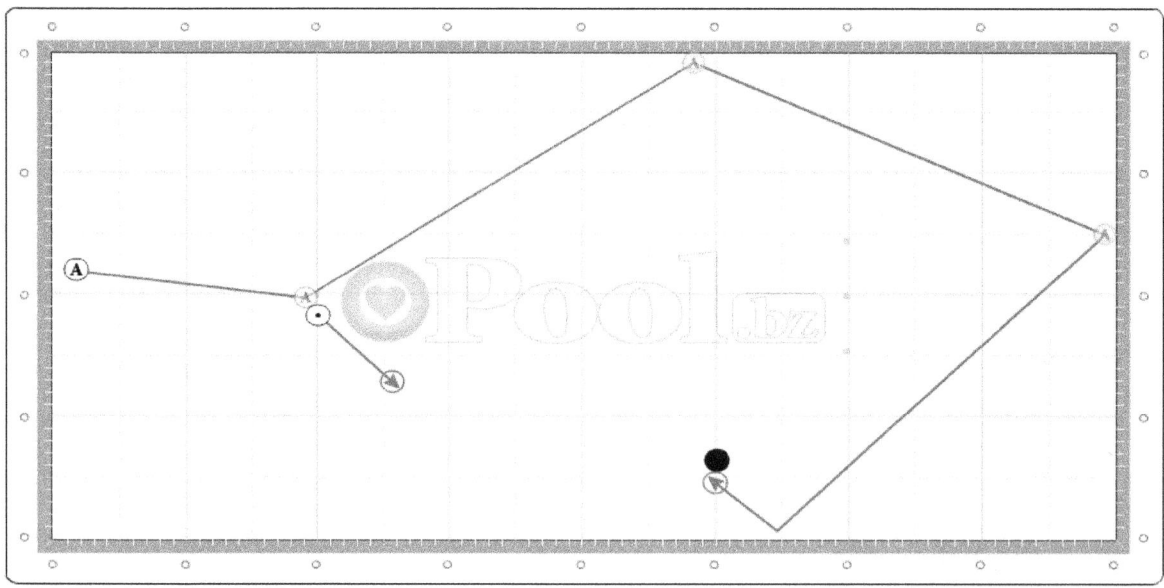

www.ingramcontent.com/pod-product-compliance
Lightning Source LLC
Chambersburg PA
CBHW080922170426
43201CB00016B/2237